縫補的正義

癸卯立秋 江仲淵題

目錄
CONTENTS

04
CHAPTER

經濟飛速增長與移民湧入的洛克納時代（1874～1920）

05
CHAPTER

一戰結束、經濟大恐慌與羅斯福時代（1921～1953）

06
CHAPTER

戰後民主意識萌芽與華倫法院時代大幅進步的人權（1953～1969）

07
CHAPTER

保守派的反撲，伯格法院與芮恩奎斯特法院時代（1969～2005）

08
CHAPTER

羅伯茲法院，傳統的反噬與岌岌可危的司法精神（2005～）

推薦序

PREFACE

國立清華大學科技法律研究所創所所長　范建得

研讀法制史的用處，與比較法研究有異曲同工之妙，正所謂「他山之石可以攻錯」，這就說明了回首過往法律的重要性。若能回望過去某項尚未成為成說定見的議題，比較過往未被修正的法條以及被修正的理由，或者是成立某項解釋的意旨，我們便能在現代更加摸清法律的未來趨向。

俯瞰美國憲政體系，背後的歷史源流更是繞不開的話題。做為歷史上第一個提出成文憲法的國家，美國自頒布憲法之後的兩百多年裡，除開陸續增修的二十七條修正案之外，沒有任何變動，至今全面仍影響著美國社會。與這種穩定性形成對比的是，這部憲法在其歷史演變過程中，對每一個條文所賦予的新意義。

憲法是一個國家幾代人之間的對話。這項對話並不以偉大的理想而始，也不以偉大的理想而終，它的所有設計和實踐都受制於現實；也因為考慮了現實的設計和安排，才能夠成功。但是，人與人之間又存在著莫大的差異，所以法律的制定與發展也必然成為一場博弈。能平衡天秤的兩端，就能創造出如一九九〇年《犯罪控制法》中援引美國憲法原本針對州際貿易的「貿易條款」，賦予國會立法禁止校園外一定範圍內持有槍械，從而達成「舊瓶裝新酒」的革新意義。當然，也有在憲政問題上恪守條文、以致故步自封的案例存在，如美國憲法雖承認未列舉權（Unenumerated rights），法院卻不完全承認西方學者普遍認知的共識，這些見解或許曾影響著美國很長一段時間，甚至如今仍受其束縛。無論在多麼發達的國家，公民權利的完善都是一個漫長的過程，司法審查權與立法單位根據社會發展，不斷對憲法內文予以全新解釋，才能佇立在民意與社會趨勢的前方。

或許在美國法的眼裡，傳統東方所篤信的「公道自在人心」並不適用，真理並不存在於人們心中，而是存在於實踐當下法益的取捨。正如同在北方證券公司一章中，美國看待企業是否構成壟斷的標準進程，並不是一開始就訂下標準，而是經過一連串的縫補與演進才生成。十九世紀九〇年代鐵路商人的崛起，使美國政府推出了《謝爾曼法》，但當時的美國政府並不明白如何管制壟斷，只能以生硬的市場比例來對企業審判。這種方式一直持續了很久，其中又以哈佛學派的勒恩德・漢德（Learned Hand）為代表，美國侵權法中有一個專門計算侵權行為人所應承擔責任大小的「漢德公式」，就是以他的名字命名。但也就是這樣一位名滿天下的法官，在一九四五年美國訴美國鋁業公司案的判決中說：「是的，如果企業在自己的行業內擁有足夠強的市場支配地位，這本身就是違法。」

依照目前的反托拉斯法來看，這種想法顯然是有問題的。做為那時的經濟學翹楚，沒有辦法預見在二十年之後矛盾越發強烈，而來自北方的芝加哥學派居然能發展出更完全的理論，使「本身違法規則」（illegal per se rule）走向更富彈性、更能以個案權衡是非的合理原則。

誠如書名「縫補的正義」，本書不同於坊間常見的法學緒論課本，不是專門講述判例內容逐條釋義的「法學教科書」，亦非專談美國歷史的「歷史講義」。本書記錄著美國人民在追求正義的路上的艱辛歷程，以及歷任大法官是如何在不同時代中循序漸進調整解釋，一步步完善原則與例外，以適應現實。這段歷程也讓最初最弱小的司法權站上舞台，真正達成三權分立的平衡。正是有時代的浪潮、人民的不幸、法院的革新，美國憲法才能在兩百三十餘年的歷史中站穩腳跟，成為近代各國立憲浪潮效法之榜樣。

作者自序

PREFACE

市面上講解法律史的書籍大多學術氣息濃厚、晦澀難懂，令初出茅廬者難以窺其全貌，使法律史在非常長的一段時間裡皆不受他人所知悉。本書的出版，就是為了讓讀者對美國的憲政歷程有初步的概括了解。美利堅的各期歷史階段涇渭分明，每一時期的司法權都擁有不同需要探討的重大議題。本書總共分為八大章節，分述如下：

第一章講述一七七六年美國獨立建國後，各州財政、行政、軍政體系混亂不堪，美國亟需推出一部能約束州權、同時也提防聯邦權力過盛的憲法，以及保障人民權利的權利法案。

第二章則講述自「美國歷史上最偉大的首席大法官」約翰．馬歇爾上任後，司法權迎來擴張的機會，此時馬歇爾將通過一系列司法判決，讓司法權在三權分立的架構中站穩腳跟，在此期間美國的憲政問題主要在州權與聯邦的權力劃分。

第三章提到馬歇爾卸任後，坦尼大法官接任，美國南北戰爭一觸即發。此時蓄奴的道德衝突，以及南北間的經濟矛盾越發明顯，一個新的司法問題於是跑了出來：奴隸是否擁有基本權？美國是否需要保障奴隸的權利？

第四章為南北戰爭後的重建時代，美國經濟飛速增長，此段時期除了大量的移民湧入，壟斷型企業帶來的負面效應也層出不窮，美國建立起一個金錢至上的帝國，而金錢背後的陰影也籠罩著眾多受其奴役的人。

第五章為羅斯福時代及其時代的結束，講述羅斯福上任後所推出的一系列立法，以及與最高法院的衝突。保守、以自由市場至上的最高法院，以及民主、以大政府主義聞名的羅斯福政府，究竟孰能獲得最終勝利？

第六章則為美利堅司法最精彩的一筆，民主派首席大法官華倫就任，在任內展開一系列驚人改革，不僅大幅提升美國的人權意識，更成為各國司法所效法的榜樣。

第七章講述伯格法院與芮恩奎斯特法院，他們被視為是如今美國最高法院開始轉向保守的重要時期，但在某些關鍵判決中，他們仍通過了穩健進步的見解。

第八章則為目前首席大法官羅伯茲，既保守又穩健的一名法官，他試圖保持最高法院的威望，卻無法阻止法院不斷走向更保守。

當然，為使讀者能透徹了解該時期之歷史，除重大案件本身外，另也會在章節開始前講述該段時期之最高法院見解與時代背景。

本書雖是一本法律史入門書籍，難以稱為學術著作，卻是作者迄今為止撰寫過最費盡心力的書籍，英文資料難以尋得，英美體系亦異於大陸法系。華人文化圈對於法學普及的程度並不深刻，學習一輩子都很難觸碰到的英美法究竟有何用處呢？作者可以肯定地回答，做為人類歷史上第一部成文憲法，以及近代歷史中第一個實質意義上以法治國的國家，美利堅的憲政歷程做為一項不可抹滅的歷史，與美利堅成長為超級大國息息相關，是我們在了解西方歷史乃至憲政法理中不可或缺的一把鑰匙。唯有了解他們的憲政原理，我們才能真正明白這些疑惑。

本書名為《縫補的正義》，之所以如此稱呼，自然與英美法系的判例體系相關。現今英美學者在撰寫美國法律史時，主題無外乎如何找尋正義，至於美式憲政是為何種正義，則有不同的見解。究竟它該如何定義呢？有人不乏溢美之詞地稱之「最後的正義」，有人則稱之「人民的正義」，但作者並不認為這樣過高地評價美國憲政體系有任何實益。客觀地說，各國的憲政運作都有需因地制宜之處，盲目取材他者是不切實際的。

我們能肯定的是，美國憲政並非一個完美、一經推出就能解決一切問題的存在，但藉著靈活的判例及時代的縫縫補補，我們最終可以得出一個堪用的司法體系，且能迅速應變自工業革命以後不斷變化的道德價值與複雜法律。這種以時間沖刷來驗證事實、藉此接近正義的方式，便是本書書名的由來，也如小奧利弗．霍姆斯（Oliver Wendell Holmes, Jr.）在一八八一年所出版的《普通法》開篇對英美法的界定：

> 法律包含了一個民族諸多世紀發展的歷史，對待它不能像對待包含了公理和定理的數學書那樣。法律的生命從來就不是邏輯：它是經驗。在決定人類該如何治理的規則上，時代的緊迫性，主流的道德和政治理論，公共政策的衝動，公開地或下意識地，甚至是法官所分享的共同胞的偏見，都比三段論作用更大。

作者先前曾做過很長時間的中國近代史研究，因此在撰寫本書時，作者時常受到傳統道德「束縛」，遇上許多第一時間不敢苟同、甚至厭惡反感的判決；但當深入了解其背景內容，以及法院在判決中所期望的目的，又是何等的豁然開朗，何等的有趣！我想這便是法學的普遍、宏觀、偉大之處。

本書總共寫了十九篇影響美國憲政體制的司法事件，它們都是一個時代中最去蕪存菁的司法相關舉措。本書並不採納搏人眼球卻對憲政影響甚微的事件，如「辛普森殺妻案」（O. J. Simpson murder case）等；亦不著眼於對歷史影響甚大、卻在今天無法適用的案子，如「洛克納訴紐約州案」（Lochner v. New York）等。本書挑選仍能適用並影響至今的議題，且得以代表那個時代面臨的最大司法爭議點的事件。相信讀者們在閱讀完本書後，能對美國憲政歷史產生一定的了解。

民國１１２年７月２７日

於　國立清華大學 梅園涼亭

01

CHAPTER

美國憲法的
創始背景與誕生

1776～1789

《美國憲法簽署現場》油畫。霍華德．克里斯（Howard Chandler Christy）繪，1940年。現陳列於美國國會大廈。

該期間重大事件

- 1776 北美十三殖民地簽下美國《獨立宣言》
- 1781 《邦聯條例》正式批准，為美國第一份憲政性法律
- 1783 英國承認北美獨立，美國獨立戰爭宣告結束
- 1787 費城會議召開，《美國憲法草案》出爐
- 1788 《聯邦黨人文集》開始發行，聯邦主義者試圖以輿論彌合各州對新憲法之擔憂
- 1789 《美國憲法》正式施行，《邦聯條例》遭廢止，華盛頓出任美國首任總統
- 《權利法案》於聯邦眾議院通過，是為美國前十條修正案
- 約翰·傑伊出任美國歷史上首位首席大法官，標誌美國司法治國之開始

導言

十七世紀初，伴隨著地理大發現及新航路的開闢，北美洲陸續迎來了來自英國的新移民，他們在當地建立了北美第一座城市詹姆斯敦（Jamestown）。此後近一百年間，又有千千萬萬的歐洲人跟隨他們的腳步來到這裡，先後成立了最初的十三個殖民地。它們在英國的最高主權下，擁有各自的政府和議會，而由於氣候和地理環境的差異，十三殖民地的經濟形態、政治制度與觀念也各自有不同程度的差別。

北美殖民地人民繼承了歐洲的資本主義生產方式，將活躍的商貿模式完好無損地移植到了這裡。經過一個世紀的發展，北美殖民地無論農業、工商業、海外貿易都呈現蓬勃發展之勢。直至十八世紀中期，該處已經形成了一個不同於英國、成熟獨立的經濟領域。

基於保護本土利益，英國並沒有放任北美殖民地的經濟自由拓展，相反地，從十八世紀中期開始，英國利用北美趨於成熟的商貿體系，將其視為一個剝削利益以富裕本國的殖民地存在。舉例來說，根據英國政府制定的《航海和貿易條例》規定，大部分的殖民地商品只能銷往英國；而對於從殖民地過來的進口商品，又制定了一套極其嚴格的標準及分級制度，以期最大限度地壓低價格，並以出口稅剝削北美商人的利益。與此同時，英國的工業商品則大量傾銷至殖民地，形成了以掌握高級生產技術為主的資本密集產業利用壟斷地位取得勞力密集產業製品的不平等貿易。

可是，這種情況並不會持久。隨著經濟發展，北美人民試圖衝破經濟壁壘自由貿易，擺脫長久勞力密集產業的地位，而英國則嘗試遏制住他們的變革，並立法推出一系列法案，如禁止向阿帕拉契山以西遷移，禁止殖民地發行紙幣，宣布解散殖民地議會，加緊軍事控制等等。

英國政府的所作所為，激起了殖民地人民的反抗。群眾紛紛走上街頭，舉辦聲勢浩大的遊行示威。一七七三年三月五日，波士頓爆發了英軍槍殺五名抗議居民的「波士頓慘案」，英國不只處理不當，更接連頒布五項包括關閉波士頓港、增派駐軍在內的「不可容忍法令」（Intolerable Acts），進一步加深了雙方的衝突對立。最終，北美十三殖民地揭竿而起，決心用生命與戰爭換得自己的權益。

經過北美大陸移民們八年的抵抗，一七八三年九月三日，英美雙方代表在法國簽訂《巴黎和約》，這場戰爭以英國承認美國獨立戰爭勝利作終。

不過，美利堅在戰後並沒有馬上成為「實質性」的國家。他們並沒有考慮好應該建立一個怎樣的國家，對於國體政體應該以怎樣的形式存在也充滿了各種爭議。

戰爭結束，按照歐洲乃至東亞歷史的一貫歷史規律，衝鋒陷陣的大陸軍總司令——喬治・華盛頓（George Washington）將軍趕走了敵人後，本應順理成章接管權力，成為開國君王，可是華盛頓卻立即向任命他為總司令的大陸會議提出辭呈，並回到自己的家鄉維吉尼亞，過上清閒的莊園主生活。

華盛頓辭職後，由於沒有具相同威望的領導者來帶領美國，北美大陸基於對公權力的不信任，便成立了鬆散的邦聯組織。它建立了一院制的邦聯國會，授予其外交、國防等權力，但「美利堅合眾邦」不但沒有總統，也沒有獨立的邦聯執法機構和徵稅權，各邦保留主權和一切權力，仍然是多個地方政權並存。嚴格說來，它只是一個國家聯盟，難以稱為獨立的主權國家。

可是，「強枝弱幹」的政策並沒有讓國家變得更自由更好。在這種近乎無政府主義的狀態下，國家行政舉步維艱，不僅退伍將士的差遣費得不到落實，對外龐大的負債、以及戰爭期間發行的債券更無力償還，而北方的英國殖民者與南方的西班牙軍隊，也時刻威脅著這個新生國家的生命安全。北美大陸的建國者們憂心忡忡，他們迫切需要一個既能保障他們來之不易的自由、又能抵禦外敵入侵的憲法，使這個國家獲得再次的新生。

1

一群半人半神的議員，打造歷史上的民主奇蹟

——美國憲法的誕生

「對憲法中的部分條款，我並不完全贊成，但我不能肯定我永遠不會贊同，因為許多我過去以為是正確的觀點現在發現卻是個錯誤……我如果發現這部憲法接近完美，我將會大感驚奇。我也認為這部憲法將會使我們的敵人大吃一驚。因為我們的敵人正樂於聽到我們的國策瀕於分裂，以便達到他們扼住我們命運的目的。所以，先生們，我對這部憲法很滿意，因為我們沒有更好的了，同時也因為我無法確定它不是最好的。」[1]

——班傑明．富蘭克林

▼邦聯條例的誕生背景

美國憲法雖然制定於一七八七年，但最初具有憲法效力的法律，源自於獨立戰爭期間的一七七六年。

一七七六年七月四日，北美十三殖民地發表了脫離英國的《獨立宣言》，簽署者們代表全國人民寫下了那句名垂青史的序言：「人人生而平等，造物者賦予他們若干不可剝奪的權利，其中包括

生命權、自由權和追求幸福的權利。」宣言控訴了英國長久以來不公平對待北美的事實，最後宣布十三殖民地將聯合組成一個「獨立自由的國家」。《獨立宣言》發表後，引起了各地人民巨大的回響，各地殖民地為了實現該宣言所期盼的那個國家，也開始醞釀起草著名的憲法《邦聯條例》（*Articles of Confederation*）。

由於北美地勢廣大，當時各地的起義地區都成立了自己的政府與法案，不同的州之間的憲法編寫進程大相逕庭，有些條例模糊而不規範，《邦聯條例》的頒布目的不僅象徵團結各州，也是逐步統一各州的司法見解。可是，做為美利堅第一部憲法，《邦聯條例》只有薄薄的五頁內容，分別包含一個序言、十三項條例、一個總結，以及各州的屬名。

基於對先前英國人獨裁統治的恐懼，制憲者們設計了一個分而治之的邦聯，中央的權力小得可憐，整個國家只有一個中央組織單位，那就是邦聯議會，至於獨立的行政部門與司法部門皆不存在。「邦聯條例」第二條明確訂出對中央政權的不信任條款，更為美國建國初期政治的不統一、財政的混亂，埋下了深深的伏筆：

各州仍擁有其統治權、自由、獨立自主權，仍各自擁有非經邦聯授與美國的所有政權、司法權與權力。

1 法蘭德．馬克斯（Farrand Max）編，《一七八七年聯邦會議紀錄》，第四卷（倫敦，耶魯大學出版社），一九三七年。

一七八一年，各殖民地全體通過《邦聯條例》，而北美殖民地也在歐洲各國的幫助下，勉強贏得了最終的勝利，一個嶄新的國家——美利堅合眾國成立了。可是，獨立戰爭期間北美十三塊殖民地為了贏得戰爭，多方籌措戰爭經費，不得不大量舉債，邦聯政府成立後，繼承了獨立戰爭時期留下的巨額債務，此時《邦聯條例》的各種缺失也暴露在了他人眼中。

依照《邦聯條例》規定，邦聯政府並沒有權利向各州開徵稅收，而各地方政府卻可以自行訂定自己的收稅規則，中央所有的財政完全只能依賴各州自行繳納，沒有任何權力強制要求各州支付拖欠的費用，以致中央政府無力維持普通的日常辦公，更不可能償還巨額的戰爭債務。

更糟糕的是，《邦聯條例》中賦予了各州幾乎等同於獨立國家的權力。國會議案必須在十三州代表中有九票同意才能執行，包含制訂各種協定與借貸等等；要修正條例內容，則必須各州都投贊成票；而各州也都有自由否決權（liberum veto），只要有一名代表反對，條例便無法修正。

獨立後的十三個殖民地各自為政，政治上互不相讓，經濟上相互拆台。由於中央政府和各州政府沒有劃定明確的貨幣發行職責，各州政府為了掌握更多的貨幣，紛紛濫發紙幣。而地方政府又沒有相應的硬通貨支撐，以致紙幣一再貶值，財政和經濟呈現一片混亂。

中央政府的軟弱無力，更是讓司法力量無法統一，各地鄉紳得以用自己的偏頗之見橫行霸道。釋例言之，羅德島議會議員大多是農民出身，不懂得經濟學的他們，一七八六年春天煽動議會通過立法，加印了高達十萬萬英鎊的紙幣，羅德島的紙幣於是開始瘋狂貶值，最後價值只剩下原來不到十分之一，人們不再相信貨幣，當地的店家也紛紛貼上「拒絕紙幣交易」的標示。

之後，農民議員們更通過並規定不肯按票面價值接受紙幣的人都將接受罰款的法案，但在一七八六年的「特萊維特訴威頓案」（Trevett v. Weeden）中，羅德島法院法官判決議會立法無效，店主有權拒絕收受這些形同廢紙的鈔票。憤怒的羅德島議員馬上再次開會，揚言要彈劾審理此案的五名法官，並訂立新法，規定若議會對法院判決不滿，即可提出投票表決罷免法官。最後的結果就是立法權凌駕於司法權之上，法官只得按照議會的意思判案。

對於美國的建國者們來說，整個羅德島事件最令人觸目驚心的，不是金融知識上的懵懂無知，而是整個過程當中蠻橫仰仗民意的地方議會，使得美國在建國初始就蒙上多數暴政的陰霾。

一七八三年，賓夕法尼亞爆發了著名的費城兵變（Pennsylvania Mutiny of 1783），部分曾參與美國獨立戰爭的士兵想向中央政府索討戰爭期間許諾的兵役酬勞，然而中央政府並沒有經費可供撥出，而真正具有收稅權力的地方政府卻不受理此事。之後賓州的四百名軍人揭竿起義，占領了當地的武器庫和彈藥庫。最終還是由喬治．華盛頓親自率領軍隊強行鎮壓，才將這次鬧劇壓了下來。

一七八六年，麻薩諸塞州則爆發了著名的謝司起義（Shays' Rebellion），原因是該州對自己所轄區域提高稅賦，而中央明明知道這件事情，卻無法對地方賦稅起到監察的作用，只能眼睜睜看著可憐的麻薩諸塞州居民平白無故被多徵收各類雜稅。在起義最高峰時曾有兩千名農民響應，險些攻占了普林菲爾德的美國軍械庫。

建國後的種種問題，使人民意識到《邦聯條例》的邏輯缺陷。此前人們以為中央政府的存在終將造成權力膨脹，進而侵害人民權利，卻不知過度保障地方的州權，反倒給了地方州各自為政、欺壓人民的機會。

經濟的凋敝，財政的混亂，民意的凌駕，讓原先一同參與起義革命、如今散落於各地的建國者們不願再姑息放縱。他們打算重新團結，打算商討對策，修改不合時宜的《邦聯條例》。

▼一七八七年費城會議與「不按常規」的麥迪遜

一七八七年五月，中央議會召集了一次由各州代表參加的政治會議，大會邀請各州最負盛名或威望的領袖參與會議。在參與會議前，各州代表的共識是通過這次會議來「修改」《邦聯條例》，並解決各州對他州徵稅的關稅壁壘問題，以增加各州間的合作。會議原定於一七八七年五月十四日開始，但因為交通問題等因素，等了近兩個星期才到達法定的開會人數要求，而來得最晚的新罕布夏州代表晚了整整兩個月才抵達費城。

善於起草法律文書的詹姆斯・麥迪遜（James Madison Jr.）與他的維吉尼亞代表團是最早到達的。他期待這次會議已久，並認為在現行的邦聯條例之下，邦聯連徵稅和維持軍隊的能力都沒辦法，實在無能解決邦聯所面臨的內憂外患，這次參加會議的五十五名代表都是各地聞名遐邇的領袖，大部分都在當地從事律師、莊園主、貿易大商、銀行家等工作，倘若能說服他們制定一部新的憲法，就能以最迅捷的方式將國家從一盤散沙中拯救出來。

在等其他代表團到達的時間中，麥迪遜與其他維吉尼亞代表、紐約的亞歷山大・漢彌爾頓

（Alexander Hamilton）、以及賓夕法尼亞的班傑明・富蘭克林（Benjamin Franklin）達成共識，決定全盤推翻現行的邦聯條例，重新設計一個全國最高的聯邦政府。他們根據麥迪遜所勾畫的藍圖開始討論，試圖模仿英國建立全國性的參眾兩院，取代缺乏效能的邦聯議會，並建立一個超然獨立的司法權。這份憲政架構藍圖後來被稱為「維吉尼亞方案」（Virginia Plan），其中的很多重要內容都被美國憲法接受了，甚至成為現代憲法的基本架構。該方案一共有十五條，就其前三條來說，基本是新穎且超前的：

（1）確立三權分立原則，即立法、行政、司法三機關分而治之。

（2）立法機關實行比例代表制，根據捐資或者自由人數量按比例分配。

（3）根據該方案，國會實行兩院制。第一個院由各州選民直接選舉，第二個院由第一個院根據各州議會提名的人選選舉產生。

需注意的是，當時歐洲雖然已經提出三權分立的見解，但對於司法權的歸屬問題仍有爭議。譬如當時的英國，法官被視為國王在各地的代表，實質上並不獨立於行政權之外，但依照麥迪遜的理解，司法權應當實質獨立於所有權力架構之外，不依附立法權、亦不依附當權者。我們不能不佩服麥迪遜的遠見。

詹姆斯・麥迪遜

亞歷山大・漢彌爾頓

班傑明・富蘭克林

代表團的大部分成員都到達後，會議開始。富蘭克林先提名革命英雄喬治・華盛頓擔任主席，負責維持會議程序與主導秩序，與會代表一致贊同。而麥迪遜也正式提出他所起草的維吉尼亞方案，要全面推翻現行的邦聯體系，建立一個強而有力的全國最高政府。

麥迪遜的臨時動議，頓時讓會議上下一片譁然。邦聯議會只授權費城會議討論修改《邦聯條例》，而不是制定一部新的憲法，這樣擅自主張的行為，不是本末倒置嗎？我們做為美利堅的憲政先驅，怎麼能這麼做呢？

起初，麥迪遜的提案並不受到看好。紐澤西的威廉・帕特森（William Paterson）便指出召開本次會議，是依據中央議會和各州議會的授權，我們應該遵守他們的授權範圍，否則無法對得起自己的所屬州，也會使人民上行下效，最終誰都不把法律看在眼裡。

其實不只佩特森不服氣，起初其他代表們也抱持著懷疑態度。將十三個主權獨立的邦及其聯合體改造為「一個主權，一部憲法，一個政府」的統一國家，對於反抗強權而成立的美利堅來說實在太遙遠了。但經過麥迪遜的不斷說服，代表們逐漸認識到，要對抗英國和西班牙的野心，美國就必須放棄現行鬆散的邦聯制度，建立一個強而有力的聯邦政府。然而，制憲當然是開不得玩笑的事，雖然大家心裡都認為這是「必要之惡」，但如此倉促究竟是好是壞呢？

此時，南卡羅萊納代表皮爾特．巴特勒（Pierce Butler）跳了出來。這位南方的大奴隸主為人直言不諱，慷慨豪爽，他分析若要將此次會議改為制憲會議，核心和前提只有一個，那就是代表們要認同建立由立法、行政和司法部門組成的「全國政府」。這一點如果不通過，其它便無從談起。且退萬步言，即使後續討論不盡人意，我們還是可以隨時退出會議，因此我們依然能嘗試討論全國政府的憲政架構。

於是，經過這位性格豪爽的南方人提議，會議通過了第一項政治決議：本會應商討並建立一個由三權部門組成的全國政府。會議在經過不斷討論下，終於邁出了堅實的一步。

在麥迪遜的說服下，會議陸續通過了保密規則與異動規則，前者規定代表不得公開會議內容。麥迪遜認為如果會議公開，代表們就不會改變主張，因為這等於公開承認自己原來是錯的，要是會議不保密，肯定一敗塗地。而後者則讓代表有權改變已做出的決定，議案並不是討論完再投票表決就算結束了，任何代表都可以要求對任何議題進行重新討論。事實上，也正是這樣不帶情緒色彩、腳踏實地的討論，最終使不同見解的各州得以妥協，造就出了美利堅的憲政奇蹟。

▼最初的討論：三權分立的實施與平衡

六月一日開始，代表們已經摸清制憲的頭緒，他們首先要解決的就是行政首腦的性質問題。麥迪遜建議行政首腦（即日後之總統）由立法機構選出，職責就是落實立法機構通過的法律；行政首腦對國會無提出法案之權，但國會通過的法律需要他簽署才能生效成為法律；行政首腦有權否決國會提出的法案，但國會可以再次投票推翻總統的否決。行政首腦的薪資由國家給付，任內不得改變；首腦也代表三軍統帥，必須定期向國會報告國情。

行政首腦的數量該是幾人呢？多數代表仍對獨裁政權感到憂心，希望行政首腦越多人越好，亦有部分代表據此表達三人執政的想法，但賓夕法尼亞的詹姆斯．威爾遜（James Wilson）認為，國家領袖必須因應時事而有迅速決策的能力，由一個人來擔任最為合適。經過長時間的討論表決，七州支持，三州反對，一人執政最終占據主流。

在任期和連任問題上，漢彌爾頓認為任期不能太短，倘若將任期定為一年一任，將使中央政府更易頻繁，政策無法如期運行；且過多的前總統將形成派系，不利於聯邦的統治。富蘭克林主張總統可以連任，人民是國家的統治者，總統僅是他們推派出的代表，若人民寄望某人擔任他的代表，就不應特別禁止。當時有兩大主流方案：任期三年，可以連選；任期七年，只有一屆。結果，五個州支持七年一屆，四個州反對。這個問題後來經過兩方不斷爭執妥協，最終融合在一起：總統任期四年，可以連任。

至於行政首腦該以何種程序產生，各地代表則各有想法，主要爭論點在於是否採間接民主或直接民主[2]，導致此議題延宕許久，先後投票六十次仍無法解決。詹姆斯．威爾遜提議總統由選舉人選舉產生，按地區分配。但麻薩諸塞的埃爾布里奇．格里（Elbridge Thomas Gerry）認為當前美國人民的教育程度不足以讓他們選出優秀的選舉人，「只要幾名不誠實的人即能輕易愚弄人民」。[3]代表們最初投票決定由國會任命總統；後改為州議會任命選舉人，再由選舉人選出總統；這個決議後來又被推翻。最後決定，總統由州議會提名的選舉人選出，這也成了後來的選舉人團（Electoral College）。

會議設置了彈劾總統的程序，若國會發現總統有非法情事將發動調查，以簡單多數（過半數）表決是否彈劾總統。會議規定了總統人選的資格：參選者必須出生時即為美國公民、年滿三十五歲以上、且在合眾國境內生活已滿十四年。

至於聯邦司法權與地方司法管轄的衝突問題，一些主張州權至上的代表認為，各州已有了各自的法院和法官，聯邦法院的用處並不大，譬如康乃狄克代表羅傑．謝爾曼（Roger Sherman）就表示，當前州法院足以應付所有訴訟事件。南卡羅萊納代表約翰．拉特利奇（John Rutledge）則持反

2 間接民主即代議民主，就是人民通過其代表來進行統治，而不是直接進行統治。用約翰．彌爾（John Stuart Mill）的話說：「人民應該是主人，但他們必須聘用比他們更能幹的僕人。」

3 原文：A few dishonest men can easily fool the people.

對意見，主張應建立聯邦最高法院，但不設立下級聯邦法院。投票結果，在保障州級法院做為第一審裁判系統的同時，另增設一個聯邦地區法院系統，以及一個聯邦最高法院。聯邦最高法院受理涉及聯邦法、公民權利、外國人犯罪，以及州法院系統的上訴案件。聯邦地區法院則對於地方法院的民事、刑事上訴案件有管轄權。

聯邦大法官的任命形式，有人認為由國會指定，另一些人認為該由總統任命。但南卡的約翰・拉特利奇反對，並認為司法權不該受行政權影響，將該權力交給總統極易產生徇私舞弊。最終會議達成共識，司法系統的細節問題應由國會和總統共同完成，總統擁有大法官的任命權，國會則決定最高法院法官人數，以此削減總統權力。

至於憲法將以何種形式通過並普及全國，各州代表都有不同的看法。部分代表認為應讓州議會處理此問題，主張菁英治國的麻州代表埃爾布里奇・格里也說「普通民眾對政府的概念是世界上最荒誕的」。但主張直接民主的麥迪遜反對道：「新政府的規畫必須由人民來批准。我認為，由議會批准的政府和由人民批准的政府之間的根本區別，是一項協定和一部憲法之間的區別。」會議最後決定，憲法由各州人民批准，憲法生效至少要九個州，即三分之二以上州的批准。

▼「紐澤西方案」對「維吉尼亞方案」的反擊

在眾多關於三權分立的討論中，最棘手的難題當屬國會代表的席次該如何劃分。麥迪遜最初提出的維吉尼亞方案看似合情合理，但在經過重重討論後，缺點也隨之曝光。麥迪遜認為，當時美國的內憂外患源於各州割據成藩，既然我們不能完全放棄州權，勢必要在「尊重州權」為前提下建立新國家，那麼就應該以少數尊重多數為主。議員的產生應該完全根據各州的人口比例，人口越多的州，在議會的席位就越多。

然而麥迪遜所屬的維吉尼亞，和支持維吉尼亞方案的賓夕法尼亞，在當時都是人口數量龐大的大州。人口較多的大州在維吉尼亞方案的規畫下，未來在議會將握有更多的話語權。

按當時美國十三個州人口排列，人口最多的州依序為維吉尼亞、賓夕法尼亞、北卡羅萊納和麻薩諸塞；人口居中的州依序為馬里蘭、紐約、南卡羅萊納和康乃狄克；而人口最少的州則依序為德拉瓦、羅德島、喬治亞、新罕布夏和紐澤西。如果真的完全按照維吉尼亞方案的規畫走，人口較少的紐澤西或德拉瓦的權益將受到忽視，所以維吉尼亞方案又被戲稱為「大州方案」（Large-State Plan）。

於是，小州開始了反擊。

其中最主要的代表，當屬於在會議一開始與麥迪遜發生爭執的紐澤西代表威廉·帕特森。他指責以麥迪遜為首的大州代表別有居心，如果僅以人數做為投票考量，大州將在人數優勢的情況下永遠做出對自己有利之政策，甚至能為了保護自己而阻止小州的發展。為了表示反對，帕特森提出了「紐澤西方案」（New Jersey Plan），為制憲提供另一層的深度思考。

帕特森主張，議會席位方面要各州平均分配，每一州的席次都相同，不許任何州擁有超越其他州的權力。其餘權力分配也與維吉尼亞方案大不相同，麥迪遜主張兩院制，帕特森主張一院制；麥迪遜主張由人民批准憲法，帕特森主張由各州議會批准憲法。帕特森站在《邦聯條例》的基礎上加工，讓主權保持在各州，其中最關鍵的是保留了各州對條例的一票否決權。

大州和小州的對立成為憲政會議的第一個主要爭論點，雙方你來我往，各執一詞。德拉瓦州的貝德福德在辯論中甚至指責大國「以犧牲小國為代價來擴大自己的地位」、「利益蒙蔽了他們的雙眼」，並聲明「先生們！我不信任你們。一旦你們毀壞邦聯，我們會找更有信譽和誠意的外國盟友，從那裡獲得公正！」包括富蘭克林在內的幾個代表試圖調解糾紛，奈何雙方歧見實在太深，富蘭克林甚至建議制憲會議聘請牧師，在每天開會前主持祈禱儀式，使各州代表能在會議開始前放下歧見，擁有共同的信仰與目標。但這項建議被否決了，因為制憲會議沒有這筆經費。

兩派方案鬧得不可開交。此時，紐約州代表漢彌爾頓忽然跳了出來，指稱兩個方案都不能建立一個真正有為的政府。一七八七年六月十八日，他在會上滔滔不絕地發言超過五小時，提出了自己的方案，史稱「漢彌爾頓方案」（Hamilton's Plan）。該方案基本照搬了英國的國會制度，下議院由人民直選，任期三年；上議院由各州人民推選出具有威望的代表終身任職。行政首腦由各州的選舉人團選出，除非遭到國會彈劾，不然行政首腦亦能終生任職。行政首腦對國會通過的法案有絕對否決權，國會及該州州長對州議會通過的議案均有絕對否決權。

漢彌爾頓的想法，反映出當時部分美國人面對走向一個尚未實踐的制度的畏懼。那個時候連法國大革命都還沒有發生，除了擁立君主外，還真沒有其他成功的制度樣本可供參照。但在其他與會

相比之下，最初對制憲達成共識的麥迪遜（右）、富蘭克林（中）與漢彌爾頓（左）則處於畫作中最明顯的位置。

在著名的《美國憲法簽署現場》油畫中，威廉．帕特森（側臉者）只在油畫中占得非常小的位置。這固然是因他的思想與美國制憲結果格格不入，但其對制憲之正面影響卻遠勝多數人。

代表看來，如果照搬英國的體制，那麼我們當初革命的意義在哪呢？漢彌爾頓的方案引起會場一陣騷動，堅持維吉尼亞與紐澤西方案的兩派竟少見的炮口一致，對準漢彌爾頓一頓批評——做為時代的先鋒，我們不能再走回頭路了。[4]

「合眾國政府」與「康乃狄克妥協」

在大州與小州各執一詞，互不相讓時，人口居中的中等州的態度成為關鍵。除了紐約的漢彌爾頓之外，其他幾個中等州的立場雖然傾向小州，但也希望能建立一個統一的中央政府，解決美國面臨的種種問題，如果僅因議會席位而放棄制憲，將會得不償失。而在此時，康乃狄克代表羅傑．謝爾曼躍上了歷史舞

4 亦有論者認為，漢彌爾頓此舉是為了提供一個更激進的方案，以此突顯大州方案的合理性，漢彌爾頓本人實際上並不支持自己提出的方案。

台。他為人沉默寡言，只在關鍵時刻說話，但口才極佳，無人能擋。同時他也是唯一一位簽署過美國建國四大文件——《大陸盟約》、《獨立宣言》、《邦聯條例》及《美國憲法》的人。湯瑪斯．傑佛遜（Thomas Jefferson）曾稱讚他「一生未嘗說過一句蠢話」，謝爾曼確實也稱得上這個稱號。他在費城會議上的表現可以分為兩段，前期主要是聽，但自會議陷入方案之爭時，他便開始積極發言。後來謝爾曼與另一名康乃狄克代表奧利弗．埃爾斯沃思（Oliver Ellsworth）整理出自己的方案，也就是著名的「康乃狄克妥協」（Connecticut Compromise）。這個方案的主要精神是吸收兩種方案的特點，平衡大州與小州的利益，譬如下院按每州人口比例分配議席數目，上院則保持各州擁有均等的議席。

六月二十九日，是制憲會議的關鍵日子。那一天，富蘭克林提議進行祈禱，祈求上帝保佑，原本充滿爭執的會議室進入了短暫的平靜。禱告完後，代表們因為共同的信仰向心力，尚處於一種溫和狀態，康乃狄克的代表埃爾斯沃思趁勢提出他的調解方案。他說：

既然聯邦議會第一院的席位分配已決定不再遵循《邦聯條例》的規則，那麼，第二院的席位分配就應該和《邦聯條例》規定的一樣。因為我們部分是國家，部分是聯盟。第一院實行比例制，符合國家原則，保障了大邦的利益；第二院實行平等制，符合聯盟原則，保障了小邦。在這樣一個中間立場上，就可以實現折衷。如果不能實現折衷，那麼，我們這個會議，不僅是徒勞無力，而且比這還要糟糕！要知道，大自然連給最小的昆蟲都賦予了自衛的能力，何況是邦？自我捍衛權，是小邦的根本！

埃爾斯沃思特地申明，他們的意見並無偏愛或偏見，因為他代表的邦（康乃狄克）不大不小，正好居中。除此之外，埃爾斯沃思也提出質疑，以前我們通過將以後的政府冠之為「全國政府」（National government）的決議實在操之過急；全國政府帶有一定的大一統主義色彩，這對後來意識到問題的我們來說，無疑是重要的。謝爾曼也認為，應該在「國權主義」和「邦權主義」的衝突中找尋妥協點，因此挑選了沒有任何權力色彩的名字——「合眾國政府」（Government of the United States）。

康乃狄克的代表羅傑·謝爾曼（右）與威廉·約翰遜（左）。奧利弗·埃爾斯沃思於簽署文件前已離開，故未入畫。

「合眾國政府」一詞名義上為最高政權，卻不帶有中央政府氣息，屬於一種進退裕如的說法。此番言論得到了麥迪遜與帕特森兩方的認可，因為他們的國家本來就叫合眾國（United States）。雖然這項妥協實際上是一個具有政治智慧的結果，但卻給予了之後政府得以依照實務運行來進行調整的機會。「合眾國」到底該實行什麼樣的政體，就得看數十年後，誰能笑到最後了。

七月十六日，大會最終針對兩院席位問題進行了

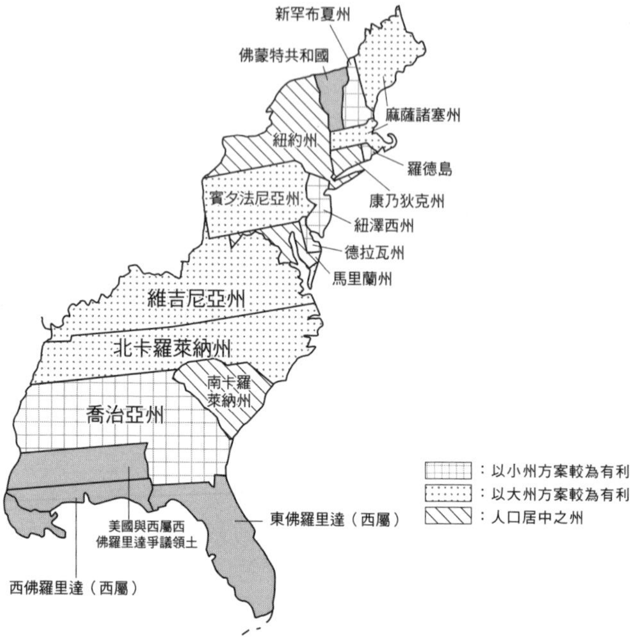

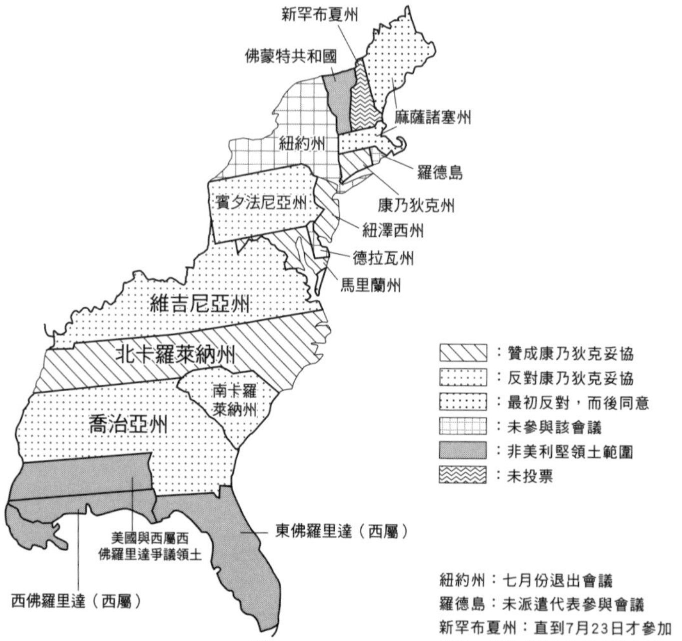

紐約州：七月份退出會議
羅德島：未派遣代表參與會議
新罕布夏州：直到7月23日才參加會議，此時會議內容已大致完成

人口數圖與投票結果

表決。康乃狄克、紐澤西、德拉瓦、馬里蘭、北卡羅萊納五邦贊成，賓夕法尼亞、維吉尼亞、南卡羅萊納、喬治亞四邦反對，麻薩諸塞贊成反對各半，勉強通過修改。制憲會議終於達成最後一項討論，除了未參加會議的羅德島，與途中退出的紐約州，十一州的代表紛紛在憲法文本上簽字。

九月初，會議推舉文筆高竿的賓夕法尼亞代表古弗尼爾．莫里斯（Gouverneur Morris）將討論出來的結果寫成條文。會議通過的《美國憲法》（*Constitution of the United States of America*）二十三項條款部分內容性質相似，莫里斯便將之縮簡為正式的七條：

第一條：規定國會的權力，眾院的人口比例制和參院的各州平等制、議員的條件及任期。

第二條：規定總統的權力，總統人選的資格，及選舉方式。

第三條：規定了聯邦司法權。

第四條：規定各州的權利和義務。

第五條：規定了憲法修正案的通過程序。

第六條：規定憲法乃美利堅的最高法律。

第七條：規定憲法生效需要九個州的批准。[5]

5 書末附錄《美利堅合眾國憲法中文版》，可參照。

在美國文化中，憲法本文占據了重要的文化地位。在這張著名的油畫中，古弗尼爾．莫里斯（手臂交叉者）被安排在重要的位置，已突出其貢獻。

美國憲法原件，1787 年，藏於美國國家檔案和紀錄管理局

原本《美國憲法》的序言起頭打算承襲《邦聯條例》，並不直接稱憲法為「我們合眾國人民」所制定，而是寫成「來自不同州的人民」。但以外交官聞名於世、善於起草政治文書的莫里斯為了讓序言顯得簡潔有力，擅自將會議原本討論出來的結果異動，才成了我們今日所熟悉的模樣。在批准憲法時，這個寫法引發了強烈不滿，因為這表示聯邦政府的權力是來自人民而不是各州，好在後來大家都妥協了。序言也解釋了制憲的原因，是「為了建立一個更完善的聯邦，樹立公平的司法制度，保障國內的治安，籌設共同防衛，增進全民福利，使我們自己和後代子孫永享自由的幸福」。基於畫龍點睛的恰到好處，莫里斯被後世稱為「憲法的書法家」（Penman of the Constitution）。

黑奴人口的妥協

制憲會議取得了巨大的進步，但在這「偉大的妥協」中也有一些難以啟齒的「妥協」，關於奴隸制存廢的妥協。在當時的美國，部分觀念先進的代表已經開始主張在國內廢止奴隸制，不過此時黑奴仍是農場的主要勞動力，貿然廢除必將造成國內經濟動盪，且制憲會議的根本目的是建立一個統一的全國最高政府。黑奴問題雖然事關重大，但為了顧全大局，各州代表們都在有意無意地迴避這個問題。

那麼，既然默認了奴隸制的存在，會議又延伸出了兩個問題：黑奴是否能享有與公民相等的基本權利、納入人口比例計算議會席位呢？第一個問題，各州代表都認為北方各州黑奴既然不算是美國公民，便不享有憲法所列舉的權利；至於是否納入席次，南方的蓄奴州主張需要計算，北方的商業州則極力反對。幾經商討後，雙方達成了著名的五分之三妥協（Three-Fifths Compromise）：一個黑奴按五分之三的公民徵稅，而議會席位也同樣按五分之三的比例計算。該妥協也載入《美國憲法》第一條第三款：

> 眾議員名額和直接稅稅額，在本聯邦可包括的各州中，按照各自人口比例進行分配。各州人口數，按自由人總數加上所有其他人口[6]的五分之三予以確定。自由人總數包括按照契約服一定

6 所謂的「其他人口」就是黑奴，制憲者以一種委婉的方式默認了奴隸制的存在。

年限勞役的人，但不包括未被徵稅的印第安人。

這時又出現了另一個問題。如果一個黑奴的數量可以決定南方諸州的話語權，那麼在奴　貿易仍然盛行的當時，蓄奴州豈不是可以源源不斷地輸入黑奴，既增加自己的勞動力，也增加自己在議會的席位嗎？人們再次爭論成一團，最終讓各方達成妥協的，是善於交際的古弗尼爾．莫里斯。他巧妙利用了當時「大州方案」與「小州方案」的衝突，爭取了部分蓄奴小州的支持，通過了限制蓄奴州在未來輸入黑奴的共識。莫里斯希望有關黑奴的貿易可以在憲法通過後二十年內停止，因此憲法第一條第九款又規定「現有任何一州認為得准予入境之人的遷移或入境，在一八〇八年以前，國會不得加以禁止」。二十年後，也就是一八〇八年，黑奴將被禁止進口。

除此之外，憲法第四條第二款第三項還規定，逃亡外州的黑奴被抓獲後，必須物歸原主，繼續為奴，即使該黑奴逃往禁止蓄奴之州，該州也必須尊重黑奴所屬州之法令遣返。這一規定使對奴隸制的保護明文化，也遵照聯邦與州之間的分權原則，凡是憲法未授予聯邦政府也未禁止各州使用的權利，均歸各州行使。這樣，決定奴隸制存廢的權力完全歸屬各州，聯邦無權干預。此項規定埋下了日後南北戰爭的導火線。

當時的知識分子都明白蓄奴是不道德的事情，也與建國者們的基督教教義相左；後來在修訂憲法語言時，倘若有涉及有關奴隸身分與貿易的憲政事項，均會利用各種花俏的詞彙來掩飾。比如《聯邦憲法》第四條第二款「根據一州之法律必須在該州服勞役或勞動的人」，即指黑奴；或《聯邦憲法》第一條第九款，則將貿易之黑奴稱為「應准予入境之人」。

▼一部可以商量的憲法

一七八七年七月，憲法關於國會席次、黑奴問題的爭論點接連獲得解決，制憲會議在之後的兩個月依循先前所建立的架構，一步步探討首都問題、移民問題、公民資格、稅務分配等事宜。憲法最終於九月十七日宣告落成，這次制憲會議後來被歷史學家們稱作「偉大的妥協」（Great Compromise）。但在當時，代表們卻並沒有什麼「偉大感」，麥迪遜在寫給友人的信件中充滿了失望，身為主席的華盛頓也對兩種交錯的制度合併充滿擔憂。

我們不能怪他們對這種結果感到不滿。由於妥協，美利堅無法在一些細節上取得共識，只能等待時代演變，再將其他問題交由後人補全。比如這份憲法草案就沒有規定下來對公民權利的保護，部分代表對此頗有微詞。喬治・梅森（George Mason）就因為該憲法缺乏修正性質的《權利法案》，以及默認奴隸貿易等問題，竟與另外兩位代表聯合起來，拒絕於憲法上簽字。會議結束後，他回到自己的州，從此致力於反對本州議會批准憲法草案的工作。

但是，這並不意味著美國憲法不是一部適當的憲法。制憲會議的這些代表們並不以法學工匠自居[7]，他們制憲的原因也不是要建立一個完美到不需更正的國家制度，而是一步步在多方勢力中找尋平衡點。各州的菁英代表都明白，世界上沒有十全十美的人，也沒有十全十美的法律；美國憲法雖然不是精緻的著作，卻是堪用、平衡且可商量的。

費城制憲會議的前後離不開「妥協」二字，但是這種妥協並不是沒有原則的妥協，他們都有自己政治妥協的原則底線。首先，他們明白制憲會議不能一事無成，必須把握這個得來不易的機會，若繼續維持現狀，問題將會永遠存在；再者，國家體制的變更不能通過武裝衝突，只能通過談判，各位代表只能以理性就事論事，誰都不能威脅對方；最後，雖然各州在重要議題上有不同意見，但在所屬州之外，他們仍為了美利堅其餘的地方人民著想。也正是因為他們秉持這些原則，代表們最終得以達成超越地區利益的遠見，決定了他們在具體問題上的最後共識。

事實上，妥協的結果並不壞。一七八七年制憲會議之所以能載入史冊，成為世界憲政史中不可抹滅的存在，歸因於多種不同因素，但不能歸功於任何一個人，我們應將它視為全體美國人的勝利。當最後幾名代表在憲法上簽字的時候，富蘭克林看著主席台背後的浮雕畫，輕聲地說：

畫家總是把朝陽和落日畫成一個模樣。在會議進程中，我對它的結局始終是希望和恐懼參半，我曾一再凝視它，但總也摸不清它是朝陽還是落日。現在我很高興，我已經知道它是初升的旭日，而不是西沉的夕陽。

7 法學工匠的代表作品如《德國民法典》，結構之嚴謹，被譽為如果能在裡面找尋到有一字疏漏，即能成為法學大家的存在。

2 憲法保障了國家的運行，那麼誰來保障人民？——權利法案的誕生

如果憲法不能保障公民的基本權利，我們就寧願不要憲法，也不要美利堅合眾國。

——喬治・梅森

做為憲法修正案的權利法案並非美利堅首創，其發展歷程可追溯至英國一六八九年光榮革命。光榮革命結束後，英國議會驅逐了企圖恢復君主集權及天主教的詹姆斯二世後，邀請遠在荷蘭的威廉三世繼任國王，但他們提出了條件，那就是必須簽署由議會提出的英國《權利法案》（*Bill of Rights 1689*）。內容保障人民的許多權利，包括國王不得干涉法律、未經議會同意不得任意徵稅；人民有向國王請願的權利；人民有攜帶武器以用來自衛的權利等等。

美國獨立戰爭前期，抗稅運動所主張的「無代表，不納稅」，就是援引英國《權利法案》中未經議會同意、國王不得徵稅的規定。由此可知，這部《權利法案》的內容也連帶影響到了千里之外的北美土地。

獨立戰爭爆發後，各州在分別制定州憲時也都納入了類似英國《權利法案》的條文，以保障人權，比如一七七六年，維吉尼亞召開代表大會，討論改組立憲機構。喬治・梅森便負責起草《維吉

尼亞權利宣言》（*Virginia Declaration of Rights*），該宣言為後來制定憲法修正案的美國《權利法案》（*United States Bill of Rights*）打下了堅實的基礎。

梅森於《維吉尼亞權利宣言》裡首次闡明了未來美國憲法的人權思想和理論基礎：政府存在的唯一目的，是保障人民的「自然權利」，即人民生來具有保障生存、追求自由、擁有財產的權利[1]，這些權利是「造物主賦予的，不可剝奪的，比任何形式的政府都重要」。這些思想後來也被傑佛遜挪用，寫進了《獨立宣言》。如果仔細比較這兩份文件，就能發現兩份文件思想淵源之相似。

《維吉尼亞權利宣言》是這樣開頭的：

所有人的自由與獨立都是與生俱來的，並享有某些天賦權利，當人們組成社會時，不能憑任何契約剝奪他們及其後裔的這些權利；也就是，享受生活與自由的權利，包括獲取與擁有財產、追求和享有幸福與安全的手段。

《獨立宣言》則是這樣開頭的：

1 如今自然權利已經擴張，於學界通常被解釋為生存權、平等權、生命權、自由權、幸福權以及財產所有權。

我們認為下面這些真理是不言而喻的：人人生而平等，造物者賦予他們若干不可剝奪的權利，其中包括生命權、自由權和追求幸福的權利。

這兩段文字如出一轍，但傑佛遜使用了政治家的特殊筆法，使宣言較簡潔且具解釋性。獨立戰爭結束後，華盛頓曾向梅森發出邀請，希望他參與費城會議，當時梅森已年過六十，仍風塵僕僕地來到費城。在起草《美國憲法》的整個夏天裡，他同反對者進行了激烈辯論，為了堅持自身人權至上的理念，有時甚至違背維吉尼亞州的利益。不過，綜觀制憲會議的大半時間，其實都是在討論國家制度的設計方式，人權保障被擱置不論。當美利堅的制度已經大致商量完成後，梅森才得以岔開新話題，建議在新憲法中明確寫入對公民權利的保護，防止過於強大的中央政府侵害個人權利。

這個今天看來是毫無爭議的提議，卻在當時被所有參加制憲會議的代表否決了，就連包括未來美國《權利法案》起草人——詹姆斯．麥迪遜都明確反對該提議。他們認為國家對於公民自由的保護是足夠的，而嘗試列舉這些權利，會導致人們誤認為沒有列舉的權利得不到保護。在一次簡短的辯論後，喬治．梅森的建議被全票否決。

為什麼《權利法案》被否決了？除了麥迪遜給出的理由外，主要還是要歸因於當年的開會時間點不怎麼好。那是個非常炎熱的夏季，為了保持會議的隱密性，會議入口被貼上封條，「不僅關上房門，而且緊閉窗戶，寧可汗流浹背，惟恐隔牆有耳」。[2]代表們為了表示莊重，整日得穿著厚重燕尾服，頭戴假髮，擠在一間不大的會議室裡，每州的代表各圍成一個小桌。空氣中瀰漫著各種體臭，以及談論時噴湧而出的口水味，對於來開會的代表們，真不是什麼舒服的事情。制憲代表們談到最後已經累得人仰馬翻，當梅森提及憲法一個最根本的重要核心時，會議成員已經沒有心力再搭理他了。

梅森十分失望，當憲法已經幾近完成之際，他宣布自己「寧願砍下自己的右手，也不會在這部憲法上簽字」。由於梅森從頭到尾都參與了《美國憲法》的制定，更做出巨大貢獻，此舉不僅讓其他立憲代表感到驚愕，而且使他們在簽字時感到尷尬。而另外兩名制憲代表，曾發表著名「不自由，毋寧死」演說的派翠克·亨利（Patrick Henry），以及主張州權至上、後來在「伯爾叛國案」與「馬卡洛訴馬里蘭州案」大展拳腳的路德·馬丁（Luther Martin）也一同拒絕簽字。他們的決定使得《美國憲法》在剛成形時便蒙上一層陰影。

喬治·梅森

梅森認為憲法沒有權利法案，沒有限制聯邦政府的權力，將會衍生出一個踐踏民權的強勢政府的隱患。身為一貫主張天賦人權，支持權力有限的小政府，以及忠實的反

2 詹姆斯·麥迪遜著，伊宣譯，《美國制憲會議記錄》，譯林出版社，二〇一四年。

聯邦黨人（Anti-Administration party），梅森放棄了留名青史的機會，拒絕在沒有權利法案的憲法上簽字，貫徹他的政治理念。回到維吉尼亞後，梅森公開了自己的反對意見，開啟了美國憲法通過前的論戰。

▼反聯邦黨人與《聯邦黨人文集》

制憲會議制定出憲法後，按規定要在十三個州中獲得九個州批准，始能於全國範圍內開始生效。為了說服民眾接受聯邦政府的成立，以漢彌爾頓、麥迪遜為首的支持憲法者組成了聯邦黨人陣營，他們與支持制憲的約翰·傑伊（John Jay）[3]一搭一唱，共同以「普布利厄斯」（Publius）為署名人在紐約各大報紙發表法學見解，試圖為憲法辯護、強調建立聯邦政府的重要性。這些文章後來統稱為《聯邦黨人文集》（*Federalist Papers*），不僅是解釋美國憲法的權威之作，更成為政治哲學理論領域不朽的經典名著。

有支持者便有反對者，當聯邦黨人在美國東部地區發憤忘食地推廣憲法時，有另外一群人卻發現了憲法的草率與漏洞。他們擔心強大的中央政府將對個人權利構成威脅，因此選擇走向聯邦黨人的對立面，抨擊該憲法缺乏保護基本公眾自由和權利的條款，將讓民眾以後有冤無「法」伸張。這群人被後世稱為「反聯邦黨人」。

反聯邦黨人是神祕的派系。嚴格說來，它並不是個組織嚴密的「黨」，而是組織鬆散、政見接近的一夥人。他們散落於各州四處，久而久之形成了強大的勢力，常常在報章雜誌評論對聯邦政府的不信任。在維吉尼亞，反聯邦黨人占有將近一半的輿論優勢；而在紐約，由於通過《美國憲法》將使進出口的海關關稅權由州政府移交給聯邦政府，讓紐約市對曼哈頓港徵收的進出口關稅大幅降低，使得反聯邦黨人占絕對優勢。反聯邦黨人的代表人物是日後美國第三任總統湯瑪斯．傑佛遜。他深信洛克的社會契約思想[4]及孟德斯鳩的權力制衡學說。他深信政府的一切權力均來自人民的委託，但人民不能信賴政府：

政府不只是人民的僕人，而且是一個不能信賴的、靠不住的僕人。不能讓政府自由掌管它的主人的事務，相反地，必須多方面對它施加限制；必須在每一個可能的要點上約束它，隨時都對它抱持戒心。否則，它就會不再是僕人，並且反僕為主……自由政府應建立在猜疑之上，而不是建立在信任之上。

傑佛遜不止一次指出，美國面臨著與以往所有共和國相同的問題：如果權力缺乏約束，自由會無可避免地滑向無政府主義，繼而需要君主專制才能維持社會秩序。法國大革命期間，他曾親眼目

3 日後約翰．傑伊成為美國首任最高法院首席大法官。
4 社會契約，即一個理性的個人為穩固權益，自願放棄部分自由，共同遵循某項秩序與規則。

睹雅各賓派的恐怖統治絞殺革命同志和無辜民眾，引發劇烈社會動盪，最終走向拿破崙軍事獨裁，傑佛遜對此心有餘悸。他認為，為防範掌權者走向專制和獨裁，必須透過《權利法案》這條「鎖鏈」，對政府權力加以遏制。

在傑佛遜的影響下，原本在聯邦黨人陣營的麥迪遜發現了《美國憲法》的缺失，麥迪遜的政治理念，其實和重視民權的傑佛遜，還有主張菁英治國的漢彌爾頓都不太一樣，他支持權力平衡，因此政治光譜介於這兩者之間，麥迪遜認同漢彌爾頓的經濟政策導致聯邦政府權力過大，轉而支持反聯邦黨人的部分說法，希望在通過《美國憲法》後，也需通過保障人民的《權利法案》。

與傑佛遜的「猜疑論」不同，麥迪遜堅持「性惡論」。麥迪遜認為在利益和慾望面前，信仰和道義的力量微不足道；權力具有慢慢滲透和擴張的天性，如果沒有有效設限、加以抑制，將會造成無可挽回的災難。因此，為彌補憲法中權力部門相互制衡之不足，還需依賴人民必須虎視眈眈盯緊掌權者，才能保證政府權力不被濫用，人民權利不受侵害。

▼約翰．漢考克與「麻薩諸塞妥協」

在聯邦黨人看來，傑佛遜與麥迪遜等人的主張，是為了保障州權利益而阻礙憲政進程的一群退步者。在漢彌爾頓的鼓動和影響下，聯邦黨人紛紛撰文，公開諷刺憲法修正案。他們認為美國公民的個人權利不勝枚舉，若將權利明文列出，那麼執政者將來便可能以狹窄的文義解釋來迫害人民。

漢彌爾頓也認為，麥迪遜對《權利法案》所體現的民主思想並不周全。西方第一個民主體制誕生於古希臘，然而雅典時期的民主體制卻不完善；前車之鑑告訴我們，完全的民主將淪於暴民統治。倘若國家非由理性的知識分子組成，而是情緒化的普通民眾，那麼勢必產生如陶片放逐法那樣扼殺有才之人的悲劇，且將造成短視近利而無法制定長遠決策的災難。譬如在伯羅奔尼薩戰爭的阿吉紐西戰役中，參與海上指揮作戰的八名將軍因未能及時救助落水者而面臨元老院嚴厲指控，最終六名將軍被集體判決有罪後處死，希臘的海軍優勢也在此時直轉直下。為了避免上述極端情形出現，美國必須採取「菁英統治」（Meritocracy）模式。

聯邦黨人與反聯邦黨人各執一詞，各有道理。照這種雙方勢均力敵的情況來說，無論是權利法案還是憲法，除非以武力強制推行，否則都沒辦法通過了，但以武力解決問題，是不是又會釀出另外一個大英帝國？在這個危及的關頭，時任麻薩諸塞州州長的約翰．漢考克（John Hancock）充當和事佬，提供了一個折衷方案。

《獨立宣言》上漢考克的簽名

約翰．漢考克是美國的革命元老之一，也是《獨立宣言》的第一位簽署人。人們之所以記住他，主要是因為他簽出來的字總是華麗又飽滿，名字下方還會畫上一些有趣的符號，以致在《獨立宣言》顯得獨樹一幟。

麻州對《美國憲法》的看法基本偏向反聯邦黨，他們無法接受一部沒有保障人權的憲法。約翰．漢考克本身也是一名反聯邦主義者，但他希望雙方達成和解，因為他所處的故鄉是謝斯起義的爆發地區；十年前，退役士兵企圖奪取由聯邦軍控制的軍械庫，對當地造成了嚴重的破壞，但中央卻無力遣兵支援。這次起義促使他希望推出更強而有力的中央政府，唯有中央增加管束，才能保障人民安全。為此漢考克想出了一個折衷辦法，他主張麻州可以接受聯邦憲法，不過前提是必須保證修憲加進人民基本權利相關條文，更親手起草了九條修正條文以供參考，這項折衷方案被後世稱為「麻薩諸塞妥協」（Massachusetts Compromise）。

麻州最終在一七八八年二月六日以驚險的差距通過聯邦憲法，成為第六個批准美國憲法的州。之後各州也紛紛提出自己的修正條文，要求聯邦國會開會後立即啟動修憲程序，比如第八個批准州南卡羅來納提了四條、第十個批准州維吉尼亞州則提了驚人的四十六條。這些州在批准憲法的決議裡各自寫上附加條件，無法置之不理，以致日後國會開始修憲時，參考條文多達兩百四十九條。

▼《權利法案》內容與逐條釋義

一七八八年六月二十一日，《美國憲法》已獲得九個州批准，到達法定通過門檻，邦聯議會隨即設置了憲法運作的時間表，在憲法框架內運作的聯邦政府終於在一七八九年三月四日成立。第一屆國會信守承諾，自一七八九年開始修憲，在眾議院議員麥迪遜的帶領下將兩百四十九條整理成為十條，這就是日後憲法的最初十條修正案，也就是美國《權利法案》。該法案的思想形成既源於梅森起草的維吉尼亞憲法，又採納麥迪遜與傑佛遜所宣揚的基本人權概念，從憲法高度上保護了公民的基本權利。

在《權利法案》通過前後，梅森由於年事已高，並未參與過多的政治活動。當麥迪遜提出憲法修正案時，梅森本人其實不太看好，但當他親眼閱讀完這十條人稱《權利法案》的修正案後，表示「非常滿意」。法案逐條釋義如下：

第一條修正案

國會不得制定關於下列事項之法律：設立宗教或禁止信教自由；限制或削奪人民言論及出版之自由；削奪人民和平集會及向政府請願救濟之權利。

此修正案位居權利法案之首，言簡意賅，卻是使用最頻繁的一條法律。做為立法機關，國會本該具備制定法律的一切權力，但此條法案首次揭示該權力的限制，也就是一切違反這條修正案的法律皆不許制定。其中言論自由不可被侵犯的保證更是兩百餘年來美國憲政的爭執焦點，言論自由常會不可避免地與社會、甚至國家的權益相衝突。此項權利一如其他憲法所保障的基本權利，並不是一種絕對的權利，政府並非不可對之加以限制。本書將在後面第六章講述，當新聞報導與國家利益有衝突時，美國法院對於此衝突該如何予以平衡。

有趣的是，在制定此條修正案時，無論是麥迪遜還是當時的美國國會，都忘了一個關鍵，那就是誰有資格來判定某條法律違反了憲法第一修正案。以目前的法律規定，判定資格屬於美國最高法院的九位大法官；但在修憲當初大家並沒有注意到這一點，似乎打算將這項問題訴諸於國會議員的道德良心。本書將在下一章講述一場牽連美國憲政初期的司法大案，使得釋憲權最終落入了最高法院大法官手裡。

第二條修正案

紀律嚴明之民團，為保障每一自由州之治安所必需，故不得侵害人民攜帶武器之權利。

十七世紀歐洲移民到北美大陸落地生根時，必須依靠武器以對抗猛獸與印地安土著。由於政府沒有常備軍隊，各州皆依靠民兵進行防衛，因此美洲大陸的移民者皆有持槍的習慣。憲法修正案第二條的法理除了延續該項權益外，最大的目的就是延續美國革命的初衷，對抗政府一切可能的暴政。

美國國父們放上這條的時候，是發自真心地為了限制強勢政府，賦予公民以武器反抗的權利且不得侵犯，此即所謂槍權天授。美國第三任總統傑佛遜在撰寫《獨立宣言》時也曾明確指出，「當政府把人民置於絕對專制統治時，那麼人民就有權利，也有義務推翻這個政府，並為他們未來的安全建立新的保障。」正是因為傑佛遜提倡公民有反對暴政的權利，此一權利一直以來成為人民持有槍枝最根本的理由和依據，也是二十一世紀後禁槍議題日漸緊張時，眾人所關注的焦點。

第三條修正案

未經屋主之許可，不得於平時駐紮軍隊於民房，除依法律所規定之手續外，亦不得於戰時在民房駐紮軍隊。

第三條修正案是憲法中最沒有爭議，也是在司法訴訟中引用最少的條款之一。波士頓茶葉事件後，英國議會頒布了五項「不可容忍法令」，其中《營房法》授權英國軍隊如果無法尋得合適住處，可直接進入平民居住的住宅中休整。這樣的規定相當含糊，倘若軍隊長時間駐紮，平民亦無管道可資救濟，這就嚴重侵犯了私人土地的使用權。此項法案也成為殖民地人民尋求以革命手段擺脫殖民統治的間接原因。

以今天的眼光看來，這條修正案的內容規定相比於其他法案處處「自由平等」的遠大理想，似乎不怎麼響亮，屬於殖民歷史的遺留產物。第三修正案曾被少數幾個案例引用來幫助建立憲法中暗含的隱私權，但如今的實務認為，隱私權乃第九修正案所保障之範疇，而非第三修正案。

第四條修正案

人民有保護其身體、住所、文件與財物之權，不受無理拘捕、搜索與扣押，並不得非法侵犯。除有正當理由，經宣誓或代誓宣言，並詳載搜索之地點、拘捕之人或收押之物外，不得頒發搜索票、拘票或扣押狀。

第四條修正案也是源於英國的法律學說。一六〇四年，英國總檢察長愛德華．科克在一場治安官闖入債務人的案件中主張「每個人的房子就是每個人的城堡和要塞，他可在此保衛自己免受侵害和暴行」。他在該案中認為即使是尊貴的國王，也不能肆無忌憚地打擾他臣民的住所，但也指出如果目的合法且在取得搜查令的情況下，可以獲許進行一定程度的搜查和扣押。該項主張受到法院採用，後來演變為普通法著名的「敲門並告知」（knock and announce）原則。[5]

與英國的情況相比，生活在殖民地的北美人民處境要糟糕得多，他們的家園沒有英國同胞那樣的「神聖不可侵犯」，殖民當局擁有幾乎無限的權力，可以在任何時間對任何地點進行搜查，許多殖民地人民都對此怨聲載道。

因此，第四條修正案明文要求政府必須先獲得司法認可的搜索票，才能進行搜查和扣押、逮捕。負責執法者大多是警務人員，他們隸屬於行政機關，而搜索票的發出權限是由法院所提供，兩邊屬於不同系統；由具備完整法學素養的法院判定是否有需搜索的情狀，更能保證人民不被政府侵犯。搜查令也定有一定時效範圍與搜查範圍，執法人員如果存在虛假或越界行為，之後將被懲戒或起訴。

第五條修正案

非經大陪審團提起公訴，人民不受死罪或其他不名譽罪之審判，但戰時或國難時期服現役之陸海軍或國民兵所發生之案件，不在此限。同一罪案，不得令其受兩次生命或身體上之危險。不得強迫刑事罪犯自證其罪，亦不得未經正當法律手續剝奪其生命、自由或財產。非有公正賠償，不得將私產收為公用。

陪審制的現代雛型始於十二世紀的英格蘭國王亨利二世，為了解決金雀花王朝開國以來的土地及繼承糾紛訴訟不斷，法律規定每個百戶區中選出十二位男性公民組成的小組，使他們有權在庭審中發表各自的觀點，保障法官不會肆意斷定是非。

後來陪審團逐漸獲得了審判被告有罪無罪的權利，這種制度也跟隨英國殖民者來到美洲殖民地。十八世紀中葉後，英國禁止北美殖民地與荷蘭、西班牙、法國直接貿易，美國商人從而轉向非法走私，當被抓獲的走私商人被法院審判時，法官和檢察官幾乎都是從英國本地派遣，只有陪審團是來自北美本土的人民，他們較能體會走私者的苦衷，因此時常站在被告的立場思考，與法官經常爆發衝突。事情傳到了英國國王耳中，於是他下令廢止北美地區的陪審團制度，侵犯了北美人民做為英國公民的權利。

美國建國後，陪審團制被保留了下來，並在第五修正案中與妥速審判權、一罪不兩罰[6]、不自證己罪原則、正當程序原則一同列出，成為限制聯邦政府行政和司法部門權力的守護神，持續在美

5 該原則指出，在執行逮捕或搜查時，警察需在進入私人住宅前先敲門，並告知自己的合法身分及進入的目的，而被拒絕後才可以強行進入。

6 一罪不兩罰，即無論一個犯罪行為不論造成多大的損害，只能被處罰一次，以免案件無窮無盡，淪為復仇所用。

利堅合眾國中存在。

第六條修正案

在一切刑事訴訟中，被告應享受下列之權利：發生罪案之州或區域之公正陪審團予以迅速之公開審判，其區域當以法律先確定之；要求通知告發事件之性質與理由；准與對造證人對質；要求以強制手段取得有利於本人之證人，並聘請律師為之辯護。

「陽光是最好的消毒劑，燈光是最有效的警察」，任何案件都應該在公開的情況下審判，只有在眾人的檢視下，才能防止弊端的發生。該修正案賦予刑事被告人數項重要權利，包括避免案件延宕或誤判造成侵害嫌疑人的自由，因此規定必須迅速受審，以及在公開環境進行審判。並得知悉指控性質，以免造成突襲性裁判。此外，被告有權利用有利證據進行辯護，以及在法庭與對方證人對質，從而有質疑證人證詞並主張證詞無效的機會。當然，被告也可獲得律師辯護權，以及強制性的正當法律程序保護權。以上權利都構築起反對集權的重要堡壘。

需注意的是，該修正案准許律師協助辯護，卻未規定律師將在何種階段進行協助。是一被逮捕時就能尋求幫助？或者是要等到出庭後才能幫忙？倘若當事人並沒有錢財聘請律師，那麼依照修正案的字面解釋，法院是否應當提供一名免費的律師？本書將在第六章討論。

第七條修正案

在普通法上之訴訟，其訴訟標的超過二十元者，仍保留其由陪審團審判之權。陪審團所判定之事實，除依普通法之規則外，不得於美國任何法院中再加審理。

在某些請求數額龐大的民事訴訟案件中，兩造仍有權聲請由陪審團審判。須注意的是，二十美元是以當時的購買力為準，將因通貨膨脹有所變化。雖然該修正案訂有不得由法院再加審理等規則，但進入二十世紀後，民事訴訟的裁判與事實越來越複雜，法官也可根據當事人的申請或職權進行重新審判（new trial）。

第八條修正案

在一切案件中，不得需索過多之保證金，亦不得科以過重之罰金，或處以非常殘酷之刑罰。

該修正案最初之制定目的是不允許施加酷刑，但在日後經過不斷詮釋下，成了另一種面貌。美國自二十一世紀以來對死刑制度產生懷疑，廢死主義者認為死刑從刑罰理論來看喪失了「應報與預防」兩大功能，因此依第八修正案主張死刑應予廢止。在羅珀訴西蒙斯案（Roper v. Simmons）中，最高法院正是以該修正案為法理依據，廢除對未成年人的死刑。

美國聯邦最高法院認為，當量刑程序以恣意且善變的方式為被告創造了實質風險時，死刑便是一種殘酷、逾常的刑罰。做為一種制度性刑罰，死刑的宣告不僅僅是標示出被告的犯罪事實而已，它必須基於一道公平、公正的程序，才能夠施懲於被告身上。

第九條修正案

本憲法列舉各種權利，不得解釋為否認或取消人民所保有之其他權利。

與《權利法案》的其他條款不同，第九修正案不是緣起於英國，而是美國制憲者的天才原創。麥迪遜明白，人民權利的保護將隨著時代的發展而衍伸出更多內容，然而做為保障權利的象徵，一部好的憲法卻經歷上百年而難以撼動，因此增修條文勢必需要一條活躍、得以隨機應變的規定。

該修正案規定美國憲法明文規定的權利受到保障，但未納入憲法內文的權利仍有受憲法保障之可能性。因此，第九條修正案可以依照時代的演變轉化，而賦予不同的權利樣貌，在美國建國後的二百五十年間，這份修正案對於人民基本權利的解釋起到了與時俱進的效果。每年，都有人請求聯邦法院認可新的「為人民所保留」的未被列舉的權利。

經由大法官的解釋，第九修正案將涵蓋更多憲法與憲法修正案規定的權利，其中所確立的「隱私權」又是重中之重。譬如「羅訴韋德案」（Roe v. Wade）中的法官認為，禁止除了挽救母親生命之外其他所有墮胎行為的州法律，就是違反了第九修正案所保障的隱私權，本書將於第七章討論。

第十條修正案

本憲法所未授予美國政府或未禁止各州行使之權限，皆保留於各州或其人民。

《美國憲法》原文中對中央與州權已有大量著墨，但為了消滅民眾對聯邦政府的擔憂，制憲者希望能以概括條款的形式，來抑制聯邦政府權力擴張。本條與第九修正案相似，都用了一種得以靈活應用的框架，來規定美國各州擁有相對獨立的自主權。各州應該擁有憲法以外未列舉的一切權限，亦有得以退出聯邦的權利，不過後來在林肯執政期間，聯邦卻以一種含糊其辭的方式否認了聯邦的退出權，本書將於第三章討論。

▼未受各州採納的兩項修正案

以上是我們所熟知的《權利法案》，但鮮少有人知道，其實在一七八九年，麥迪遜向眾院提交的修憲建議案總共有十二條，華盛頓總統也全盤同意並簽署了這十二條法案並將其提交各州批准。但在一七九一年末，法案中僅有十條獲得到十一個州的批准，仍有兩條並未通過，分述如下：

《國會分配修正案》（*Congressional Apportionment Amendment*）

經首次人口普查後，每三萬人得選出一名眾議員；當眾議員的總數達到一百人後，國會得重新

劃定人口數量與眾議員之間的比例，惟其劃定眾議員總數不得少於一百人，每四萬人對應的眾議員不得少於一人；當眾議員的人數達到二百人後，國會得重新劃定人口數量與眾議員之間的比例，再次劃定後，眾議員的人數不得少於二百人，每五萬人對應的眾議員不得超過一人。

此項修正案之所以被否決，一來是因為這樣將使得大州與小州的權力分配更加失衡，二來是沒有預見美國外來人口的快速增長。雖然眾議員的人數越多，越能直接體現民意，但眾議院的議事效率就會大打折扣。民意對立法活動的影響太大不見得是好事，要是當初這條修正案通過了，今天美國的眾議員人數就至少要是六千六百人左右，選舉人票數就是六千七百張左右。因此兩百三十餘年來，這條修正案會一直處於待批准狀態中。如無意外，它將會繼續被雪藏。

《國會報酬修正案》（*Congressional Pay Amendment*）

變更參眾議員服務報酬之法律，在眾議員經過改選之前，不生效力。

該修正案俗稱「防自肥條款」，當屆議員不得立法為當屆議員加薪，即使通過加薪法案，也只能於下屆議會生效。該法案因為時空背景的複雜因素，當時並沒有被足夠數量的州通過；有趣的是，該法案歷經兩百餘年雪藏，最終還是在一九九二年被通過了，成為迄今美國最後一條憲法修正案，即第二十七修正案。而使該案重新復活之功臣，為德克薩斯州大學的一位學生格雷戈里·沃森

（Gregory Watson）。他在學習美國政府課程時偶然發現了本修正案後，得意地指出該發現，稱本修正案在理論上依然有效，且可以被各州投票通過，便隨即發起活動號召各州議會投票通過該修正案，最終獲得成功。7

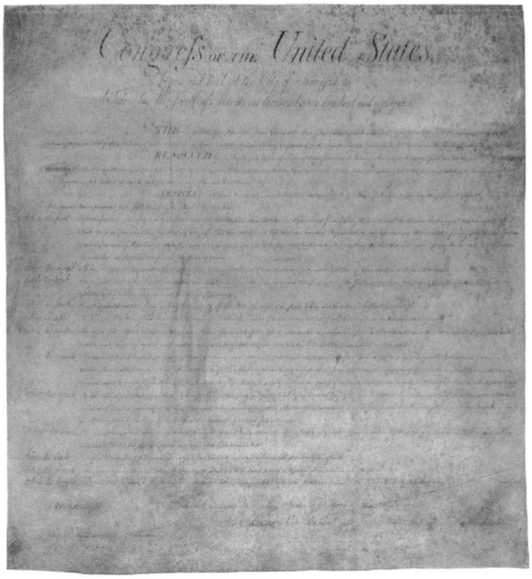
美國權利法案，請注意最初共有十二項內容法案。

《權利法案》的真諦

美國歷史很有趣的一面，在於他們的歷史並不局限於單一角度。同意者有同意者的道理，反對者有反對者的理由，在聯邦黨人與反聯邦黨人的鬥爭中，雙方都恪守內心的真理，為了各自期待國家所呈現的模樣而展開辯論。他們並非為己，而是為了國家的未來；這並不是一段成王敗寇的歷史，而是一次探尋真理的過程。兩方的鬥爭後來產生出了美國第一批政黨，即以漢彌爾頓與第

7 中華民國於一九九九年國民大會進行第五次修憲時，因自行延長任期制度而引發違憲，大法官作成之釋字四九九號解釋亦包含該修正案之法理。

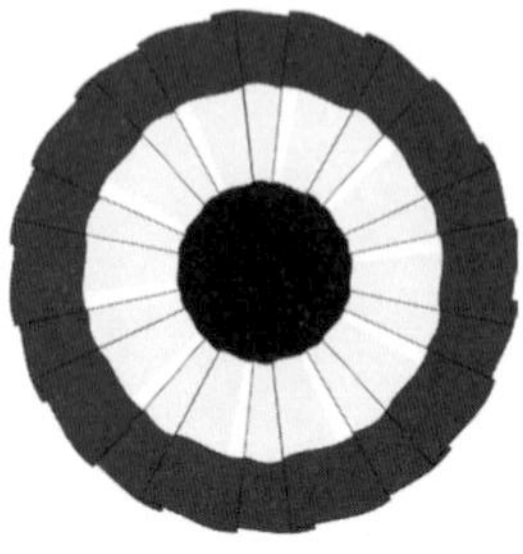

民主共和黨標誌
以紅色、白色、藍色做為識別標誌

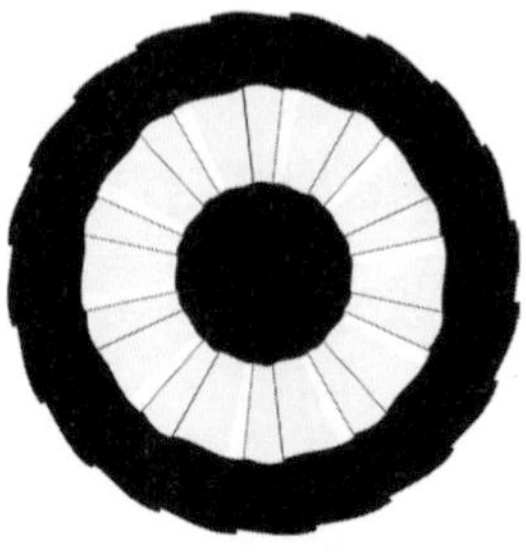

聯邦黨標誌
以黑色及白色做為識別標誌

二任美國總統約翰・亞當斯（John Adams）為首、成員多為東部地區富商名流的「聯邦黨」（Federalist Party）；以及在得到麥迪遜的支持後聲勢大壯，以傑佛遜為首、成員多為鄉村地區農民及城市地區工人的「民主共和黨」（Democratic-Republican Party）。

從某種意義上來說，《權利法案》的意義大於憲法本身。因為它的存在不在於給予政府的權力，而是給予公民不可侵犯的界線，使得政府怎麼做都無法逾越這樣的大原則，也使它無時無刻都必須以捍衛這些權利為唯一存在的價值。

絕對的權力導致絕對的腐敗，不論道德再怎麼高尚的領導者，都有著各自的缺點，只有明文將法治和憲政寫下，才能保障社會的長治久安。面對可能的權力濫用，美國的開國先賢首先設計了各種防範措施，他們將三種權力分別交給三個不同的國家機關管轄，既保持各自的許可權，又要相互制約保持平衡。但美國人民仍不放心，依然強烈要求在聯邦憲法的前十條修正案設下條款，規定不得立法框限本次通過的修正案。此舉意味著即便某條法案經國會通過，終結了《權利法案》的部分內容，且最高法院也默認了該內容而不判決違憲，該法案也自始至終都無效。

在美國人民心中，個人權利遠比「國家利益」和「政府權力」更重要。國家由一個個具體的人民組成，人民又依靠社會群體代表其意志。換言之，沒有人民，就沒有代表他們意志的社會群體；沒有社會群體，就沒有他們託付的國會和政府。人民建立政府，是為了保障每位公民的權利。如果通過人民意願建立的政府無法保障公民的人權，甚至侵犯公民的人權，政府就毫無存在的價值。

02

CHAPTER

聯邦最高法院的擴張與馬歇爾時代

1789～1835

《喬治．華盛頓將軍辭去他的軍權》，約翰．特朗布爾（John Trumbull）繪，1826 年。

該期間重大事件

1789 喬治・華盛頓就任美國首任總統

1795 《第十一修正案》通過，該法旨在給予各州主權豁免，防止州政府被另一州公民在聯邦法院被起訴

1797 約翰・亞當斯就任第二任總統

1801 約翰・馬歇爾就任首席大法官，共持續三十四年，是美國歷史上任期最久的大法官

湯瑪斯・傑佛遜就任第三任總統

《第十二修正案》通過，該法旨在修正美國總統和副總統的選舉事項

1803 「馬伯里訴麥迪遜案」，確立了美國三權分立的憲政體制

路易斯安那購地案，美國國土倍增，長達百年的西進運動展開

1807 「副總統伯爾叛國案」，確立了無罪推定原則的普世性

1809 詹姆斯・麥迪遜就任第四任總統

1810 「弗萊徹訴佩克案」，由喬治亞州立法機關出售公有地於商人合法，不得事後以法律規定收回之，該案對契約自由影響重大

1812 第二次美國獨立戰爭開始，美國國內民族主義激增，昭昭天命的使命觀應運而生

1819 「馬卡洛訴馬里蘭州案」，確立了國會含蓄默示權，為建立功能完備的政府，國會權力越來越廣

1819 「達特茅斯學院訴伍德沃德案」，確立自由契約原則與大學自治傳統

1824 「吉本斯訴奧格登案」，將國會的「商貿條款」拓及於跨越各州邊界的航運業，從此「商貿條款」的涵蓋權限逐步擴大

1835 馬歇爾於任內病逝，轟轟烈烈的馬歇爾時代宣告結束

導言

美國憲法於一七八九年正式施行。同年四月，華盛頓經由選舉團全票通過，當選首任總統。至此美國終於擁有名義上的國家領袖，一個實質上的國家才算正式建立。

做為自羅馬共和國滅亡以來歷史上第一個現代共和政體，人們對於它是否能生存並壯大起來，總是持保留態度。畢竟，在當時歐陸君權至上的意識達到巔峰之際，它的出現顯得那樣與眾不同。西方對於歷史的記憶總是鮮明，他們對雅典式民主的弊端與恐懼歷歷在目，人們害怕才識過人如伯里克里斯（Pericles）之人受到猜忌，能言快語如克里昂（Cleon）之人受到提拔。而且在憲政的最初運行階段，人們發現憲法只定下了最基本的大原則，至於該如何實際運用，以及如何讓各部門真如憲法所授權的那樣、老實安分地待在各自的權力分立崗位上，則是另一大問題。

本章的名稱是馬歇爾時代，做為聯邦最高法院執政時期最長的首席大法官，約翰．馬歇爾（John Marshall）被譽為是奠定現代美國憲政體制的先鋒。法學界都說：憲法給予了美國三權分立的思想，而馬歇爾給予了他們真正的實踐。

與先前講述的開國先賢與制憲先前不同，約翰．馬歇爾是美國建國後的第二代政治家，年紀較小。他是忠誠的聯邦黨人，推崇強大的聯邦政府，認為各州權利應該處於聯邦政府的控制之下，同時他也是美國第二任總統亞當斯的親密戰友。然而亞當斯僅僅執政一屆，繼任總統傑佛遜則與他關係不佳，某些時候表現出行政權大於司法權的思想，馬歇爾對此極為反對，兩人終其一生都勢不兩立。

馬歇爾時代正值憲政主義的萌芽階段，政治企圖凌駕司法審判的事件屢見不鮮，如馬伯里訴麥迪遜案（Marbury v. Madison）、副總統伯爾叛國案、大法官蔡司彈劾案，三大案都隱藏著錯綜複雜的黨派糾葛。身為聯邦黨人的馬歇爾雖貴為最高法院首席大法官，卻也要時刻面臨來自民主共和黨政府的壓力。在處理這三宗案件時，馬歇爾以極其絕妙的方式淡化了黨派之爭，從法理的角度詮釋案件，使得馬歇爾成為美國司法史上最重量級的人物。

在馬歇爾的政治生涯中，最大的對手當屬積極倡導州權主義的第三任美國總統傑佛遜，兩人在就職期間爆發數次衝突。但有趣的是，與傳統東亞所想像非黑即壞的黨爭不同，兩個政治理念截然不同的人在相互搏鬥與妥協之餘，仍保持基本理智，在遵行制度的前提下一步步完善憲政格局，其中雖然互有勝負，卻最終達到了兩方都接受的結果：一個強有力的聯邦政府和獨立、不依附於任何權力的司法機構。本章講述的「馬伯里訴麥迪遜案」即是最佳例證。

馬歇爾的時代前，聯邦政府並沒有權力干預商業活動。對此，馬歇爾法院以憲法解釋，漸漸把國家主義的含義融會貫通到憲法中那些可以操作的重要條款，讓聯邦政府漸漸獲得了控制全美上下貨幣政策的權力，其中又以適當和必要條款的「馬卡洛訴馬里蘭州案」（McCulloch v. Maryland）最為著名。

一八〇九年，傑佛遜任期屆滿，由美國憲法之父麥迪遜接任總統。麥迪遜曾與漢彌爾頓等人一起寫下了著名的《聯邦黨人文集》，後來加入民主共和黨，思想偏向維護州權。在成為總統後，他選擇尊重最高法院的司法判決，致力於維護聯邦的統一與完整。

相較傑佛遜時期的勢不兩立，此段時期兩方合作順暢，相安無事。麥迪遜當政期間，正值歐洲的拿破崙戰爭，美國試圖在歐洲混亂之際出兵英國殖民地加拿大，卻在戰爭初始便屢遭挫敗，首都華盛頓甚至一度遭到占領。然而美國的國家意識在這場戰事中鞏固，國家主義與愛國氛圍獲得了前所未有的流行，最高法院也趁勢依靠這樣的氛圍，進一步提高裁決的權威性，最終連地方的政府頑固部門也不得不服從他們的判決。

馬歇爾執掌期間，最高法院形成了一股獨特風氣，那就是大法官雖各有政治傾向，但為了維護最高法院得來不易的權威性，對外勢必團結一致；他們必須以紙筆與判例，共同抵禦外在政治勢力的干涉，以國家憲政為優先。其中最佳例子就是大法官約瑟夫．斯多利（Joseph Story）。斯多利是主張州權的麥迪遜總統親自任命，但諷刺的是，在任命不久後，斯多利便轉而主張國家主義，並多次無視麥迪遜的友好請求，表示自己必須以司法與聯邦最高法院的利益取捨，而非政黨。可以說，美國的司法系統自古以來就有「背骨」的傳統，正如後來溫和保守派的艾森豪總統選出了主張民主改革的華倫大法官上任一樣。斯多利一穿上法官袍，便能擺脫政黨，隔絕除了司法之外的一切紛擾。這樣的傳統也延續至今，成為一項美式傳統。

值得注意的是，馬歇爾時代通過了美國權利法案公布後的第十一與第十二修正案。

第十一修正案的提出，主要是因為一七九三年的「奇澤姆訴喬治亞州案」（Chisholm v. Georgia）中，最高法院判決其有權審理「由公民個人針對州所發起的法律或衡平法的訴訟」，即使是他州公民，也可於最高法院對該州提出起訴。可是這項判決引起了部分州的不滿，便透過國會訂定憲法修正案，推翻了最高法院的判決見解，賦予各州主權豁免，防止一州被另一州公民在聯邦法院起訴。該案明確規定：「合眾國之司法權，不得受理他州公民或外國公民或外國臣民控訴美國任何一州之普通法或衡平法之訟案。」[1]

第十二修正案則與總統選票有關。該案通過以前，總統和副總統並不是綁定在一起的選舉搭檔，而是票數最多的候選人為總統，得票次之者為副總統，如票數相等則由眾議院從中票選出適當人選。這樣子的缺點顯而易見。一八七六年，時任副總統亞當斯代表聯邦黨出來競選，國務卿傑佛遜則代表民主共和黨與之抗衡。兩人身為政敵，在選舉期間勢不兩立，選舉結束後卻又不得不湊在一起，使他們根本無法好好地施行自己的政治理念。

一八〇〇年大選時，選舉制度再度出現問題。傑佛遜與他的競選搭檔伯爾同獲七十三張選舉人票，依照憲法規定，將由眾議院從二人中選擇一人擔任總統。然而伯爾不甘屈於副總統職位，竟與眾議院的聯邦黨人暗通款曲，趁機跑票，導致眾議院投票陷入僵局，投票數次仍未能選出總統。最終在第三十六輪投票才將傑佛遜送上總統之位。

鑑於上述兩次選舉的僵局，一八〇四年通過的第十二修正案修改了正副總統選舉方式，每個選舉人不再對總統投下兩票，而改為總統一票，副總統一票，清楚表明由誰競選哪一個職位。當沒有總統候選人取得多數票時，將由眾議院從得票數最高的三人（修正案之前為五人）中選出總統。當沒有副總統候選人取得多數票時，將由參議院從得票數最高的兩人中選出副總統（憲法原文僅規定當出現平局時，由參議院進行選舉）。

---

1 需注意的是，第十一修正案只有禁止A州公民不得在聯邦法院提告B州政府，但依然能夠在B州法院尋求救濟。但無論如何，這樣對於他州公民來說，對於該州侵害其權利之救濟管道實有不足，因此常遭受法學者之批評。目前司法實務對於主權豁免已有放寬，首先，聯邦允許他州人民向具體負責官員提出告訴，以替代向政府告訴；再者，該州亦得主動放棄主權豁免。

3

最高法院的法律解釋權從此定下
——馬伯里訴麥迪遜案

一七八九年的美國憲法雖然規定了行政、立法、司法三權分立和制衡的格局，但這部憲法並沒有對憲法最終解釋權的歸屬問題作出任何明確規定。制憲先賢們低估了憲法的可解釋性，認為憲法內該做的與不該做的皆已一目了然，國會所立的法律只要依照程序討論，一定能夠制定出不違憲的法律；最高法院只是一個在國會制定的法律基礎上，做為最後審核者，審查被告有無違法、有無罪責的機關而已。

也因此，在首席法官傑伊、拉特利奇和艾爾斯沃斯時期，大多數美國人也認為最高法院與地方法院的審理方式沒有差別，審訊案件少得可憐，絕大多數的案件都在初審解決。最高法院第一次召開大會時，大法官們曾興奮地以為自己能為國家有一番貢獻，然而他們只是「身著官服、威嚴地坐在一大批觀眾面前，並等待著有些事情發生。什麼事情都沒有發生，因為無案可審。閒著一週後，他們休庭到九月，然後各自回家了」。[2]而上訴到最高法院的第一個判決，甚至要等到成立兩年後才發生。

從實務運作上來看，司法在三權中總是處於最弱的一方。美國的立憲先賢漢彌爾頓曾評論：「司法部門對軍權或財權皆無影響；對社會的力量和財政沒有方向；並且不能採取任何積極的解決方案。真的可以說沒有力量也沒有意志，只有判斷力。」[3]在建國初期階段，最高法院實際上可有可無，只是聯邦中最小的一個部門，窩居在國會大廈一樓的一間辦公室裡。翻開一七八七年的美國憲法，我們甚至無法回答「聯邦最高法院」是一個怎樣的組織。憲法裡共有四次提到了最高法院：

（1）司法權屬於聯邦最高法院，以及它的下級法院……（最高法院的法官）報酬在任職期間不得減少。

（2）訴訟當事人為大使、公使、領事及一州的案件，聯邦最高法院有一審管轄權，其他案件中，聯邦最高法院有上訴管轄權。

（3）國會有權設立低於聯邦最高法院的其他裁判機構。

（4）總統有權任命……聯邦最高法院法官。

僅憑憲法，我們可以確定的是，聯邦最高法院的法官依靠總統任命，不會被隨意扣減工資，可以知道它的管轄權，還享有一個名為「司法權」的權力，但憲法沒有進一步解釋這種權力是為何物。一直要到第四任最高法院首席大法官約翰・馬歇爾時代，馬歇爾透過對「馬伯里訴麥迪遜案」

2 Fergus Bordewich, *The First Congress: How James Madison, George Washington, and a Group of Extraordinary Men Invented the Government.* Simon & Schuster. 2016.

3 漢彌爾頓，《聯邦黨人文集》，第七十八篇。連結網址：https://avalon.law.yale.edu/18th_century/fed78.asp.

的判決，正式確立了此項權力，以及最高法院在美國憲政中至高無上的兩個判例法則：第一、最高法院大法官的有權解釋一切法律，包括憲法；第二，最高法院大法官認為如果國會通過的某項法律牴觸了憲法，便有權直接將該法廢除。至此，「司法權」才正式落實於最高法院。

▼馬歇爾其人

一七五五年九月二十四日，約翰．馬歇爾生於維吉尼亞的日耳曼敦附近。和傑佛遜一樣，他是著名政治世家「倫道夫家族」（Randolph family of Virginia）的成員，該家族在維吉尼亞擁有廣大土地，以種植菸草聞名於世。馬歇爾十九歲開始從軍，在華盛頓兵敗、於福奇谷（Valley Forge）修整的艱難時期，馬歇爾依然對華盛頓的指揮充滿信心，積極維持軍隊秩序，從此馬歇爾得到華盛頓的賞識，擔任大陸軍的副軍法官領上尉。美利堅建國後，馬歇爾移居里奇蒙（Richmond），並進入威廉瑪麗學院學習法律。一七八二年，二十七歲的馬歇爾被選入維吉尼亞州的立法議會，律師業務開展得十分順利，很快就成為當地精英。

這時期，馬歇爾的聯邦主義政治傾向日益明顯。他從自己的從軍生涯窺得邦聯體制的弊端，深切感到建立聯邦制國家的必要性，因此積極支持一七八七年費城《美國憲法》。此後，他成為維吉尼亞批准憲法運動的領導人之一。當議會因是否通過憲法而爭執不休時，馬歇爾選擇與麥迪遜和州長倫道夫一起支持批准憲法，出於對司法權的高度重視，此間他反覆強調司法權對立法權的制約作用，最後會議以八十九對七十九票批准了憲法。

聯邦政府建立後，馬歇爾的觀點與聯邦黨人十分相近，支持亞歷山大．漢彌爾頓大刀闊斧的經濟計畫。一七九七年美法關係緊張，亞當斯總統派出三人代表團前往法國談判，馬歇爾正是其中一人。此次法國之行他遇上了著名的XYZ事件（XYZ Affair），馬歇爾嚴詞拒絕法國人的索賄，並發表長篇大論批駁此行。使節團最後雖無功而還，馬歇爾的公正形象卻在美國人心中留下了深刻的印象。一七九九年，在眾人擁簇下，馬歇爾高票當選國會議員，並成為聯邦黨與亞當斯總統的堅實後盾。

建國初期的黨派鬥爭

講到此處，馬歇爾似乎與法院無密切關係，那他是如何當上首席大法官的？而馬伯里訴麥迪遜案的原告威廉．馬伯里（William Marbury）是家財萬貫的莊園主，被告麥迪遜是當時美國政府的國務卿。兩者為何會牽扯在一起呢？種種原因，都與當時美國政壇的黨派鬥爭有關。

與東亞諸多現代化之憲法不同，美國憲法做為國家的根本大法，並無隻字片語提及政黨制度。其中的道理很簡單。自一七七五年美國獨立戰爭爆發以來，試圖脫離英國殖民統治的北美十三殖民地基本上並沒有任何黨派意識；他們是基於對自己州的利益保護，而紛紛揭竿而起保衛鄉土。可以說，他們的黨派就是州，而聯邦就像黨派大聯盟。我們熟知的開國政黨「聯邦黨」做為第一個全國普遍性政黨，要等到一七九二年才創立。

威廉・馬伯里

大多數美國制憲先賢認為，政黨就是結黨營私的代名詞。軍人出身的開國總統華盛頓就是無黨籍。在位期間，他對內閣中以國務卿傑佛遜和財政部長漢彌爾頓為首的兩派鬥爭深惡痛絕。華盛頓總統在一七九六年的總統告別演說中語重心長地警告後人，一定要防止黨派爭鬥的弊端。

可是，華盛頓只能阻止得了一時，阻止不了永遠。當他正式離職返鄉後，美國政壇迅速分裂成兩大政黨，一派是擁護漢彌爾頓的聯邦黨，一派則是擁護傑佛遜的民主共和黨。前者主張強健的中央政府，以及美國東北部地區的商業利益；後者則提倡減少聯邦權力，並支持南方地主、全國工匠及小農場主的利益。

亞當斯和傑佛遜之前都是美國獨立戰爭的大人物，也都是獨立宣言的簽署人，可惜在政治思想迥異下，他們注定分道揚鑣。自從亞當斯於一七九六年在總統選舉中獲勝、接任華盛頓之位成為美國第二任總統後，傑佛遜就開始密謀策劃各項政治活動，力圖將亞當斯的名聲弄臭。

當亞當斯在一七九九年決定不與法國開戰，讓他在聯邦黨中被孤立時，民主共和黨則落井下石，分割聯邦黨的勢力，選舉的過程非常惡劣，更牽涉個人攻擊，亞當斯被譴責成一個致力於奴役全美人民的暴君。最終傑佛遜領導的民主共和黨成功上位，亞當斯得票率僅百分之三八・六，行政權和立法權幾乎拱手讓人。

亞當斯任內最後反擊

馬歇爾認為，在一八〇〇年激烈的總統大選後，勢必得修復美國競選期間的這些傷痕，所以接下來一場和平有秩序的權力交接就顯得非常重要。雖然從客觀上來說，讓兩派政黨相互信任是不大可能的事，不過必須讓美國民眾看上去是一團和氣。於是在新任總統傑佛遜的邀請下，馬歇爾決定主持一八〇一年三月四號的總統就職宣誓儀式。

馬歇爾是聯邦黨人，做為曾經反對傑佛遜的一員，主持現任總統的就職儀式象徵意義很大，而傑佛遜也要求馬歇爾留任國務卿（相當於外交部長），直到新任的國務卿麥迪遜來到華盛頓為止。表面上兩人看起來相處確實不錯。

但是，在兩方互相看不見的角落，傑佛遜和馬歇爾仍在謀畫各自的打算。傑佛遜雖讓馬歇爾暫時留任國務卿，表面上是給予馬歇爾禮遇，但實際上只是為了穩定局面。傑佛遜打算由麥迪遜接替他的位置：一旦麥迪遜抵達華盛頓，馬歇爾就會失去利用價值。

馬歇爾也有自己的打算。做為一名效忠聯邦黨的人士，他對這次總統大選前民主共和黨的脫序行徑都看在眼裡，也或許是因為不滿任內他們的各種掣肘，在兩方正式進行總統交接前，他曾向聯邦黨提出要在民主黨執政前最大化地保存聯邦黨的勢力。按照美國憲法所述，最高法院的大法官、以及地方的治安法官（Justice of the Peace，又稱太平紳士）都不受政治變動影響。於是馬歇爾建議，在美國聯邦最高法院內安插聯邦黨人士，於日後傑佛遜執政時進行監督，並毛遂自薦出任最高法院首席大法官，代理國務卿職務。亞當斯採用了馬歇爾的提議，利用聯邦黨人控制國會的最後機會，通過了《哥倫比亞特區組織法》，任命四十二位聯邦黨人出任治安法官。

治安法官處於司法體系的中等階層，主要任務是為處理金額二十元以下的輕微刑事案件，並簽發逮捕令、主持宣誓儀式等等。由於他們沒有正式薪俸，收入完全來自案件的手續費，因此任職者往往是當地深具名望的富有鄉紳。治安法官得任職五年（後改為四年），聯邦黨人寄望他們能扎根當地，與鄉里打好關係，以期在下次大選中拉攏選票。

有了大法官與治安法官兩大利器，也就表示，傑佛遜繼任後如果沒有意外，這些治安法官將會持續監督，直到任期結束。然而，正當聯邦黨人開完會議取得一致共識時，他們發現另外一個大問題：總統交接日就近在眼前了。

等到聯邦黨人開始簽署法官任命狀時，已經是一八〇一年三月三號下午了。三月四號是新任總統就職宣誓儀式，屆時亞當斯總統的一切權力都將消失。參議院在亞當斯總統離職的當天深夜急忙批准了四十二位法官的任命，所有的委任令必須在凌晨十二點之前由總統簽署、國務院蓋印發出後才生效。代理國務卿馬歇爾在權力交接當夜焦頭爛額，他在確認四十二份法官委任狀已全部簽署、蓋印後，已經體力不支，遂將這厚厚一疊的委任狀交給弟弟詹姆斯，讓他把委任狀發送出去。

然而詹姆斯是個靠不住的人，由於不擅於處理公務，加上事態緊急使他一片慌亂，以至於他只如期寄出了二十六份委任狀，另外十六份則過了午夜才發送出去。

第二天，交接儀式結束後，傑佛遜踏進了白宮辦公室。當他曉得十六份委任狀未能及時寄出時，馬上宣稱這些委任狀皆屬無效，其中也包含馬里蘭州農場主威廉．馬伯里的委任狀。接著，針對聯邦黨人國會在換屆前夜的立法，民主黨人控制的新國會迅速通過了「裁員法案」，算是徹頭徹尾否定了十六位新任法官的飯碗。

馬伯里本該成為治安法官，卻不明不白丟失了職位。他在家中期待委任狀的到來許久，一經詢問才明白自己的位子早就被取代了，他覺得自己太冤，非要討個說法不可。當時馬歇爾的國務卿一職已經被麥迪遜所取代，馬伯里遂聘請曾任亞當斯總統內閣司法部長的查爾斯·李（Charles Lee）為律師，將麥迪遜告上最高法院，並以國會頒布的《一七八九年司法條例》第十三條規定「在法律原則和習慣所容許的範圍內，美國最高法院有權向聯邦政府現職官員下達執行令，命其履行其法定義務」為由，要求聯邦最高法院簽發令狀，讓現任國務卿麥迪遜把委任狀發給自己。

麥迪遜一看對手來頭不小，便也找來了現任司法部長——萊維·林肯（Levi Lincoln）出任辯護律師。歷史上有趣的一幕出現了，兩位前後任司法部長竟然要對簿公堂。萊維主張，該案並非涉及司法程序問題，僅是一場政治問題，最高法院因此無權管理該案。

就這樣，馬伯里訴麥迪遜一案正式開始了。

▼馬歇爾巧判大案

當時的聯邦最高法院首席大法官約翰·馬歇爾很為難，做為亞當斯的親密戰友和一名久經考驗的聯邦黨人，在政治上他必然會想幫助聯邦黨人，這也是他任職大法官的初衷。但如今美國的司法權並無實權，地位有如燕處危巢，如果因政治而恣意妄為，必將更加傷害最高法院的權威性。因此他有更重要的目標，那便是堅守法律中立。但在現實上，馬歇爾已經遭到傑佛遜的忌憚，無論是否就事論事，傑佛遜肯定會以最大的惡意揣度他的一舉一動。

馬歇爾大法官接到控方律師的起訴狀和辯方律師寄來的書面爭辯後，原本想以最高法院的名義致函國務卿麥迪遜，要求他對扣押委任令的原因做出合理的解釋。本該是公事公辦，誰料想，麥迪遜對馬歇爾的信函根本就不予理睬。這樣一來，馬歇爾便處在一種極為尷尬的兩難困境。如果他強制簽發一項執行令，命令麥迪遜發出十六份委任令，但麥迪遜背後有總統撐腰，他很有可能對最高法院下達的命令置若罔聞。這樣一來，原本就是三權分立中最沒有存在感的司法院，將陷入更加惡化的境地。

馬歇爾當然不想破壞國家的權力分配規則。但是，如果馬歇爾拒絕馬伯里合理的訴訟要求，那麼不僅社會上下震怒，代表最高司法機關的最高法院也將因向行政權妥協而顏面掃地，使得原本地位就不如人的法院成為執政者的附庸。

傑佛遜不打算給馬歇爾思考的時間。在庭審開始之前，他授意國會彈劾了與聯邦黨親近的最高法院大法官賽繆爾．蔡司（Samuel Chase），理由是他指控傑佛遜一夥為「無神論者」。傑佛遜表示蔡司的做法嚴重危害國家穩定，甚至威脅要治他叛國重罪。傑佛遜雖然是針對蔡司，但馬歇爾明白，他是在傳達一個清晰的信號：服從由民主黨領導的政府，否則你將名譽掃地。

面臨這種無論如何判決都必輸無疑的兩難困境，馬歇爾苦思之下，終於琢磨出令人稱奇的絕妙高招，既讓整場案件表面上風平浪靜的結束，實際上卻延伸強化了最高法院的審判權限。馬歇爾稱此判決為自己「法官生涯中最明智的判決」。馬歇爾首先將對本案所提出之法律見解分為三大問題，一一涵攝：

一、馬伯里是否有權利要求最高法院發給任命狀？

二、如果馬伯里有此權利，當此權利遭受侵害時，美國法律有無任何途徑能予以救濟？

三、最高法院是否有權力發出令狀，要求麥迪遜交出任命狀，以資救濟？

前兩個法律問題，經過馬歇爾做更深一層的邏輯推理，所獲得的解答是：

一、馬伯里的委任狀既然已由總統簽署，並且由國務卿加蓋了國璽，那麼，他就已經被任命了；因為創設該職位的法律賦予該官員任職五年，不受行政機關干預的權利，所以，這項任命是不可撤銷的，而且賦予該官員各項法律上的權利，受到國家法律的保護。

二、「合眾國政府被宣稱為法治政府，而非人治政府。如果它的法律對於侵犯所賦予的法律權利不提供救濟，它當然就不值得這個高尚的稱號。」既然已具備擔任法官的權利，但其任命狀卻遭受新任國務卿麥迪遜之扣留，以致無法就任法官乙職，顯然其權利已遭受侵害，本國法律當然必須給予尋求救濟。而依據一七八九年美國《司法法》（*Judiciary Act*）規定，是可以請求最高法院發出令狀，命令麥迪遜將任命狀發給馬伯里。

由此看來，馬歇爾似乎堅信馬伯里的權力不容剝奪，幫助馬伯里從麥迪遜處得到委任狀是法院與生俱來的責任。但在第三個問題時，馬歇爾話語一轉，給出了一個不一樣的答覆。也正是這寥寥幾字，奠定了美國司法制度發揚光大的基礎：

三、《一七八九年司法條例》第十三款，與憲法第三條第二項第二款之規定——「美國聯邦最高法院只有對以美國為當事人及大使公使之案件才具有初審管轄權」為相互衝突，因為它在規定最高法院有權向政府官員發出執行令時，實際上是擴大了憲法明文規定的最高法院司法管轄權限。如果最高法院執行《一七八九年司法條例》第十三款，那就等於公開承認國會可以任意擴大憲法明確授予最高法院的權力。既然是違憲的法律，當然就是無效的法律。因此，最高法院僅具有「上訴管轄權」，而不具有「初審管轄權」，因此馬伯里一案不由最高法院受理。

至於馬伯里該如何救濟自己的權利呢？馬歇爾給予解釋：最高法院不受理非外國大使、外國使節，或者州政府的案子，該案必須到所屬的州地方法院提起訴訟。馬伯里評估後認為，若這場官司重打，不僅耗時費力，萬一碰到不是聯邦黨人的法官，還會將自己暴露在風險中，因此在案件結束後便不再提告了。

馬歇爾此番觀點的犀利之處在於，表面上馬歇爾沒有向國務卿下令，使得馬伯里無法當上治安法官，聯邦黨人損失利益，更讓最高法院喪失了對政府官員下達執行命令的權力，這番答覆卻大大提高了最高法院在三權分立架構下的實際影響。違憲審查權就此誕生於人類歷史，馬歇爾成為美利堅建國以來第一個宣布聯邦法律違憲的大法官。在最高法院的最後審判中，他敲擊法槌，正式宣布《一七八九年司法條例》第十三款因違憲而被取消。

透過這個案件，馬歇爾確立了美國最高法院司法審查權（Judicial Review）的核心——對憲法的解釋權。由於英美法系遵循先例的制度，一個案例一旦構成先例，後來的判決就必然遵循。在這一點上，馬歇爾利用憲法本身的模糊性，創造出最高法院擁有司法審查權，而且在某種意義上擁有「最終立法權」，從而大大改變了美國歷史。民主黨人雖然掌握行政權和立法權，卻無法表示反對。因為判決結果在表面上維護了民主共和黨人的權利，使得傑佛遜只能接受這個判決。

憲法解釋權逐步確立了美國最高法院在國家架構下的分量。馬歇爾大法官在訴訟結束後，出於黨派政治考量，並沒有利用最高法院的司法審查權挑戰總統的行政權威，而是自我約束、配合總統的行政權。這說明政治的奧祕在於妥協。如果馬歇爾不見好就收，而是持續改革、壯大法院，依照當時兩黨劍拔弩張的狀態，一場憲法危機勢必到來，那麼司法審查先例就未必能夠保留到日後，發揮如此巨大的作用了。

▼兩難中的奇蹟

憲法解釋權是一場政治鬥爭下誕生的驚人產物。約翰．馬歇爾在司法實踐中超乎尋常的智慧和努力，加上當時和後來的美國政治家們對法律的尊重以及善於妥協讓步的特點，才使美國政治制度第一次真正具備了三權分立、相互制衡的特點，並且使司法審查權成為美國政治制度有別於英、法等西方民主國家政體的重大特點之一。

其實在宣布判決的那天，傑佛遜與麥迪遜都未能察覺到異狀，直到一段時間後，傑佛遜才明白自己吃虧了。他馬上以總統身分提出了自己的聲明，表示「以法官為一切法律疑問的最高仲裁者，這種說法十分危險，任何解釋憲法的法官皆可置我等於寡頭獨裁之下」。

事實上，就算憲法至高無上，就算違憲的法律得以撤除，但美國憲法並沒有提及擁有解釋權。依照當時的人們看來，解釋權更應該回歸到制定法律的立法部門[4]，或是讓立法與司法權共享解釋權，由最高法院首先對立法部門推出的法律提出質疑，經國會商議後再決定是否修改。這樣漸進的方式會更符合現實，可是事態卻走向了更有趣的情況。傑佛遜雖然不滿意馬歇爾的判決，卻也無可奈何，在日後的實務運作上也默認馬歇爾的審查權，而馬歇爾的司法精神則在日後一步步向著完備的方向發展，造就出最高法院一錘定音的最終權威。美國首席大法官馬歇爾在這個案件中寫下著名的一句判語，現刻在美國最高法院的牆壁上：

宣示什麼是法律，係司法部門當然領域與職責。[5]

「馬伯里訴麥迪遜案」留給我們的思考也非常多。一般人應該很難接受，這場得來不易的司法正義，竟然是從「醜惡的政黨鬥爭」中誕生的。[6]然而這也恰好反映出美式憲政的特點。聯邦大法官大多經由政治任命，他們都有各自的政黨傾向，不過一旦涉及到重大政治議題，在共和、民主、法治等問題的理念上則是基本一致的，因而往往能在爭辯中達成政治上「偉大的妥協」。一二一五年的英國《大憲章》、一六八九年的英國《權利宣言》、一七九一年的美國《權利法案》，本案及日後的所有憲政大案，幾乎都能窺見這種政治與司法相互衝突下碰撞出的精采火花。

本案之後，美國聯邦最高法院一改往日的弱勢地位。往後的兩百餘年歷史，最高法院最重要的責任即是裁決涉及憲法解釋問題的案件，判定某項法律或政府行動是否違憲。從州權糾紛乃至總統權限，從言論自由乃至叛國的定義，皆由最高法院一錘定音。它是民眾與政府各部門爭議的仲裁者，更是國家憲政問題的終極權威。

---

4 事實上，目前各國對於憲法解釋權之歸屬仍各不相同。如英國基於議會主權原則，認為法院無權對國會通過的法律進行違憲審查，因此直接交由立法機關解釋；或中共政府，憲法的解釋權屬於所謂「全國人民代表大會常務委員會」。

5 司法院編譯，《美國聯邦最高法院憲法判決選譯第一輯》，三十五頁，李念祖節譯。

6 也有部分學者批評，民主國家係由人民將立法權力託付於國會，只有國會才具有立法之資格，司法權不具有民主正當性。馬伯里案的司法解釋明顯超出了司法權「功能最適」之角色。

4

聯邦與地方州的權力，究竟孰輕孰重？
——馬卡洛訴馬里蘭州案

「如果各州可以對美利堅政府行使公權力時使用的工具課稅，它們便可用任何理由徵稅。它們可以課郵件稅、貨幣稅、專利權稅、海關的文件稅與司法程序稅，它們可能對美利堅政府使用的所有手段徵稅，過度徵稅會挫敗美利堅的一切目標。這不是人民所樂見的……因此我們全體意見一致，馬里蘭州立法機關通過的對美國銀行課稅之法律，違憲且無效。」

——首席大法官約翰・馬歇爾

在馬伯里訴麥迪遜一案中，馬歇爾大法官暗渡陳倉，開創了違憲審查的先例，司法權從此站穩腳跟，成為了真正足以與行政權、立法權並駕齊驅的力量。但是，原本制憲時就備受爭議的州權與中央權限的分配問題，在馬歇爾時代再度浮上了檯面。

美國憲法對地方權限的規定並不少，第十修正案也規定「舉凡憲法未授予合眾國政府行使、而又不禁止各州行使的各種權力，均保留給各州政府或人民行使之」，將未列舉的剩餘權力歸屬於各州，似乎表明兩者分權涇渭分明。但是，這群美國的建國國父們在規劃憲法時，對於本該交由中央執行的「統一的貨幣發行政策」權力並未提及，只是泛泛規定「任何一州都不得私自鑄造貨幣、發行紙幣」。時代劇烈轉變，美國正在茁壯，銀行與貨幣日漸重要，中央迫切需要一個能逐步收回龐大的州權的辦法。

因此，所謂的「默示權力」（Implied powers）便應運而生。此一權力正如它的名字所言，是憲法中未明確規定、但可經由推演而衍伸出的權力。該權力法源來自於美國憲法第一條第八款，它規定聯邦國會有權「為執行以上各項權力」制訂「一切必要而適當之法律」，而「上述各項權力」基本上無所不包，依第八款原文所述，幾乎包含一個國家運作時應有的所有權力：

1. 規定和徵收直接稅、進口稅、捐稅和其他稅；償付國債、提供國防和公共福利
2. 以合眾國的信用進行國與國的借款
3. 管制外國、各州、以及印第安部落的商業
4. 制定全國統一的入籍辦法和破產法
5. 鑄造貨幣，衡量本國貨幣和外國貨幣的價值，並確定度量衡的標準
6. 規定有關偽造貨幣的罰則
7. 設立郵政局和修建郵政道路
8. 推動保障作者和發明家對各自著作和發明在限定期限內的專有權利法案
9. 設立最高法院屬下的法院
10. 界定和懲罰在公海上所犯的海盜罪和重罪，以及違反國際法的犯罪行為

11. 宣戰，頒發捕獲敵船許可狀，制定關於陸上和水上捕獲的條例
12. 招募陸軍和供給軍需
13. 建立和維持一支海軍
14. 制定治理和管理陸海軍的條例
15. 規定徵召民兵，以執行聯邦法律、鎮壓叛亂和擊退入侵
16. 規定民兵的組織、裝備和訓練[1]

這項篇幅相當長的法文被稱為「必要和適當條款」。藉著「必要和適當條款」所衍伸出的「默示權力」，國會可以在司法部門的認可與監視下獲得更多的立法權，並建構出一套跨及美國各州的完整金融政策。

不過，在美國建國初期，美國雖然寫出了「必要和適當條款」的內容，卻未能解釋「必要和適當條款」的真實意涵。直到馬歇爾大法官對馬卡洛訴馬里蘭州案的審理和判決底定，才順利解決了原本緊繃的聯邦與州的關係。

▼美國建國初期的商業

成立聯邦後，商業利益一直是各州爭執不休的焦點。各州相互掣肘的狀態雖有所收斂，卻仍我

行我素，時常犧牲聯邦的利益來追求本州的利益。單以貨幣政策來說，早在一七七五年美國獨立戰爭期間，美國國會的前身——大陸議會開始發行名為「大陸幣」（Continental currency）的紙幣，地方州權便時常以各種理由干預中央的貨幣政策。

一七七六年十一月，大陸幣剛剛創立時，與西班牙銀元的比率還是一比一（美國人已經習慣了西班牙的幣值，因此以西班牙銀元為標準），後來大陸幣還發行了類似輔幣的三分之一、六分之一元。然而國會和各州之間沒有協調貨幣政策，加上並未以有形資產做為儲備金，致使各州政府不相信大陸幣，甚至未經許可紛紛拋棄大陸幣，製造各自的貨幣（信用券，bills of credit）。各州不但逕自將之設定為當地的法定貨幣，更拒絕提交稅收做為大陸幣的儲備金。

大陸幣在後期通貨膨脹，僅僅三年，大陸幣的累計發行量就超過兩億四千兩百萬元，這使得人們很快對大陸幣喪失信心。面對這樣的情況，美國國父華盛頓也不得不抱怨「一車錢也買不了一車糧」，後來的美式俚語「一文不值」（not worth a continental）講的就是這一段歷史。

一七八三年九月三日，英美兩國簽署《巴黎和約》（*Treaty of Paris1783*）後，美國獨立戰爭正式結束。戰爭後百廢待舉，國內外債務總額高達五千四百萬美元，這對仍以農業為主的美國來說是一筆巨款，當時的政治家甚至認真考慮要廉價出售美國土地用來還債，但想當然耳，這並不符合現

1 全文得參照本書最後所附錄之美國憲法譯文。

大陸幣的正背面，錢幣外觀是由富蘭克林所設計

實。在內外交困之下，聯邦政府迅速建立財政部，並任命當時年僅三十三歲的亞歷山大・漢彌爾頓為財政部長。

漢彌爾頓與美國大多數開國元勛的出身不同。他自幼生長在加勒比海島嶼群，家境相當清寒，後來勤奮努力，終於進入了紐約國王學院（即哥倫比亞大學前身），多年的磨練使漢彌爾頓具備了獨特的金融思維。面對財政危機，那個時代的人們最多只能想到加印鈔票來還債。但漢彌爾頓明白，印鈔只會加速貨幣貶值，導致國家徹底失去信用。為此他另闢蹊徑，提出了著名的三大經濟政策，為美國的經濟復甦打下了堅實的基礎：

第一政策：處理已經一文不值的大陸幣。按照一比一的比例發行「新幣」來兌換人民手中的「舊幣」。新幣以政府信用為擔保，讓舊幣迅速退出市場。

第二政策：發行國債，並規定新發行的國債只能用新幣購買。透過這種規定，剛發行流出的新幣又再次回到政府手中。

第三政策：政府再拿這些信用良好的新幣償還國際債務。至此，政府用新債代替了舊債，同時保全了國家信用。後來這個計畫被人們稱為「旋轉門計畫」。

透過發行遠期債券置換舊債來解決財政問題，漢彌爾頓得以重建美元貨幣的信用，更贏得國際間的貿易支持。然而如上步驟，無論是全面替換貨幣、統一發行國債等，勢必都需要有一間得以跨及各州、擁有全國統一性的國家銀行。漢彌爾頓因此提議仿效英國，成立一個中央銀行——美國第一銀行（First Bank of the United States），做為國債的發行系統。客觀上來講，這套思想就是今天聯邦儲備銀行和美元的雛型。第一銀行相當於美聯儲，而國債就是美元。

可是，由於憲法沒有授權國會成立銀行，故漢彌爾頓一提出想法後，馬上就遭到國務卿傑佛遜堅決反對。在傑佛遜眼裡，這就是聯邦政府權力的延伸和擴大；將來政府有可能利用經濟來控制各州，進而欺壓人民。

一七九一年年初，經過激烈辯論，美國國會通過了漢彌爾頓提出的《關於建立國家銀行的報告》，決定成立美國第一銀行。華盛頓總統在簽署這一法案前，曾質疑漢彌爾頓未能化解與傑佛遜的爭執，希望能再妥協出一份大家能接受的銀行方案，但漢彌爾頓寫下了著名的意見書，將成立銀行一事抬升到憲法解釋的層面。他提出在美國憲法第一條第八款中「既有明示的權力，也有默示的權力」，由於政府所管理的事務錯綜複雜、千頭萬緒，因此憲法所授予政府的權力應該「從寬解釋」，根據憲法中的「必要和適當條款」，總統為履行憲法賦予的責任，必須有「極大的行動自由」。這是美國歷史上首次明文提及「默示權力」的解釋。

華盛頓被說服，簽署了該法案，並在一七九一年獲得經營特許狀，美國第一銀行順利成立。然而出於對公權力的不信任，國會只頒給它二十年的特許狀，時間一到銀行便得關閉。

在此後的二十年間，美國第一銀行大刀闊斧地進行改革，統一了國內貨幣的混雜問題，並簽署《傑伊條約》換取與英國的和睦關係，讓國際貿易進一步繁榮，甚至連法國外交部長塔列朗都宣稱「美國國債運作良好、安全可靠；美國政府對國債市場的管理是如此守規，美國經濟發展是如此迅速，以至於我們從來不擔心美國國債的安全性」。

可是，在美國經濟即將全面恢復時，第一銀行的特許日期將近。一八一一年，第一銀行遭到國會廢止。一八一二年，美國意圖向北擴張吞併加拿大。但事情沒有想像中順利，在戰爭正式打響後，美國政府才發現偌大的北美大陸竟只有一萬兩千名可供差遣的部隊。聯邦政府雖當即決定擴軍，卻尷尬地發現沒有銀行徵稅，國庫實在發不出足夠軍餉。雪上加霜的是，各州再次犯了相互猜忌的毛病，新英格蘭地區甚至提出要從合眾國獨立出來，以免戰火殃及自身。這場「第二次獨立戰爭」雖在法國的幫助下勉強取勝，但首都淪陷，白宮也遭英軍付之一炬。

戰爭讓美國經濟雪上加霜，因戰爭期間的封鎖和破壞而百廢待興，軍費的增加和戰債的發行使得本來就很脆弱的聯邦財政更加混亂不堪。由於失去第一銀行的約束，各州銀行開始大量發行銀行券（banknote），這種銀行券可充當流通紙幣，而之所以不直接稱之紙幣，是因為根據美國憲法，只有國會能「製造貨幣，確定美國貨幣與外幣的比值」，任何州政府「不得製造貨幣；不得發行信

被焚毀後的總統官邸。喬治．芒格（George Munger）繪，1814 年，展於美國白宮

用券；不得將金銀幣以外的任何物品做為償還債務的法定貨幣」。州立銀行這樣做，相當於繞了個彎。不過州立銀行處理不當，很快就引發高度通膨，銀行券大幅貶值。

一八一四年，英美再次議和，聯邦政府這時才意識到銀行與國家安全密不可分。與此同時，民主共和黨內出現了以亨利．克萊（Henry Clay）為首的國家共和主義者。他們主張國家除了不許侵犯人民權利的「不作為」外，也必須在社會領導興建基礎設施等「作為」，才能達成美國憲法序言中「保障國內的治安」的目的。他們要求恢復國家銀行，行使發行貨幣的職能，並藉此補貼工商業。在他們的推動下，聯邦政府於一八一六年通過成立美國第二銀行（the second band of the United States）的法案，授予它為期二十年的經營特許狀。當年最激烈反對建立美國第一銀行的麥迪遜此時已是美國總統，受形勢所迫也簽署了該法案。

美國第二銀行營業後，逐步改善了全國混亂的金融秩序，但同時也剝奪了以各州州立銀行為首的當地金融業生意。各地銀行對此表示強烈反對，馬里蘭州立銀行尤其激進。為保護本地的銀行券市場，他們唆使當地議會通過了一項稅法，規定未經州立法機關核准成立的銀行，每年必須向馬里蘭州繳納一萬五千美元的一次性營業稅。這是一筆天文數字，假設繳納不起這筆費用，還有其他辦法，那就是在發出的票據上貼上馬里蘭州的印花，每一片印花在貼出後都得向州政府進行報告，州政府會根據印花的數量徵稅。若未能以前開方法繳稅，州政府將勒令第二銀行停業。

美國第二銀行大為震怒，位於馬里蘭州的巴爾的摩分行更是直接表態拒絕交稅。該行的出納員詹姆斯．馬卡洛（James McCulloch）在經上級的同意下，將一大批未貼有印花稅的鈔票發放出去，不久後便開始在巴爾的摩市內流通。對此，馬里蘭州政府向州地方法院控告美國第二銀行違反州稅法，並起訴了出納員馬卡洛。

馬卡洛本是默默無聞的銀行小職員，卻誤打誤撞躍上了歷史舞台。法院判馬卡洛敗訴，並裁罰一百美元。馬卡洛在聯邦政府的支持下，將案子上訴到馬里蘭州的上訴法院，但該院維持原判。在馬卡洛要求下，上訴法院提請最高法院重新審理此案。

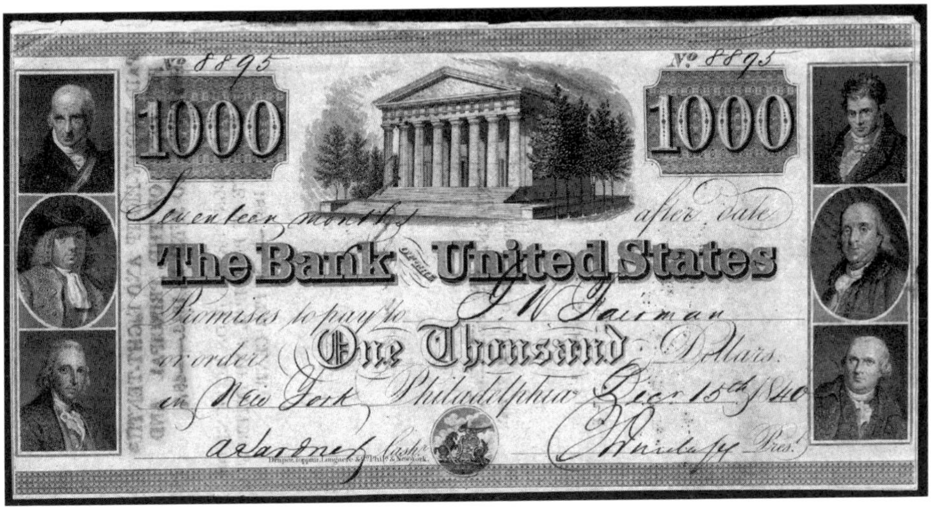

美國第二銀行發行的大面額本票。美國國家歷史博物館藏

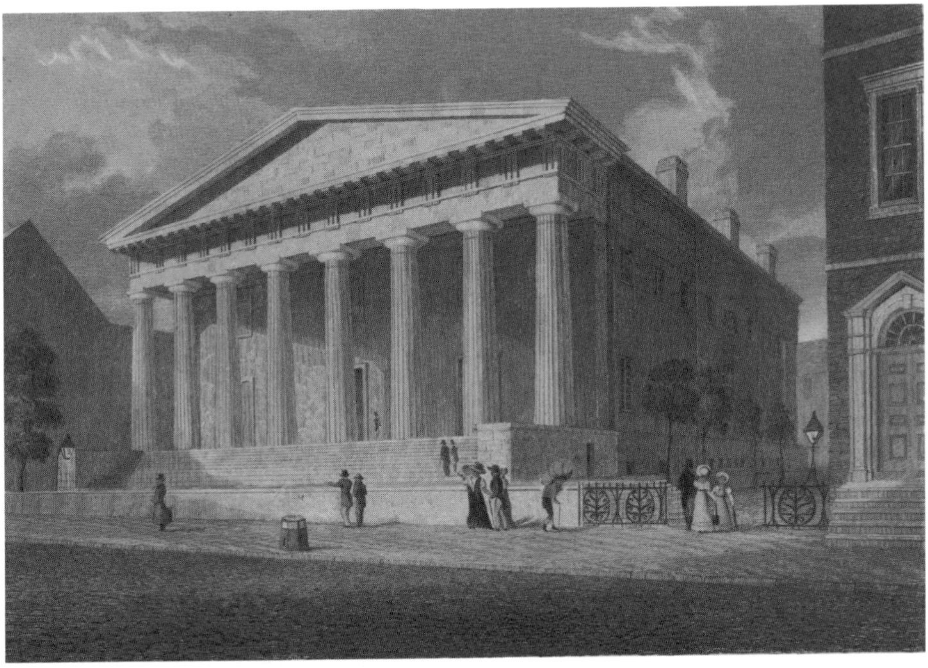

位於賓夕法尼亞州費城的美國第二銀行。國會圖書館藏

路德・馬丁的辯護

一八一九年二月二十二日，聯邦最高法院開庭審理「馬卡洛訴馬里蘭州案」。鑑於該案的重要性，最高法院特許免除當事人只能各請兩位律師的常規，允許雙方聘請三位律師出庭。在庭辯中，馬里蘭州政府請託的著名憲法專家——路德・馬丁尤其引人注目。他是美國開國元勛，曾參與制憲會議，是會議中三位拒絕在美國憲法上簽字的人之一，同時也是堅定的美國聯邦黨反對派。因此他在解釋憲法時，無疑增加了許多說服力。

馬丁先是指出，憲法雖然承認國會有徵稅的權力，卻沒有明確禁止地方徵稅，且在制憲會議期間，各州都明確表示「除了關稅以外，州的徵稅權是絕對沒有任何限制的」，因此馬里蘭州自然能對在所轄境內設立的第二銀行徵稅。

路德・馬丁

馬丁又將炮口指向第二銀行，指出第二銀行的成立並不合憲，憲法應該從制定者的制憲思想解釋，而非糾結於文字空隙進行額外補充。他認為「默示權力」並非合理解釋，假使承認該權力，就是為國會的擴權大開方便之門。因此國會不能行使憲法沒有賦予的權力，即成立銀行。

相比之下，馬卡洛的三名辯護律師就顯得形勢不利了，美國憲法對中央銀行的法理不清，以致他們只能以辯解「默示權力」並未違憲，聲稱憲法既已承認國會擁有徵稅權，便不應該使地方再有二次徵稅的機會。

「必要」與「絕對必要」

馬里蘭州與馬卡洛的庭審一共來回開庭九次，在言詞辯論前後期間，馬歇爾處在一個十分尷尬的位置。他明白路德．馬丁的辯護有理有據，卻不能實質改善國家現狀，這使馬歇爾陷入兩難。在馬歇爾的法學生涯中，將聯邦整合在一起，是他的終極信念。參加過獨立戰爭的他對於戰時各邦的自行其事、以及軟弱無力的政府所導致的戰爭失利痛恨至極，深感於建立一個統一聯邦政府的重要性。他明白美國憲法的地位不可撼動，但同時也明白若持續讓各州各自為政，美國建國初期的金融混亂必將延續下去。

對此，馬歇爾打算延續過去的辦法，通過對憲法文本的解釋，將聯邦主義融入到判決中。因此，他們在判決裡首先要面對的問題是：如何在法理上讓「國會准許成立聯邦銀行」符合憲法？

美國憲法並未授權聯邦政府成立銀行這類組織。儘管憲法允許國會通過一切必要的法律來保證憲法所授予的權力，但建立中央銀行並不屬於必要的法律之列。如果銀行的存在確實是必要的，而且確實會影響聯邦行使憲法，那就無法解釋在第一銀行結束營運、乃至第二銀行開始經營的空窗期間，聯邦政府為什麼依然能夠運行正常。

難道馬歇爾只能就此收手，無法為聯邦政府解釋出成立銀行的正當性嗎？

對此，馬歇爾再度以巧妙的司法哲學化解了危機。他首先承認，所有判決都必須忠於憲法原文，聯邦政府只能行使憲法授予它的那些權力；但另一方面，他引用漢彌爾頓在建立第一銀行時起草的意見書，該文提及憲法「既有明示的權力，也有默示的權力」。馬歇爾由此對漢彌爾頓的思想做了強而有力的闡述，提出嶄新的「默示權力理論」（implied power doctrine）。

馬歇爾進一步解釋默示權力。他重新看了整本《美國憲法》，發現憲法原文中對於是否「必要」有著不同的等級劃分。比如憲法第一條第八款的必要和適當條款，是採「必要」（necessary）這個詞；但憲法第一條第十款對進出口關稅的描述中，卻使用了「絕對必要」（absolutely necessary）一詞，也就是加了一個限定詞。馬歇爾依照這樣的邏輯指出，既然憲法中有的地方強調「絕對必要」，那便意味著「必要」一詞就不那麼「絕對」了；兩者應當有程度上的區別，否則這樣的文字區分就毫無意義了。

這裡舉個尋常的例子：假如作者要去菜市場買菜，家人特別囑咐道「絕對不要買A店的產品，另外也不要買B店，具體買哪家，以適當為準。」在這裡，第一個「不要」字前面有「絕對」，意味著A店無論如何也不許買；但第二個字「不要」，程度較「絕對不要」稍弱；而「適當」之詞則給予作者自主決定之權力。因此，在不買A店的大前提下，仍有選擇B店的可能性。

這種綜合考慮了一部法律中不同詞語的使用，從而推出層級劃分的方法，在今日仍時常應用。[2]「適當」（proper）這個詞，本身就意味著賦予國會一定的自由度，即使國家曾有過沒有中央銀行的期間仍如期運作的情形，但正因中央銀行符合國家的根本利益，所以國會應該擁有行使這些權力的具體手段，而不是讓國家維持在最低底線的狀態。

在馬歇爾的精妙解釋下，憲法被賦予了新的涵義。馬歇爾解釋，這項「默示權力理論」並不是自己獨創，而是源於制憲先賢漢彌爾頓；在制憲會議中積極參與的他，對於憲政思想的詮釋自然舉足輕重。馬歇爾的弦外之音就是，路德．馬丁同為制憲者，對憲法的詮釋並不同，但他並沒有積極參與會議，且始終沒有在憲法上署名；相較之下，他對憲法的解釋分量就較低了。馬歇爾提出漢彌爾頓的說法，相當於間接否認了路德．馬丁在庭辯上的表現。

馬歇爾的判決書

一八一九年三月六日，最高法院以七比〇作出判決，推翻了州法院的決定。鑑於憲法的第一條第八款授權聯邦政府通過「執行其上述權力所必要和適當的一切法律」，美國第二銀行的成立和存在合乎憲法。

在論述過程中，馬歇爾從聯邦政府運作的各個方面舉證，說明含蓄默示權的重要。他舉了一個巧妙的比喻：郵局和郵路。一個穩定的郵政網必然包含各地的郵局和四通八達的郵路，而為了保證

2 如中華民國憲法中對「機關」、「機構」似有不同之意義，雖然聽起來幾近無別，但經大法官解釋，前者為公務機關，後者則包含民間團體。

郵局間信件來往過程能安穩順遂，我們必然會在郵局與郵路之外增加一些措施，比如制定懲罰偷盜郵件行為的法律，或是聘請工作效率更高的郵差。這些舉措對於建立郵局和郵路雖非必要，實際上卻必不可少。如此，含蓄默示權實際上成為了聯邦政府施政時必要的條款，來推斷出合理的權力。

可是，即使聯邦政府成立美國第二銀行合情合理，這裡又衍生出另一個問題：對於扎根在國內各地的第二銀行，各州是否有權對其徵稅呢？馬歇爾強調，根據憲法第六條規定，憲法和聯邦法律都是全國的最高法律；每個州的法官都應受其約束，即使各州法律與之相牴觸，也必須遵守。也就是說，各州雖然擁有憲法所賦予的徵稅權，但各州的徵稅權與聯邦法律或大法官的解釋相衝突時，應以後者為準。

馬歇爾此番言論，意味著他的解釋將有權判決馬里蘭州違憲。他在判決書中接著表示：「一個為整個國家服務而成立的聯邦銀行受制於馬里蘭一州之稅法，是極為不合理的。」他並認為，如果各州對聯邦政府機構擁有徵稅權，那麼各州也可對聯邦政府的其他機構徵稅：他們可以徵海關稅、可以徵法院裁判稅，可以徵任何的稅給聯邦。聯邦的施政離不開地方，地方的問題也繞不開聯邦，倘若聯邦善意的施政都受到州的阻擋，這將對美國人民賦予政府的職能造成毀滅性的打擊。

因此，無論是哪一州，都沒有權力以任何形式妨礙國會在憲法授權下的合法行為。馬歇爾在判詞最終宣布：馬里蘭州的徵稅行為正式違憲。

結語

馬卡洛案是美國建國初期的州權問題大案，馬歇爾在此案中對憲法含蓄默示權的解讀不但再度打破各州各自為尊的政治及法律理念，更直接賦予了國會在憲法框架內可行使的無上權力，並因此影響了整個美國的政治格局，從而使得這個國家真正踏出了大一統的第一步。[3]

馬歇爾的判決意見在當時就引起了極大爭議。人們擔心從此之後聯邦政府和國會將大開方便之門，甚至衝出牢籠，誕生另一個獨裁政權，發表這些看法的人甚至不乏有許多制憲先賢與法學家。但以長遠來看，歷史最終肯定了馬歇爾的決定。美國的歷史實際上就是一部從州權至上逐漸走向聯邦主義的過程。十九世紀起，為使國家能有效履行其職責，聯邦政府逐漸被賦予更多更廣的徵稅權，直到一九一三年美國聯邦銀行儲備系統建立，美國永久性的中央銀行宣告成立，中央對經濟的干涉越來越深，聯邦主義者所期望的目的才終於達成，人們也早已對中央銀行的存在見怪不怪。

馬歇爾在本案遇到的不是遵循先例的問題，而是解釋成文憲法的問題。法律是理性的，它是千百年來人類智慧的結晶；但究竟應該把它定義為何種理性，則有不同的見解。從美國法律的角度來看，我們可以稱之為「人為理性」：它需要專門訓練和經驗，是一種技藝，沒有人可以天生自然獲

3 相較起來，中華民國並沒有設下「默示權力」這樣的列舉權，而是規定「法律案、預算案、戒嚴案、大赦案、宣戰案、媾和案、條約案及國家其他重要事項之權」，其中重要事項即賦予立法院之靈活性，以釋字第五二〇號「行政院停建核四廠是否應向立法院報告案」所創造的「國會參與決策權」為代表。

得；但正因它是「人為理性」，故也擁有人類與生俱來的善變及活力。憲法只是給出了聯邦政府結構及權力的總綱，列舉出其中最重要的職責，而它的其他權力則可根據這些職責的本質進一步推導出來。正如馬歇爾在判詞所說的：「我們絕不能忘記，這是一部需要我們解釋的憲法」。4

在此案審理前後，馬歇爾曾在寫給同僚的信中擔憂地寫到，如果馬卡洛一案敗訴，聯邦就會倒退回從前的邦聯。但他的擔憂顯然沒有成為現實。此案之後，中央權限更加發達，而做為特殊環境條件下的產物——州權，也依然根深蒂固地影響著美國的立法、司法和行政系統的組織架構和運行。時至今日，各類圍繞州權展開的鬥爭仍能夠見諸報端。不過也正是這種爭執，才使美國人民能理性地理解社會議題的正反立場，也能善用辯論釐清何種立場對自己更加有利，有理有據地做出自己的選擇。

有趣的事實：

默示權力為美國未來三百年的憲政解釋帶來了一定的靈活度，但也經常因此遭人詬病。憲法明文提及的權限無所不包，他們擔心這會導致政府奪取事實上並不涵括的權力。美國的憲法漏洞迄今之所以仍未遭他人濫用，一來國會由各州所構成，他們是各州人民一人一票選出，對該州的人民負責；二來美國經歷過獨立戰爭，人民對中央集權的弊端皆有認知。因此，當政者亦得戒慎恐懼，不敢超越最高法院所預定的解釋範圍。

4 「馬卡洛訴馬里蘭案」結束後，馬歇爾進一步在一八二四年的「吉本斯訴奧格登案」，將國會的「商貿條款」擴及於跨越各州邊界的航運業。從此之後，「商貿條款」的解釋被賦予更多寬裕的涵義，「默示權力」與「商貿條款」至此成為國會堅固的兩大立法支柱（如二十世紀美國國會的禁槍立法法源，即為「商貿條款」）。

5

罪刑法定原則與無罪推定原則的確立
——副總統伯爾叛國案

法學院學生初次學習刑法時觸碰到的原理原則，無外乎「罪刑法定原則」與「無罪推定原則」，這是現代法律的兩大基石。前者主張「法無明文規定，不為罪、不處罰」，只有當一人之行為符合刑法明文規定的犯罪構成要件，才能將之視為犯罪；後者主張被告未經審判證明有罪確定前，均推定為無罪，若證據不足則不得認定其擁有犯罪事實。

生活在現代的我們，肯定會對這樣的原則習以為常，畢竟該法自中華民國建國以來便適用至今，似乎見怪不怪。然而在法律草創的美國建國年代，罪刑法定原則與無罪推定原則卻不是一個普遍的、可以適用於所有法律的原則。

美國是第一個現代意義上的共和國。在此之前，所有國家基本上都是君主專制。為了維護君王的統治地位，英、法、德等歐洲國家對叛國的定義一直都是「意圖動搖現任君主權威」。然而美國並沒有君王，要怎樣才算是叛國呢？正因如此，所以費城大會特意在《美國憲法》第三條為「叛國」立下定義，將法理從維護君主大權改成了維護國家體系：

背叛美國，僅包括與合眾國或其州進行戰爭，或依附、幫助及慰藉合眾國之敵人。無論何人，

> 非經該案證人二人證明或經其本人在公開法庭自首，不受叛國罪判決。
> 國會有宣告處罰叛國罪之權，但公權之剝奪，不牽累犯罪者之後人，其財產之沒收，亦僅能於其生前為之。

可惜的是在建國初期，美國嚴重依賴判例規則，而除了英國的判例外，美國便沒有其他可供效仿的對象了，所以對叛國罪的實施細則基本上完全繼承自母國。但是英國的叛國罪恰恰又是非常嚴厲的，英格蘭於十四世紀就把叛國罪明文化，只要某人做出任何能威脅國家穩定或存續的行為，如殺害國王、發動反對國王的戰爭、殺害國家官員等，都屬於叛國的範疇。

由於該罪是英國公民所能犯下的最嚴重的罪行，為了維護王權至高無上的地位，國王只要遇到有可能對自己不利的事，就一定是寧可信其有，也不可信其無，寧可錯殺三千，也不可放走一人。叛國罪僅需兩名證人作證，嫌疑人就會迅速被扣押至樞密院私下審訊，隨後才會公開審理。在審理一開始便會被有罪推定。這也就意味著在立法後的幾百年間，任何被控叛國罪的人都在法律上處於極其不利的地位。

現代刑法可以將罪刑分為危險犯與實害犯，實害犯是指犯罪行為產生了真正的損害結果，才會成立犯罪；換句話說，要構成叛國罪，就得真正發起叛亂，才有辦法成罪。危險犯則不以真正損害結果為要件，只要讓某項法益達到危險狀態，即可成罪。比如某人在某日買了許多武器彈藥，內心也打算顛覆政府，那麼即使還沒開始叛變，這種狀態因足以危害國家政體，即成立叛國罪。[1]

在「伯爾案」之前，叛國罪並沒有涉及到實害犯還是危險犯的問題，因為其他的「叛國案」都是清晰明白的。例如「威士忌之亂」明顯就是「對聯邦發動戰爭」，是叛國無疑。然而副總統伯爾叛國案的爭論關鍵在於，「意圖叛國」到底是不是叛國。馬歇爾將在此項判決訂定了相當嚴苛的舉證標準，使叛國罪走入現代化，不再成為打擊政敵及擴張國家權力的手段。

▼阿倫．伯爾與總統大選之爭

本案的主角阿倫．伯爾（Aaron Burr Jr.）於一七五六年出生於紐華克，十六歲時以新澤西學院第一名成績畢業，後來在獨立戰爭期間成為大陸軍的指揮官，是美國獨立的開國功臣之一。建國後，他積極參與州議會和美國國會參議院選舉，進入民主共和黨的政治圈高層。他擅長煽動性演講及宣傳政治理念，打造了許多競選方針，故被後世稱為「美國競選之父」。

可惜的是，伯爾在美國歷史的名聲並不甚佳。除了本案的叛國事件外，他的政治作風狡猾，喜愛投機鑽營，懂得在各不同勢力集團之間合縱連橫，更深諳政治宣傳之道，沒有中心思想和政治理念。如同僚古柏（Charles DeKay Cooper）所回憶的：「漢彌爾頓將軍對伯爾上校表現得相當鄙視。他認為伯爾是一個危險和不值得信任的卑鄙小人，法官大人（馬歇爾法官）對此也頗有同感。」

阿倫．伯爾的行事作風引起了許多民主共和黨員的猜忌，尤其是漢彌爾頓。在一八〇〇年總統大選時，同屬民主共和黨的傑佛遜與伯爾得票相同。伯爾表面上服從傑佛遜的領導，表示自己只願意擔任副總統，轉頭卻與聯邦黨人首尾相連，意圖聯合聯邦黨人打敗傑佛遜，讓自己坐上總統大位。漢彌爾頓在最後關頭說服聯邦黨人票投傑佛遜，因為選出「一個有著錯誤原則的人」總比選出「一個沒有原則的人」要好，最終傑佛遜才得以順利當選總統。

一年後的一八〇一年地方大選，由於副總統伯爾在中央並沒有實權，在徵得傑佛遜同意後，他打算返回老家紐約競選州長。由於伯爾在該地的名聲很好，沒有意外應該由他當選。不過伯爾和聯邦黨關係密切，這為他埋下了失利的種子。

聯邦黨當時反對路易斯安納購地，認為與英國維持密切關係比和法國拿破崙友好還重要，更辯稱購地案違憲，美國的貪婪將換來和西班牙的戰爭。於是，一批聯邦黨員開始密謀成立「新北方聯盟」，希望能在伯爾當選州長後說服紐約州人民加入新聯盟，並答應推舉伯爾為開國總統。伯爾自是心花怒放，兩方合議等紐約州長選舉的結果出爐後，再討論詳細的執行計畫。可是，伯爾的保密計畫並沒有做得很好，該事被漢彌爾頓知道後，他憤而唆使支持者在報紙上大肆抨擊伯爾的人格，導致大量黨內支持者選擇倒戈或者投廢票，伯爾最終以些微票數失去了州長的席位，「新北方聯盟」計畫也宣告流產。

1 在臺灣戒嚴時期，舊《中華民國刑法》內亂罪規定「意圖破壞國體、竊據國土，或以非法之方法變更國憲、顛覆政府，而著手實行」即成立犯罪，「意圖」兩字即包含危險犯之概念。新法雖未刪除「意圖」之字，但加上了該罪須以「強暴或脅迫著手實行」，使該罪不至淪為莫須有之口袋罪。

伯爾在經過一連串的政治操作失利後，引得許多人反感，如今已是破鼓萬人捶、牆倒眾人推。回首自己的執政過往，伯爾認為是漢彌爾頓陷害了他，若不是在一八〇〇年總統大選，漢彌爾頓讓他與總統寶座擦身而過，若不是漢彌爾頓的擁護者大發輿論抨擊，使他喪失州長大位，他也不至於淪落到無官可做的下場。後來伯爾要求漢彌爾頓對是否曾指使他人抨擊自己作出解釋，漢彌爾頓則回應這純粹是伯爾無法接受事實的一廂情願。

伯爾回信再次表明他對此事的嚴肅態度：「真正的君子遵守法律，尊重規則，維護榮譽，這一切與政治分歧無關。」這是在暗示並

《伯爾與漢彌爾頓的決鬥》，諾斯羅普．亨利達文波特（Henry Northrop）繪，1901 年

邀請漢彌爾頓決鬥，漢彌爾頓也接受了。兩人約定在新澤西州的一處高地進行決鬥，漢彌爾頓在第一輪決鬥即被射中要害，子彈貫穿了內臟的數個器官。當醫生趕到時，漢彌爾頓已經倒在血泊中，醫生為他解開軍服，用氨水急救，但仍回天乏術。

美國首任財政部長、被譽為開國功臣與憲法起草人之一的漢彌爾頓，就這樣倉促草率地結束了自己的生命。伯爾因為這次事件的關係受到廣大群眾責難，被迫提前退出政界。然而伯爾並沒有悔悟，他曾對邊沁（Jeremy Bentham）吹噓自己在決鬥前「對殺掉漢彌爾頓有絕對的信心」。邊沁覺得決鬥是為了維護名譽，並非為了殺人，在決鬥中抱持這樣的心態是極其可恥的，因此伯爾「幾乎就是一個謀殺犯」。

▼伯爾的陰謀

卸任副總統伯爾過得並不安分。他頻繁往來於美國南部，結識了一批志同道德的地方豪紳，又在俄亥俄河中央的布倫納哈塞特島（Blennerhassett Island）上囤積糧食和武器，招募志願者。至於志願者的功用，伯爾總是故作神祕，不作任何表態。

這座島嶼並不是伯爾所有，而是屬於一名來自愛爾蘭的貴族哈曼（Harman Blennerhassett），他年僅四十歲，是典型的富二代，在這座島上建立自己的豪宅，周圍是樹林與小溪環繞，日子過得清閒得意。可是自從一八〇五年認識伯爾後，他的個性大為改變，先是將土地無償提供給伯爾使用，又在報紙上發表長篇大論，主張西部地區脫離聯邦是大勢所趨。伯爾在西部的種種行徑引發了人們的懷疑，大家似乎已看清他的陰謀。

正當計畫如箭在弦、蓄勢待發之際，伯爾其中一位重要盟友——路易斯安那首任總督威爾金森（James Wilkinson）出賣了他。一八〇六年十月十日，伯爾囑託助理攜帶一封親筆信給威爾金森，聲稱「我已經拿到資金，並且已經真正開始動作了。十一月一日，來自不同地區的分遣隊將以不同藉口在俄亥俄會合」，該信提到英國海軍已經加入該計畫，並將提供掩護。他在信末敦促威爾金森帶領軍隊乘坐輕型船艦，沿密西西比河而下入侵西班牙殖民地。可是，威爾金森並沒有依照計畫執行，而是臨陣倒戈。他寫信向傑佛遜總統告發伯爾叛國，聲稱伯爾將分裂西部，最終把西部和墨西哥連起來組成一個獨立的國家，自己占地為王，並隨信附上伯爾的密碼信。

傑佛遜收到威爾金森的告密信後，隨即向國會指控伯爾叛國，要求發出全國通緝令，將其逮捕歸案。伯爾眼見事機敗露，本打算攜家帶眷逃往墨西哥，卻被迎頭趕來的大批執法人員所捕。在經過大陪審團[2]的簡單審理後，伯爾被認定為確實有犯罪嫌疑，遭檢察官正式起訴，並被羈押在聯邦法院的監牢。

伯爾是傑佛遜曾經的合作夥伴，卻在關鍵時刻趁機背刺傑佛遜，使得傑佛遜對他一直不滿。如今仇人有難，傑佛遜當然想趁機公報私仇。他首先運用手上的權力製造輿論，公開聲稱伯爾是分裂國家的主謀。他還說，雖然細節尚未完全弄清楚，但他的「罪行是毫無疑問的（guilt is placed beyond question）」。傑佛遜又敦促各地警官趕快將伯爾叛國的證據提交法院，希望能在眾人的指控下，讓案件得以迅速了結。

傑佛遜的輿論造得非常成功，可唯獨在證據方面失利了。檢察官在起訴伯爾期間，耗費的時間精力超乎想像。首先，伯爾是天生的政客，向來說話只是點到為止，從不會將事情明確說出；除此之外，他行事也是極為小心，極力避免留下任何證據。政府曾命令民兵突襲布倫納哈塞特島，抓獲了大部分志願者和所有物資，可是依然沒有取得直接的證據。

儘管伯爾老奸巨滑，負責這宗案件的維吉尼亞聯邦檢察官喬治．海依（George Hay）仍找到了許多聲稱曾加入伯爾叛國行動、卻棄暗投明的參與者，以及部分的間接證據。當然，傑佛遜手上還有最有力的證人威爾金森，以及他與伯爾之間的通信，信中內容涉及計畫細節，是該案的重要證據。

在開審前，傑佛遜為了左右最高法院的判決，開始操作漢彌爾頓之死的輿論，並將開國以來政黨鬥爭的種種問題都丟給伯爾。案件還沒有開審，已是民情洶湧，全國人民恨不得馬上把伯爾抓起來絞死。

2 犯罪嫌疑人面臨有被判處死刑之虞時，原則上必須經由大陪審團進行認定，大陪審團認為得以起訴，案件才能正式開始。

▼叛國罪與重罪的指控

就在一片沸沸揚揚的輿論聲中，一八〇七年六月，這宗轟動全國的「副總統叛國案」在最高法院首席大法官馬歇爾的主持下，於維吉尼亞臨時聯邦法院開審。政府指控伯爾兩項罪名：一，叛國罪（Treason），因為他意圖攻占位於路易斯安那州的新奧爾良，並以此為基地分裂聯邦；二，重罪（High Misdemeanor），因為他意圖入侵西班牙領地，混亂美國與西班牙的和平局面。伯爾對這兩項指控全都矢口否認。

在第一次言詞辯論中，檢察官海依向伯爾指控，若問心無愧，為什麼要逃往墨西哥？伯爾則如此為自己辯護：「逃跑是因為知道政府要出兵逮捕我，然而時至今日，也未有證據證明我有叛國意圖。因此，在政府未能取得合法授權下，公民有權不服從。」雙方唇槍舌劍，法庭上火花四射，未能分出勝負。在檢察官海依的請求下，馬歇爾決定將言詞辯論延後幾天，等待證人威爾金森；他從新奧爾良啟程前往里奇蒙，路途遙遠，還沒抵達法庭。

在休庭期間，伯爾委任了制憲先賢路德．馬丁在內的三名律師為辯護人，士氣大為振奮。他們來到最高法院，聲請法院向政府請求提供一些證物，包含威爾金森寄給總統的那封密信，以及戰爭部發給威爾金森的命令，希望能在法庭的權力下，將傑佛遜總統目前持有的文件帶到法庭作證，這樣才能清楚了解被指控的證物究竟是真是假。不過此舉受到了檢察官海依的反對，兩派人馬隨即展開辯論，其中最精采的陳述來自於路德．馬丁：

先生，這是場罕見的爭執。總統已經事先斷定我的客戶「毫無疑問有罪」。他以為他有上帝之能，能窺視我這位受人尊敬的朋友的心……難道這位挑起事端的合眾國總統想扣押審判需要的、生死攸關的文件嗎？在所有的案件中，被告有權看到與他的辯護有關的所有文件，這是神聖的原則。任何企圖掩藏本可以救命的證據的人都是殺人犯，他將受到上帝的懲罰！

六月十三日，馬歇爾宣讀了法庭的決定：總統不能凌駕於法律之上，有關案件證據的重要性取決於證據本身，而不是掌握證據的人的身分，因此本法院將向總統發傳票。就在馬歇爾下傳票的同一天，威爾金森抵達里奇蒙。六月十五日，法院重新召開聽證會，威爾金森與那份重要的信件同時來到了法庭。

威爾金森起初在法庭上眉飛色舞，以為自己會受到愛國英雄的待遇，從此官運亨通。他將信件大聲朗讀於法庭。在該信中，伯爾要求威爾金森出兵與從俄亥俄出發的武裝部隊會合，並配合英國皇家海軍攻擊西屬墨西哥。面對擺在案桌上的信，伯爾無從否認，只得默不作聲。

不過，此時大陪審團的人們找出了破綻，他們發現了威爾金森的語意不通順，從而查出威爾金森原來抹去了信中跟他自己有關的內容。伯爾的律師也抓準時機趁勢發難，詢問信件的詳細內容，讓威爾金森忙裡出錯，破綻越來越多。伯爾聽著越發覺得不妥，法庭的信件與他記憶中所寫的內容有明顯有差別，因此表示質疑該信件的真實性，要求法院鑑定真偽。

法庭當場進行鑑定，發現這份信件竟是威爾金森本人的筆跡。威爾金森尷尬表示：原本的信件已經不見了，這份信件是重新復刻的手抄本。他的話音剛落，法庭上傳來一片訕笑。基於間接證據不得做為法院裁判的基礎，伯爾的信件被裁定無證據能力。伯爾抓緊時機，趁機發揮他過人的演說天賦，情文並茂地向馬歇爾大法官和陪審團申訴自己的冤屈：

> 根據美國憲法，叛國就是對合眾國採取敵對行動。沒有行動，就不可能構成叛國。如今我受到的攻擊，非以事實為基礎，僅是基於一些虛假的偽證，指控我將有可能採取行動。只是因為這樣，整個國家就都站在我的對立面，難道這公正嗎？威爾金森以謊言來嚇唬總統，總統又拿這些謊言來嚇唬人民！

伯爾在庭上慷慨陳詞，試圖將輿論倒向自己。檢察官海依則竭力挽回局勢，他指出一個重要的事實：的確有一隊武裝部隊，在威爾金森指稱的時間，於俄亥俄的布倫納哈塞特島集結。同時也有其他證據表明，這支部隊和伯爾有密不可分的關係，他們的薪水和物資幾乎由伯

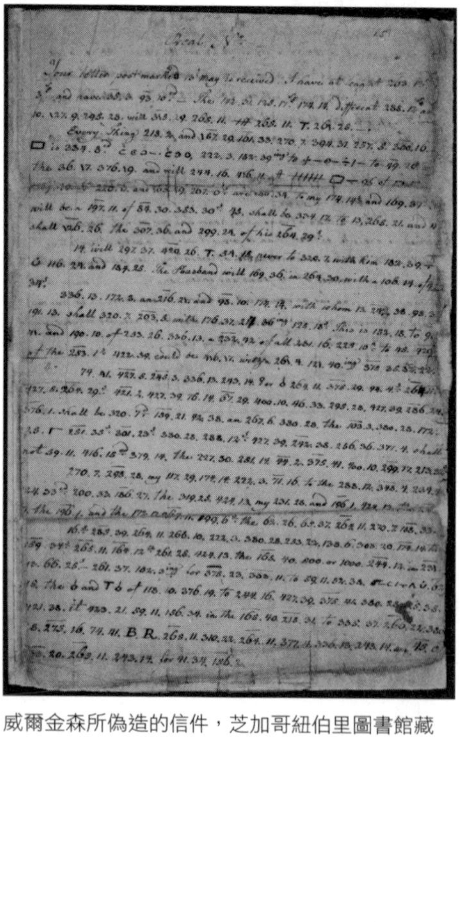

威爾金森所偽造的信件，芝加哥紐伯里圖書館藏

爾一手包下。伯爾的律師克萊隨即反擊，他重新提醒大法官與陪審員，叛國罪的定罪形式必須遵行憲法，並朗讀美國憲法第三條第三項關於叛國罪的原文：

> 背叛美國，僅包括與合眾國或其州進行戰爭，或依附、幫助及慰藉合眾國之敵人。無論何人，非經該案證人二人證明或經其本人在公開法庭自首，不受叛國罪判決。

依照憲法原文解釋，叛國罪必須要擁有兩個前提要件，一是被告必須在場實行叛國行為，二是有證人作證。然而當這支部隊在布倫納哈塞特島集結時，被告伯爾本人並不在場，如果本人沒有親身參與，而僅以自己隔山觀虎鬥的方式煽動他人叛亂，那就不等於「事實上的叛亂」。

海依早料到對方有此一招，他順勢提出英國海洋法中運行已久的「推定性叛國罪」判例，更指出目前的首席大法官馬歇爾在先前的鮑曼案（Ex parte Bollman）中曾援引這項條文，說明被告在叛亂行為發生時即使不在現場，只要有其他佐證，仍可被控以「叛國罪」：

> 如果戰爭行為真的發生了，所有的參與者，不管他們離現場有多遠，只要他們參與了陰謀，他們就應該被視為叛徒。

馬歇爾當初寫這篇判決時，並沒有將在場或不在場做為重大爭議探討，僅是一種錦上添花。正可謂欲戴皇冠，必承其重，既然大法官說的每個字都是法律，他也必將受到先前所說的言論束縛。故此，雖然事發時伯爾不在現場，但控方仍可就其策劃和組織「叛國軍事行動」的行動，來起訴他。

在之後的幾天裡，政府召集了十二名相關證人出庭，有的證明伯爾有入侵墨西哥的計畫，但不知道具體內容；有的證明布倫納哈塞特島的事，卻從沒看見伯爾出現在島上；有的說伯爾聚集了一幫人，但不清楚目的；有的證詞則前後矛盾，根本沒有脈絡。沒有一個人能直接證明伯爾參與了對美國的叛國行為。

在傑佛遜的過度操作下，風向也似乎悄悄在改變。有許多人開始同情伯爾的遭遇，認為他如今無權無勢，完全是被國家所陷害，而伯爾本人善於演說的個性，更為他重新贏得了許多人支持。伯爾的律師團隊也重新聲明：美國憲法對叛國的定義非常清楚，這是完全不同於英國普通法的另一套體制，可是政府卻硬是搬用了英國普通法的「推定叛國」概念，明顯與憲法矛盾。馬歇爾先前的判詞屬於法律外的非正式表述，不能用到這個案子裡。

▼馬歇爾大法官的兩難局面

在這場案件中，馬歇爾處於一種十分尷尬的地位。有意思的地方在於，雖然民眾對於伯爾是否有罪各有見解，但美國的法學界已經漸漸有了共識。他們看到了叛國罪「有罪推定」的害處，即使伯爾真的有罪，使用這樣的方式定罪也是不正義的。叛國罪若是屬於「危險犯」，則容易界定不清以至於難以界定是否有罪。倘若讓叛國罪延續先前的判例，此罪將大開政治清算之路，使當權者得以隨時指控任何不利於執政的人。[3]

相較於法學見解的分歧，政治上的紛擾更使馬歇爾如履薄冰。在三年前的「馬伯里訴麥迪遜案」中，馬歇爾表面上判了麥迪遜勝訴，實質上卻「提升」了最高法院的權力。傑佛遜認為，馬歇爾以聯邦黨人的身分，利用最高法院威脅和掠奪了總統和國會的權力，兩人之間的「宿怨」由此而生。若是馬歇爾的判決讓傑佛遜抓出把柄，傑佛遜便可趁機發難，利用這場案子重新奪回總統原有的大權。

比較之下，馬歇爾與伯爾的關係更是複雜。伯爾曾在參議院就應否撤銷聯邦最高法院大法官蔡司的職務時擔任彈劾聽證會主席，他選擇力保與馬歇爾司法論點一致的蔡司，使得馬歇爾的司法改革得以持續。但同時馬歇爾在伯爾殺死漢彌爾頓後對其十分厭惡，此後兩人關係日漸冷淡。若馬歇爾判處伯爾無罪，難免會讓人有「官官相護」之感。若判有罪，那他則無法對歷史負責。

一邊是司法，一邊是政治；一邊是創新，一邊是循例。馬歇爾要在這四個選擇當中做出平衡取

3 事實上，在費城會議制憲時，關於叛國罪入憲的問題曾引起許多人反對，如麻州代表魯弗斯．金曾擔憂地說到：「一次會議可能決定把叛徒全部吊死，而下次會議又決定把他們通通赦免了。」喬治．梅森更是主張廢除該法，並言：「將來也許會有某一天，某州為了責任攸關，不得不訴諸武力，以保全州免於中央政府的壓榨。」凱瑟琳．德林克．包恩著，鄭明萱譯，《費城奇蹟》（貓頭鷹出版社，二〇〇四年），第二七〇頁。

捨，既要維護最高法院得來不易的司法權，又要肩負司法正義的使命。最重要的是，馬歇爾要判出一個即使大家不滿意、卻又都能接受的結果，才能讓傑佛遜不致趁勢擴權。

經歷近三個月的聆訊，一八〇七年八月底，馬歇爾大法官宣布兩造證據與爭點皆已論述完畢，訴訟程序將迎來尾聲。在最後一次與陪審團的閉門會議時，他再度重申了憲法中對「叛國罪」定義，然後向陪審團重新提醒有關案件各項爭論點。

馬歇爾指出，對於檢察官所指控的叛國罪。伯爾沒有直接參與布倫納哈塞特島上的武裝部隊集結行動，而憲法要求須有兩個證人證明對美國的公開戰爭行為。如果他根本就不在那裡，有了這個大前提，那些證明與此行動有關的證據便沒有意義。而自始至終，直接指控伯爾「叛國」的證人只有威爾金森一人，顯然未符標準。

針對檢察官對企圖攻擊西班牙殖民地的指控，由於美國憲法規定叛國罪「只限於與合眾國開戰，或依附其敵人，對其敵人予以協助和鼓勵」，故入侵西班牙顯然不符合它的文義要件，不能成為伯爾「對合眾國發動戰爭」的叛國證據。何況，也沒有適當證據證明伯爾確實從事該行為。

至於在「鮑曼案」中最有爭論的「推定性叛國」，馬歇爾則輕描淡寫地化解了矛盾。他並未承認錯誤，亦未推翻見解，只是說：「我的意思被誤解（Misunderstood）了。」馬歇爾解釋道：憲法的制定者故意提高了「叛國罪」的門檻，制定了嚴格的證明「叛國罪」的標準，因為他們非常清楚這種指控會變成政治清算的工具。他們這麼做是為了避免英國普通法造成的冤案，因此「推定性叛國」無疑是一種過度司法。

馬歇爾向陪審團報告完他的法律意見後，和氣地表示希望陪審團們能基於以上的建議，以及各自的心證，為這宗案件作出最公正的判決。

一八〇七年九月一日，陪審團宣布他們的決定：「由於我們掌握的證據，不足以證明伯爾犯有叛國罪，基此，伯爾無罪。」經過了整整三個月的法院辯駁，伯爾重新回歸自由，他在法庭上所遭受的對待，為他贏得了旁聽者的同情。一個原本被政治家與全國人民唾棄的投機者，在政府的不斷干涉下，搖身一變成了反抗政府迫害的「司法英雄」。人們對此結果大多逆來順受，而這項判決也再度成為馬歇爾法官巧判大案、載入史冊的經典案例。[4]

伯爾深深地舒了一口氣，但走出法庭前，他保持一貫浮誇作風，向大家表明自己自始至終都深愛國家。同時他也對陪審團判決書表達不滿，認為陪審團所表達的意思是在暗指他確實有叛國情事，法院不應該由不具法學專業的陪審團來撰寫判決書，他們僅需簡單直接「有罪」或「無罪」就夠了，剩下的部分則讓法官完成。

伯爾的這句抱怨雖然帶有自我表演的意味，不過馬歇爾大法官聽進去了。在先前的庭審中，陪審團的判決書總是寫得牛頭不對馬嘴，讓大法官與陪審團在庭辯結束後總得在投件、退件與修正的

4 本案其實還涉及到了一個直至冷戰時代才開始討論的議題——防衛性民主（Defensive democracy），也就是國家原則必須忍受多元價值與聲音，可是當遇到破壞憲政最根本的自由民主憲政秩序時，憲法必須有自我防護之手段，防止憲法價值的破壞。此項見解曾受到中華民國、德國等國採用。不過直至現在，防衛性民主仍未被美國法院採用，這被視為是美國展現古典自由精神與個人主義的一大象徵，也是伯爾案的間接遺產。

步驟上來回奔走，伯爾的怨言正中了馬歇爾的心。從此之後，陪審團不必為他們的判決提出任何書面理由，判決公布時間因此大為縮短。

▼伯爾叛國案的歷史影響

在一八〇七年的副總統伯爾叛國案中，馬歇爾再次與政治勢力對抗，勇於排除外在紛擾與情緒性的民眾，讓司法問題回歸司法，避免案件淪為一場政治清算。時至今日，主流的法律學者和歷史學者都認為，從既有的種種跡象看來，儘管伯爾的行動明顯不正常，但在「無罪推定」是所有刑法皆適用的大前提下，伯爾不必證明自己無辜，當政府無法舉證一個人是否有罪時，每個人都該是無辜。當然，我們可以猜測伯爾有叛國的意圖，但意圖不是罪，只有行動才是罪。這是憲法的定義，司法便該依此遵行。

生活在現代的我們，在回首看待這個案子時，伯爾是否有罪已經不重要了。該案最重要、最深遠的影響，就是將叛國罪的成罪方式嚴苛化，使其成為最難被證明的罪。相較於刑法的竊盜、詐欺等較可舉證的罪刑，叛國罪除了界定不清、範圍模糊之外，由於保護的法益重大，它的罪刑責任自然可以無限上扛。馬歇爾以嚴苛的審核方式對待該案，使得國家政府再也不能輕易使用叛國罪迫害他們的政敵或普通公民，更使得最高法院能據此屢次挺身對抗總統，防止國家再度以捉拿叛亂分子為旗號，行侵害他人權利之事。[5]

有趣的事實：

伯爾間接為美國司法史做了一筆大貢獻，但這並不意味美國人原諒了他。他的故鄉——北美十三州無法接納這位陰險狡猾的政客；遼闊的西部雖仍有他的容身之處，伯爾卻因為欠下了巨額債務而不敢返回。最終他不得不離開美國，在英格蘭躲避風頭，多年後終於改名返回紐約，低調地度過餘生。

5 事實上，美國自建國以來僅有不到三十人被指控犯有叛國罪。二戰結束後的第一起叛國罪起訴甚至要等到二〇〇六年，美國起訴參與蓋達恐怖組織的美國公民亞當．亞希耶．加丹（Adam Yahiye Gadahn），距離上一次指控相隔五十年，足見司法部門對待叛國罪起訴之嚴謹程度。

03
CHAPTER

蓄奴的
道德衝突與南北戰爭的爆發

1836 ～ 1873

《在安提坦戰役中戰鬥的聯邦和邦聯軍隊》，圖爾．德圖爾斯特魯普（Thule de Thulstrup）繪，1887 年

該期間重大事件

1836 馬歇爾逝世，羅傑・坦尼繼任首席大法官

1857 「史考特訴桑福德案」，南北矛盾衝突加劇

1861 亞伯拉罕・林肯就任第十六任總統

南方脫離聯邦，南北戰爭爆發

1864 坦尼逝世，薩蒙・波特蘭・蔡斯繼任首席大法官

1865 南北戰爭結束，南方重新回歸美利堅合眾國

《第十三修正案》通過，奴隸制度最終廢除

林肯遭刺客殺害，安德魯・詹森繼任第十七任總統

1866 米利根案結束

1868 《第十四修正案》通過，確立特權與豁免權條款、正當程序與平等保護條款

1869 《第十五修正案》通過，保障多元種族投票權利

「德州訴懷特案」結束，最高法院徹底否認南方政府合法性

1873 蔡斯逝世，嶄新的鍍金時代來臨

導言

一八三五年，最高法院首席大法官約翰．馬歇爾於任內病逝，享年七十九歲。隨著馬歇爾時代的結束，最高法院於繼任者羅傑．布魯克．坦尼（Roger Brooke Taney）的領導下邁入新的時代。他的領導使最高法院的威望急速上升，但也在最頂峰的狀態下，迎來了史無前例的挫敗。

坦尼的大法官生涯並不輕鬆。首先，坦尼的法學觀點與馬歇爾不同，他的政治主張較偏向擁護州權，這讓以聯邦派為主的美國司法體系擔驚受怕，害怕他會推翻由馬歇爾辛苦制定的一系列判例，聯邦權力將重新化為烏有；再者，前任的馬歇爾對司法的功績實在太大，做為他的接班人，坦尼的任何判決都將被放大解釋。

雪上加霜的是，在坦尼主持最高法院的前期，民主黨的安德魯．傑克遜（Andrew Jackson）總統在因緣際會下，不斷獲得大法官的提名權。而後在民主黨馬丁．范布倫（Martin Van Buren）總統任期內，為了應對不斷西擴的版圖，國會更修法建立起第九個巡迴法院[1]，增加了兩個大法官的位置，民主黨大法官的占比來到懸殊的七比二。許多人擔心坦尼法院與傑克遜政府的聯繫太過密切，勢必會影響他的斷案立場。

因此，坦尼若要維持住最高法院及自己的威望，勢必得兢兢業業，誰也不能得罪。坦尼的判決基本沿襲了馬歇爾的政策，他並沒有阻止聯邦權力擴張的趨勢，而是讓這種趨勢因應時代演變繼續演化下去；而基於政治傾向，他本人對州權有更多的同情理解，因此當聯邦權力並未受到各州干涉時，坦尼法院總是在憲法容許的範圍內支持各州權力，據此來平衡兩方勢力。這是美國政治生活中妥協平衡原則的體現。

坦尼的身體狀況不是很好，時常生病，大多數情況下，他總是以一種消瘦病態的樣子出現在人們眼中，但靠著意志力，他仍在高強度的最高法院主持了二十八年。他的勤奮超過了大多數同僚，在職期間共寫了二百八十一件判決意見書，在那個用鵝毛筆撰寫書信的年代，簡直是奇蹟。

坦尼的政治經驗豐富，有出色的領導才能，頗能團結整個法院。而在分派工作時也總是力求公允，像馬歇爾一樣。一般情況下，對於那些有重大影響的案件，他總是盡可能親自執筆。比如坦尼法院期間最著名的商業案件「查爾斯河橋訴沃倫河橋案」（Charles River Bridge v. Warren Bridge）中，坦尼為了修正馬歇爾時代的最高法院在「達特茅斯學院訴伍德沃德案」（Dartmouth College v. Woodward）對契約自由的過度放任，因此對相關條款作了限制解釋。他親筆寫下「社會公共利益置於個人財產之上」、「在私有財產權被神聖地保護的同時，我們絕不可忘記社會也享有權利，每一個公民的幸福和康樂都依靠忠實地維護這些權利。」等語，保證經濟變革不為既得利益公司所阻礙，也成了後世最廣為引用的判詞之一。[2]

坦尼摒棄狹隘的黨派觀念對公正與和諧的追求，使他在從業前半段備受同事及全國人民的尊敬。甚至連輝格黨的政敵亨利．克萊（Henry Clay）也承認這份美德「曾經長時間體現在偉大的馬歇爾身上，並為其帶來榮耀；如今有了繼任者，在每一個方面他都勝任。」

可惜在多方的擁簇下，最高法院最終沉浸在人們的掌聲中迷失方向，而在德雷德．史考特訴桑福德案（Dred Scott v. Sandford）中又因過度自信，罔顧社會現實草率判決，不僅使坦尼本人身敗名裂，也導致南北戰爭爆發。不同政治立場的大法官們在該時期相互攻訐、迷失方向並四分五裂，多年來的兢兢業業最終毀於一旦。

南北戰爭期間，政府與最高法院的關係並不和睦，坦尼最終於一八六四年十月十二日於任內離世。時任總統亞伯拉罕．林肯（Abraham Lincoln）提名了著名的反奴隸政治

1 目前美國總共有十三個巡迴上訴法院，包含哥倫比亞特區巡迴上訴法院和美國聯邦巡迴區上訴法院。第九巡迴上訴法院目前管轄範圍仍為美國西部諸州。

2 這項判決也連帶影響到了兩百年後，二〇一八年中華民國的公司法修法。該法第一條另外加上了「得採行增進公共利益之行為，以善盡其社會責任」等語。

家——薩蒙．波特蘭．蔡斯（Salmon Portland Chase）填補最高法院首席大法官的空缺，日後逐漸修復最高法院的權威地位。

南北戰爭對美國的影響甚大，南北戰爭雙方兵力投入超過三百萬人，造成七十五萬名士兵死亡，四十萬人傷殘。機關槍等現代武器在南北戰爭中大放異彩，摩斯密碼與電報通訊的首度使用同時帶動了報業發達，使得相關科技在戰後大幅普及。此外，內戰消滅了奴隸制，從而為美國的資本主義迅速發展掃清了道路。

值得注意的是，南北戰爭期間，國會通過了著名的《宅地法》（*Homestead Acts*），一八六二年林肯總統簽署後正式生效。這項法案開啟了著名的西部大拓荒時代，人們紛紛西進冒險，在一望無際的原野中拓墾，促進西部開發。這讓美國身具使命的「昭昭天命論」再度興起，人們希望利用美國文化的長處廣布其體制，從而以美國的觀點解救並重建世界，這項貫徹天命的民族特質成了美國人的自信象徵。

在一八三六至一八七三年間，第十三、十四、十五修正案陸續通過並實行，他們都是南北戰爭結束後延續林肯總統政策下的產物，也被稱為「重建修正案」。

《第十三修正案》旨在廢除奴隸制和強制勞役，除了「依法判罪的人的犯罪懲罰」外，人人都享有自由選擇工作、選擇勞動的權利。不過諷刺的是，這項修正案並沒有為黑人帶來解放；相反地，多數的南方黑人仍在同一個種植園做同一份工作，他們的工資也沒變，只不過以前的奴隸代碼修改成了姓名。修正案的生效雖快，實行起來卻舉步維艱，得等到將近一個世紀後，黑人才能真正擺脫不平等地位。

《第十四修正案》定有五款內容，是憲法修正案中內文最豐富、於後世最常受到挑戰與引用的內容。特別是第一款當中確立的多個條款，規模堪稱是美國的第二次制憲。在「公民條款」中，明定各州公民權是聯邦公民權附帶的必然結果，所以居住在一州的美國公民也會成為該州公民。「特權與豁免權條款」則促進了聯邦各地的融合，美國人素來以流動性強著稱，本法保護各州公民在進行跨州流動時，不必擔心因為另一州的法律而被限制特權或豁免權。所謂的特權與豁免權聽起來拗口，但可以基本解釋為「在法律上不被歧視的權利」，也就是他州公民必須擁有和本州公民基本相同的權利。

「正當程序條款」稱得上制憲者的又一神來之筆，規定各州未經正當法律程序不得剝奪任何人的生命、自由或財產。然而究竟何謂正當程序呢？則要交由最高法院進行認定，使最高法院對案件權衡範圍大大增加，以顧及社會現實，讓「正當程序」跟著時代走，涉及人民重要基本權的法律就永遠沒有過時的可能性。

「平等保護條款」是法律之上人人平等的展現。舉例來說，倘若一個法律有意無意地針對某個特定族群，如在旅遊景點宣布只有在當地連續經營八年或以上的流動攤販才能繼續留在此處、其餘的一律要被趕出，此種法律便是不正義的。[3]

《第十五修正案》授予無論「種族、膚色，或以前曾受勞役」的人投票權。雖然法律如此明文規定，但保守的南方政府對有色人種的投票權往往又會濫加限制，比如年收入得達到一定數額，或得在州內置房產等等。這種情況一直要等到二十世紀五〇年代「布朗案」後才正式結束。

3 City of New Orleans v. Dukes, 427 U.S. 297.

6 企圖終止一切種族問題的大問題——史考特訴桑福德案

《獨立宣言》並沒有打算把當奴隸的非洲人包括在內，制定並通過該宣言的人民中沒有他們的份，這一點清楚得沒有爭論餘地……根據以上事實，德雷德·史考特不是合眾國憲法意義上的密蘇里公民，沒有資格做為公民在其法院內提起訴訟。

——史考特訴桑福德案，坦尼首席大法官判決意見書

西方的人權理論和民主制度固然源遠流長，但幾千年來，人權和民主基本上只是貴族與富人對王權的反抗。歐洲資產階級先富裕起來後，才喊出了「自由、平等、博愛」的口號；至於北美新大陸殖民者，則在反抗專制的鬥爭中舉起了「天賦人權」的旗幟。然而「禮不下庶人，刑不上大夫」，根深蒂固的種族偏見和對財富的強烈貪慾，不是任何善良的思想所能輕易改變的，這些美好的口號從來不適用於貧困的奴隸。

歐洲移民湧入北美殖民地之後，希望能不再受到地主豪強的重利剝削，並在這片廣袤的大陸上開墾荒地，成立自己的新家園。可是在追求財富的同時，為了勢必需要廉價的勞動力，一些有經濟能力的莊園主選擇與奴隸商貿易，大量使用從非洲進口的黑奴。與薪水待遇要求較高的白人契約奴

工（Indentured servitude）相比，從非洲大批進口的黑奴身體強壯、習慣南方炎熱氣候，也熟悉簡單農業勞動。此外，他們不熟悉北美洲的環境，即使逃跑也會被捉回來。

說來諷刺，北美殖民地一開始是最受壓迫的，因此他們最能感受到被壓迫的無力感。一七七六年傑佛遜在起草《獨立宣言》時，曾把支持奴隸貿與奴隸合法視為英國國王的二十五條罪狀之一。[4]在費城制憲會議期間，曾有過一次廢除奴隸的機會，可惜反對奴隸制的立憲代表為了使保守的南方各州同意制憲，默許了「一國兩制」的局面。

為了承認南方各州的權利，美國憲法中直接涉及到奴隸或奴隸制的條款有五條，間接涉及的條款則有十餘項之多，北美諸州也從被壓迫者逐漸走向壓迫者的角色。出乎所有人意料之外，南北雙方就奴隸制以及聯邦與州之間的許可權問題達成的一系列妥協，實際上暗藏殺機；最終這些妥協條款成了引發南北分裂和內戰的一大原因。

▼密蘇里妥協案與「血濺堪薩斯」

十九世紀開始，美利堅開展了長達一百多年不斷拓展疆域的步伐，並取得一系列成就。首先是一八〇三年以一千五百萬美元的代價，從拿破崙手中買下了密西西比河以西的路易斯安那，使領土擴大了將近一倍；一八一九年又趁西班牙國力江河日下之際，以五百萬美元的低價購得佛羅里達。

聯邦領土日益擴大，每當有領地改制為州，都會成為南北雙方的一場角力，雙方代表在國會吵得不可開交。一八一九年，密蘇里州達到加入聯邦的法定人數，州內人口當時有六萬人，其中有一萬多人是奴隸，所以它就以蓄奴州之名申請加入聯邦，也就是聯邦必須同意在當地蓄養和買賣奴隸合理合法。可是密蘇里州的運氣不太好，因為在它遞交申請的時候，美國有二十二個州，養奴隸的和不養奴隸的恰好都是十一個，密蘇里州的加入將會影響到參議院裡蓄奴派和廢奴派的比例。

經過幾番爭論，密蘇里州成功以蓄奴州加入聯邦。國會為了平衡兩方，防止分裂發生，便立法規定以北緯三十六點五度為分界線，對剩餘的路易斯安那領地進行劃分，此線以南地區允許奴隸制，此線以北除密蘇里州外全面禁止奴隸制，但允許捕捉逃跑奴隸。

《密蘇里妥協案》只是暫時緩解了南北雙方對路易斯安那領地未來去向的衝突，並沒有從根本上解決南北雙方的矛盾。首先，並非所有南方州都支持蓄奴。一八五〇年美墨戰爭結束後，新墨西哥領地被割讓給美國，該地位處南方，但是秉承墨西哥人的傳統，人民都信奉「人人生而平等」，都不養奴隸。四年後又有兩個州想加入聯邦，分別是堪薩斯和內布拉斯加，他們都位於北緯三十六點五度這條線以北，按規定應該是自由州，可是這兩個州卻以農業和大莊園為經濟來源，他們逕行推出《堪薩斯內布拉斯加法案》[5]，此舉等同間接廢除了《密蘇里妥協案》。

反對奴隸制的北方人認為堪薩斯人不守信用，堪薩斯人則認為聯邦正在停滯他們的發展。一群

4 可惜的是，在南方州奴隸主強烈反對下，傑佛遜被迫刪改此片段。
5 該法案主張加入聯邦之新州有權由當地居民自由選擇是否允許蓄奴，引起巨大批評聲浪。

血濺堪薩斯期間，爆發於梅里德辛河的衝突。《穿越密西西比河》，阿爾伯特．李察森（Albert D. Richardson）繪，1867 年。

激進的道德主義者湧入堪薩斯，和他們爆發流血衝突，死傷兩百餘人，史稱「血濺堪薩斯」（Bleeding Kansas）。

在法律與道德的衝突下，聯邦最高法院的看法顯得尤為重要。北方人希望坦尼得以像過去的馬歇爾時代，以獨特的法律思維重新詮釋憲法內容；南方人則希望該院可以重申對財產的保護，以便繼續維護蓄奴制度。在此種歷史背景之下，一八五六年聯邦最高法院的「史考特訴桑福德案」變成了全美萬眾矚目的焦點。

「史考特案」的歷史背景

德雷德．史考特是一名生來就是奴隸的黑人，三十四歲被賣給蓄奴州密蘇里州一位名叫艾默森（John Emerson）的隨軍醫生，從此跟隨艾默森在各地的軍營中工作。一八三四到一八三六年間，兩人曾在禁止蓄奴的伊利諾州和威斯康辛自由聯邦領地（後來的威斯康辛州和明尼蘇達州）的軍營工作四年。也許是為了避免被追究法律責任，艾默生在北方的時候並沒有將史考特當成奴隸來使喚，而是將史考特當成一名自由人，史考特也得以嚐到自由的滋味。在明尼蘇達州，史考特與一名黑人女性相識並結婚，儘管當時的法律並不認可，但這段婚姻讓他有了憧憬：要活得像個人一樣。

一八三八年，史考特隨主人重新回到保守的密蘇里州，他的身分也重新回到再普通不過的黑奴，為白人的莊園繼續做牛做馬。艾默森於五年後病逝，根據他的遺囑，史考特為其「遺產」的一部分，由他的遺孀艾默森夫人繼承。史考特曾經提出要花錢贖身，但遭到拒絕。在簡陋的農舍中，史考特想著這些年在北方的見聞，他希望能依靠法律來爭取自己的權利，希望能再次體驗自由的滋味。

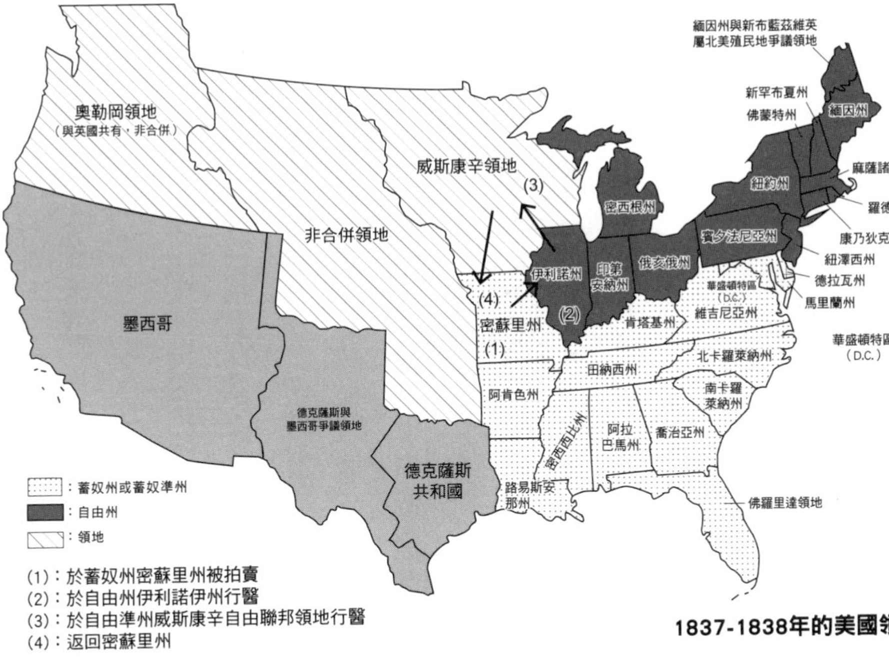

1837-1838年的美國領土

一八四六年，史考特得到了在北方結識的廢奴運動團體的經濟援助，向密蘇里州地方法院起訴艾默生太太。他的律師搬出了一八二〇年的《密蘇里妥協案》做為法理基礎，力主史考特應獲得人身自由。

史考特的律師聲稱，史考特曾在伊利諾州和威斯康辛自由聯邦領地居住過四年，而根據《密蘇里妥協案》，這兩個地區都禁止奴隸制。除非是來自蓄奴州的逃亡奴隸來到此處，為了方便遣返，其奴隸身分將例外存續於該地區之外，若在不是逃奴的身分下來到該地居住，史考特的身分就應該是自由人。且根據州際之間相互尊重州法律的原則，即使史考特重新回到密蘇里州，他的自由人身分也應存續。

史考特最初在密蘇里州巡迴法院提起訴訟。第一次審理時由於「未能證明艾默生太太是他實際上的主人」而被駁回，第二次審理時則因獲得陪審團同情，在法律上暫時具有密蘇里州公民身分。但在一八五二年三月，艾默森遺孀上訴到密蘇里州最高法院，又推翻了下級法院的判決，判定如果允許奴隸提起廢止奴隸身分的訴訟，將會影響本州的穩固秩序，因此史考特在本州不具備訴訟資格，應該到伊利諾州等具有管轄權的自由州訴訟。

由於此前從鮮少有奴隸身分因地域受到挑戰的問題，當時的法官對此標準不一，就相同案件判出來的結果也莫衷一是。當密蘇里州最高法院結束判決後，史考特已經五十五歲了，就蓄奴時代的黑人來說已是少見的高齡。史考特意識到自己還可以通過聯邦法院系統再試一次，但龐大的訴訟費用已讓他瀕臨破產。接下來的三年，他繼續以一名奴隸的身分勞動，並被賣給一位新主人，艾默森夫人的弟弟桑福德（John F.A.Sanford）。靠著外界團體一點一滴的捐助，他終於在一八五六年二月上訴到最高法院，由於被告為主人桑福德，所以此案史稱「史考特訴桑福德案」。[6]

備受寄望而被迫做出選擇的最高法院

當時的最高法院首席大法官是極具威望的羅傑．坦尼，此時的他已擔任首席大法官二十餘年。他在任內繼承了來自馬歇爾時代的自由主義，擴大了最高法院的影響力。在那個時代人們的眼中，坦尼就是自由的代言人：他雖出生於較保守的南方蓄奴州馬里蘭，個人道德卻極其高尚，更曾解放了自己所繼承的黑奴；他也曾屢次強調若公權力過於集中，將對個人自由構成嚴重威脅。這些舉動均贏得了美國人的信賴。

在坦尼的細心經營下，聯邦最高法院的威望急速上升。大家曾一度以為某件爭議若走投無路，到了最高法院總能解決；任何事情只要經過他的一錘定音，即能完美落幕。當「史考特訴桑福德案」的上訴書放到最高法院的案頭時，頓時引起國內許多人的注目，民主黨總統候選人道格拉斯（Stephen Douglas）發表聲明表示「這是一個司法問題」，應當交由最高法院解決。共和黨總統候選

6 被告人實際名為 Sanford，但法院寫成 Sandford 且未糾正，特此說明。

人林肯也表示美國最高法院是裁決「此類問題」的最佳機關，所有人應當靜待其成。時任總統的詹姆斯・布坎南（James Buchanan）更頻繁致信最高法院，希望判決盡早落定，高度關切案件進度。[7]

首席大法官坦尼明白這場案件背後的道德衝突與政治角力。原本坦尼打算知難而退，既然密蘇里州最高法院已認定史考特是奴隸，那麼坦尼法院完全可以援引上述一八五一年的「斯特雷德訴格雷厄姆案[8]」，以程序問題來迴避政治角力的難題。

在斯特雷德案中，法院兼顧尊重蓄奴州與自由州的權益。判定一個奴隸進入自由州後是否自動獲得自由，應由他所居住的州法院判決；如果他同時居住過兩種不同制度的州，那麼兩個州都有訴訟的管轄權，先起訴的州具有身分認定權，如果認為他仍是奴隸，那麼他就是奴隸。依照這樣的邏輯，在史考特案中，密蘇里州和伊利諾州、威斯康辛領地都具有管轄權，既然案件是先從密蘇里州起訴，且該州法院已認定史考特是奴隸，那麼就塵埃落定了：史考特應該維持原本的奴隸身分。

坦尼法院完全可以援引斯特雷德案的先例，讓本案像打太極那樣，將涉及全國性的聯邦問題推回地方性的管轄問題，至少能避免南北戰爭衝突。事實上，最高法院的大多數人都同意採取這個解決辦法。況且即使不採取這項立場，也有其他的簡單迴避之道，比如以利益衝突迴避為由，將問題交由地方解決，判決密蘇里州無管轄權，應交由他曾生活過的自由州和領地的法院管轄。這樣既認可了斯特雷德案，也保障了史考特在將來能有重新獲得自由的機會。

一八五七年二月十四日，納爾遜大法官擬好判詞，準備就照這個辦法解決問題。可是，倘若此時最高法院仍遵循「斯特雷德案」駁回本案上訴，那就等於最高法院沒有給全國民眾一個交代，同時也沒有正面回答布坎南總統、道格拉斯和林肯的問題。如此最高法院將面對來自各方的失望，從而損壞馬歇爾以來辛苦樹立的典範地位。就在箭在弦上之際，坦尼即時壓下了納爾遜大法官的工作，準備親手撰寫一份判詞。

可是，身為來自南部的法官，坦尼對於所屬州有著天生的榮譽心與愛鄉之心。美國在進入十九世紀後經濟重心往北轉移，北方的工業州話語權越來越大；以農業為主的南方州則逐漸式微，而他們唯一能賴以生存的農業，又恰恰是基於奴隸制度所建立起的。如果以一紙判決剝奪了奴隸主的私有產權，將對南方州社會穩定和經濟發展帶來莫大衝擊。坦尼在權衡史考特案時，不得不去擔憂故鄉的利害得失。

雖然今天看來，總統與總統候選人在判決前頻繁發表司法見解以帶動政治風向、由來自南方的首席大法官直接主導判詞撰寫似有不妥之處，但在當時的時空背景下，人們不覺得這樣做有什麼不對。外界過於吹捧最高法院的完美，卻又對判決各期所許，使得大法官們受到太多干預，而歷史的命運往往就是因為這一念之差而改變。幾天後，最高法院一改初衷，決定發布一個討論該案各方面憲法問題的全面解決方案，讓自己只得在兩者中擇一，最後判出了歷史上最失敗的災難。

7 事實上，布坎南總統在該案前後的干預非常頻繁，曾私下頻繁接觸大法官，並促使部分中立大法官加入支持擁奴的多數派。

8 Strader v. Graham, 51 U.S. (10 How.) 82 (1851).

▼自信釀造了最高法院的最大失敗

坦尼和最高法院認為，最高法院握有解釋憲法的權力已是共識；進入憲法文本以尋求解決自由黑人公民權，這點無可厚非。另一方面，自馬歇爾首席大法官於馬伯利訴麥迪遜案中確認最高法院的司法審查權以來，最高法院也的確依靠違憲審查，解決了不少憲法問題。

近現代法哲學對法律的解釋，一共能分為「文意說」、「目的論」、「真意說」三大見解。「文義說」主張應當以憲法的文意進行解釋，藉由解讀一字一句來探詢真理之道；這當中以馬卡洛訴馬里蘭一案，馬歇爾大法官對「必要」與「絕對必要」的解釋，從而賦予制憲者們不曾給予的「默示權力」最為著名。「目的論」則是探求該法訂立之目的，從而給予一定的活化；這種司法見解往往與司法能動主義（Judicial activism）連繫在一起，成為不遵循判例進行判決，從而改變舊有見解的代表學說。「真意說」則主張應以制憲當時的時空背景來臆測制憲者的司法見解，進而套用在如今的案件中；由於制憲者的真意往往較為僵固，此說也成為保守者們最為擁戴的學說，二十世紀七〇年代後組成的伯格法院與芮恩奎斯特法院即為代表。

坦尼繼任首席大法官以來一直崇尚的司法哲學，就是遵循制憲者的原始真意。所以，即使一項判決與法官個人道德觀點相衝突或有失公允，也應嚴格遵循憲法條款行事。法官不應在裁決中摻雜個人道德觀點，不應破壞正當程序、神聖私有產權以及聯邦制與州之間的分權制衡原則。

那麼對於奴隸制，制憲者們的「原始意圖」究竟為何呢？其實，制憲者也沒有統一見解。費城會議同時有廢奴主義者與大奴隸主參與，是一場各派人士的大妥協。有關製憲者們的最終共識和他們的意圖，只能憑靠歷史文獻紀錄去判斷；至於記錄者能否做到公正地記錄，又是另外一回事了。制憲者在制憲初期就帶有利益紛爭的個人意識，所以是非常複雜且難以判斷的。而美國憲法的一個重要特點正是具有彈性和張力，遣詞用語模糊寬泛，為後人解釋憲法留下了空間。倘若僅以七十年前的價值觀來審視如今的奴隸問題，將使憲法變得狹隘且食古不化。

眼下的問題已超出「司法問題」的上限，坦尼和最高法院卻打算靠此案一錘定音，將仍處於模糊地帶的奴隸問題盡數解決，更打算主動觸及自由黑人公民權和「密蘇里妥協案」的合憲性。一八五七年三月六日，最高法院以「七比二」之比例發表判決意見，主要包括以下三個方面：

1. 黑人並不是憲法所稱的美國公民，無法享有公民權利，即使獲得自由的黑人也無法受其保障。
2. 史考特不能因為來到禁止奴隸制的地區就獲得自由；除此之外，「密蘇里妥協案」中排除奴隸制的條款，已超出憲法對國會的立法授權而部分違憲。
3. 史考特已經返回密蘇里州，故其身分能由密蘇里州法律決定，而不受伊利諾州、威斯康辛領地的法律干涉。

坦尼認為，憲法開篇提及的「我們合眾國人民」以及條款中提到的「公民」，都是指「在我們的共和政體中有權透過代議方式參與政府、構成主權的主權人民」。對於黑人是否為「公民」的一分子，坦尼的回答竟是：「我們原來也沒打算將他們包括在憲法中的公民一詞之內……相反地，他們是被統治種族所征服的人，無論他們是否為自由之身」。

因應美國憲法制定後，北方州某些自由黑人已經行使過投票權等公民權利的現實，坦尼提出了州公民權和聯邦公民權的區別，亦即「雙重公民權」。黑人可能取得所在州的公民權利，但在憲法的框架下，仍無法成為聯邦公民。

然而，這樣的見解並未提供直接證據以支持其論點，因此受到了班傑明．柯蒂斯大法官（Benjamin Curtis）的批評。為此他找到了制憲相關史料，點出在費城會議期間，南卡羅萊納州代表曾提議讓憲法第四條「每個州的公民享有各州公民的一切特權和豁免權」的規定僅適用於白人，而這一提議遭到了拒絕。這樣豈不是間接證明了美國憲法認為不是奴隸的黑人同樣具有公民權利嗎？不過柯蒂斯的意見並沒有受到坦尼的採信。相反地，坦尼對持異議態度的柯蒂斯一直很冷感，甚至在判決前多次阻撓柯蒂斯取得判決書複本，以防他對內文大放厥詞。

坦尼在這項判決中最大的錯誤，在於從根本上否認了《密蘇里妥協案》的合憲性，進而挑戰國會訂立禁奴法規的權力，使得新州都具有擁奴的權利。對此，坦尼以相當狹義、近乎於蠻橫不講理的解釋方式，為他的法學見解提供論證。首先，坦尼搬出了憲法第四條的領地條款，該款規定「國會對於屬於合眾國的領土或其他財產，有權處置和制定一切必要的條例和規章」，然而當時制憲者所設立的領土範圍，只有「西北領地」這一大區塊，也就是相當於現今的俄亥俄州、印第安那州、伊利諾州、密西根州與威斯康辛州全境，加上明尼蘇達州的西北部。至於之後所獲得的一切領地，都不涵蓋在該條款內。

因此坦尼宣稱，國會「有權處置和制定一切必要的規章」的範圍，就只能拘束西北領地以及該地之後所獨立出來的各個州，而不能推廣到美國新獲得的一切土地。包括在路易斯安那購地（Louisiana Purchase）中，美國向法國所購買的大片西部領土，以及之後西部拓荒所獲得的土地，都不是憲法第四條所談論的對象。

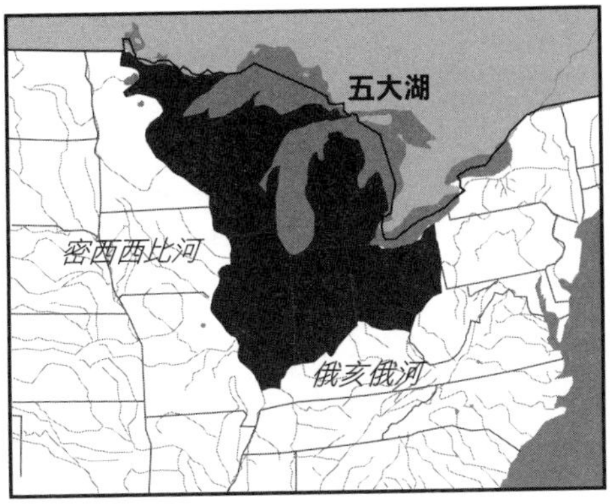

費城會議當年（1787）所劃定的西北領地

順著這樣的思維，坦尼認為，基於國會沒有權力對新加入的州制定一切必要的法律，因此唯一能約束新州的法律，就只有憲法。而憲法第五修正案的正當程序條款規定：「不經正當法律程序，任何公民不得被剝奪自由、生命和財產。」也就是說，任何人都不允許被剝奪包含奴隸在內的財產，《密蘇里妥協案》中規定的部分地區不得實行奴隸制的做法，實際上就是對蓄奴州人民權利的剝奪：

> 既然憲法承認奴隸是主人的財產，同時沒有區別這種財產和公民所有其他財產的不同，那麼，無論是立法機關也好，行政機關也好，或司法機關也好，都沒有權力劃分這

個界限，或拒絕公民享受為保護私人財產、免受政府侵害而規定的條款和保證的利益……如果合眾國公民未曾違反任何法律，僅僅因他自身或帶著其財產進入合眾國的某一特定地域，就被國會的法律剝奪其自由或財產，那麼，這項法律案就難以承擔正當法律程序的尊稱。

就這樣，坦尼以財產權至高無上的名義，結束了南北妥協的《密蘇里妥協案》，順帶否決了一八五四年讓當地居民自由選擇是否禁奴的《堪薩斯—內布拉斯加法案》（*Kansas-Nebraska Act*）。從此之後，不論居民是否需要奴隸，任何加入聯邦的州都將成為蓄奴州。

▼結語

我們不能說坦尼在史考特案的判決是內戰爆發的主因，因為歷史上的重大事件背後都有著複雜的脈絡，並非單一因素所能引發。但肯定的是，史考特案對於彌合這個國家內部的分歧，確實是無所作為。相反地，它給予其中一方以完全的勝利，來火上澆油。喬治亞的一家報紙批評最高法院的意見「掩蓋了有關奴隸制的所有問題，並以偏向南方的方式加以處理。」

實際上，南方的蓄奴州對於這項判決基本上也不買單。他們並不在乎新加入聯邦的州是否有蓄奴的權利；對他們來說，最要緊的在於保護南方農業不致因廢奴而土崩瓦解。從這項判決後來所引發的總總問題來看，南方州不但喪失了「悶聲發大財」的權利，最終還「賠了夫人又折兵」，在戰火中徹底喪失了經濟的主導權。

坦尼大可遵循最高法院的先行做法駁回上訴，讓原本南北之間關於奴隸的模糊界限繼續下去，那麼之後的一切都不會發生。然而，坦尼大法官過於信奉制憲者的「原始意圖」，無視北方州已立法廢除奴隸制，以及南方州已承認在某些新設立的聯邦領地和新州不得實行奴隸制的現實。最高法院的判決一聲令下，把本來尚有妥協餘地的奴隸制問題「清晰明確」地解釋為非黑即白，從而堵死了漸進改革的道路，也攪動了政治平衡。

最高法院在此次判決中的失敗，似乎也是憲政歷史上的必然結果，若蓄奴的人權問題沒有獲得解決，爭端也將持續存在，這項判決只是提前數年激發了矛盾。因此，我們很難簡單歸結說是坦尼法院的智慧不足，或在政治上選錯邊等太過純粹的說法；但某種角度上，確實可以說坦尼是「運氣最差的首席大法官」。

後來的事大家都知道。北方對判決極端憤怒，各方批評接踵而至，法院內部則因見解不同而四分五裂，柯蒂斯大法官甚至因此提早退休以表抗議。南北戰爭最終以北方取得勝利，北方政府所積極推動的憲法第十三、十四、十五修正案的誕生徹底否認了史考特案。黑人終於獲得遲來的解放，雖然他們已經為這得來不易的果實犧牲太多。

無可否認的是，坦尼確實私德高尚且為人清廉，最高法院的政治地位在他多年的努力下奠定了無數至今仍適用的判例。可惜在政治角力與利害關係下，他不得不做出抉擇，最終也因為這個案件付出代價。

揣測制憲者的制憲心理是危險的。人們在閱讀歷史的同時，容易將自身帶入某人或某個特定立場，這樣容易使我們有意無意地忽視或重視某些史料，從而在找尋真理的同時失去方向。事實上，歷史事實往往是模糊不清的。不僅制憲者群體中的不同個體對奴隸制的態度存在差別，同一個體的態度往往也相當複雜和矛盾，就像制憲先賢傑佛遜本人，當他在政治舞台上大聲斥責奴隸制，並言「當我反思上帝的公義時……我為我的國家而擔憂」[9]的同時，卻又濫用主人的地位與自己的女奴隸有染。人非聖賢，立場往往會變化而有不同見解，如果以既定的答案來回推公式，而非以縝密的公式來尋找答案，那麼案子終將無法解決。

有趣的事實：

一八五七年三月六日，史考特案判決出爐，引起軒然大波。

一八五七年五月二十六日，奴隸主在輿論影響下釋放了史考特與他的家人，使他們都成為自由人，然而德雷德的後半生因積勞成疾難以活動。

一八五八年九月十七日，德雷德死於肺結核，享年五十九歲。

一八六一年四月十二日，南北戰爭爆發。

9 Thomas Jefferson, Query XVIII, in Thomas Jefferson, Notes on the State of Virginia, reprinted in Thomas Jefferson: Writings 289 (Merrill D. Peterson ed., 1984).

7

南北戰爭的州權、人權與憲法問題
——米利根案與德州訴懷特案

冰凍三尺，非一日之寒。美國南北是獨立建國以來一脈相承的夥伴，前五任總統有高達四位——喬治·華盛頓、湯瑪斯·傑佛遜、詹姆斯·麥迪遜、詹姆士·門羅——都來自南方。雙方之所以能狠下心來，做出大打一仗的打算，自然也非區區一件廢奴問題就能導致。以今天的角度回望過去，我們可以總結出的原因，除了道德與文化的巨大差距外，還有南北經濟產業的矛盾衝突。

▼關稅問題與奴隸經濟

北美剛剛獨立時，南方各州是獨立的主要力量。在政治上，他們擁有更多的人口和州數，而美國國會眾議員數量按各州人口比例分配，這使得南方在相當長一段時間裡具有壓倒性優勢。至於經濟上，以種植園經濟為主的南方也是國家發展的主力。

到了十九世紀中期，出現了新的情況。種植園經濟模式能夠提供的工作機會非常有限，遠遠不如工業化後大量出現的工廠，所以北方各州迅速在人口上超過了南方州。而隨著美國國土擴張，新的州不斷出現，此時跨洋的奴隸貿易已經式微，新的奴隸只能靠原來的奴隸生出，勞動力來源漸緩，因此新的州自然就走上了和北方各州一樣的工業化道路。這樣一來，無論在參議院還是眾議院，北方的力量都開始占據上風。這時另一個嚴重的問題出現了，那就是關稅問題。

南方各州主要生產棉花及蔗糖，他們向歐洲出口種植園產品，再從歐洲購入各種工業品。但南方產業有個巨大缺點，那就是他們的貿易對象基本都擁有自己的殖民地。歐洲人之所以願意購買美國的棉花，是因為他們與美國達成了某些默契：歐洲在進口美國農產品時關稅非常低，而美國在進口歐洲工業品時亦然。

但是，低關稅模式對工業發達的北方是極其不利的。隨著美國的擴張，美國的工廠建設逐漸興起，這裡面最具代表性的是鐵路。可是做為原材料，美國生產的鋼鐵品質遠遠不如物美價廉的歐洲鋼鐵；他們亟需提高對外關稅，保護本國的工業產業。

美國人知道，一旦提高關稅，歐洲人自然就會提高對美國的關稅，南方的棉花在歐洲就會毫無競爭力，利益受損。但是，如果不提高關稅，美國北方的工廠就永遠無法真正發展起來，永遠只能擔任西方世界的二流角色。

對南方人來講，關稅只會讓南方人購買北方生產的較不成熟的工業品，或購買附加了高關稅的歐洲進口工業品，總之都不是便宜貨。況且，美國收取的關稅並未用於南方州的建設，絕大部分都用在北部及西部的各項工程。要知道，當初北美十三殖民地也是為了區區三便士的茶稅引發了美國獨立戰爭。由北方主導的關稅政策狠狠掐住了南方的咽喉，更以後來居上之勢需索無度地提出各種要求，這樣大一統的國家機器，使南方感受到建國以來未曾有過的威脅。

廢奴主義者約翰·布朗計畫搶奪維吉尼亞州的軍械庫，以提供武器予黑奴解放。《哈珀週刊》，1859年

再者，更令南方州無法接受的是廢奴問題。倘若失去極低的關稅稅率，南方產業頂多面臨出口收益下降；但倘若失去黑奴的幫助，南方產業的工作成本將大幅增加，甚至必須放棄大部分的外國市場。

自一八五〇年代開始，事情開始不一樣了。廢奴運動開始在北方逐漸壯大，報章雜誌紛紛呼籲在全國範圍內中止奴隸制度，導致南方和北方的關係日趨緊張。部分激進的廢奴主義者甚至跑到南方殺害奴隸主，倡導黑人揭竿起義。

▼廢奴主義者林肯

一八五七年三月六日，史考特案判決後，內容所蘊含的政治意義大幅激化了原已尖銳對立的爭執。南北雙方對於判決內容的解讀不盡相同。北方認為判決背離了「平等」根本性原則，背離了做為美國立國之本的《美國獨立宣言》；南方則將該判決視為個人財產神聖不可侵犯的勝利，奴隸是一種理應受到保護的資產。史考特案的判決也表明美國最高法院承認州權的有效性，尤其是各州有權自行決定奴隸制在本州是否合法，而不用考慮國會的意見。

著名記者暨政治家格瑞萊在其主辦的《紐約論壇報》這份當時最具影響力的報紙上表示，對史考特案的看法「成了一種道德衡量標準，可以拿到任何一家華盛頓酒吧裡，做為對多數派的檢驗」。

就在南北雙方關係出現裂痕時，一向堅定主張廢奴的亞伯拉罕·林肯趁勢躍上了歷史舞台。

林肯出生於肯塔基州的貧困家庭。父母是英國移民的後裔，幾乎不識字，以種田和打獵為生。成年後的林肯在春田鎮靠著自學成為律師，最後從政。林肯的演說雖深入人心，著名的《蓋茲堡演說》甚至成為許多英語教科書的必備文章，但實際上他的口才並不好，總被奚落為「一如文盲，夾雜著一些粗俗又笨拙的笑話」。此外，他的仕途也稱不上順遂，第一次參選州議員就失敗，從政二十多年間只當過一任國會參議員。一八五六年，林肯因強烈反對擴大奴隸制而退出輝格黨，之後加入一八五四年新成立的反對奴隸制的共和黨。

共和黨是在反對《堪薩斯—內布拉斯加法案》的基礎上發展起來的政黨，他們譴責奴隸制的擴張是一種巨大的罪惡。對堅定的廢奴主義者林肯來說，這自然是最適合的落腳之處了。很快地，林肯便成為該黨的主要領導人。一八五八年六月，林肯在接受伊利諾州共和黨提名參選參議院議員時，發表了〈自相分爭之家〉的著名演說（The House Divided Speech）。他指出一個生活在自由州

傳統印象中，林肯總以善於演説的姿態出現在人們面前。1863 年，國會圖書館。

的人仍然是奴隸，這是有悖道義的：

家不和則不立，我相信這個政府不能永遠保持半奴隸半自由的狀態……要麼反對它（奴隸制）的人制止它進一步發展，並按照人民的心願把它納入最終消滅的軌道；要麼擁護它的人把它推向前進，直至它在所有新的和老的、南方的和北方的各州都取得同樣合法的地位。

當年八月至十月的參議院競選過程中，林肯與民主黨候選人史蒂芬·道格拉斯曾針對奴隸制問題進行了七次辯論。林肯警告「擁奴權」將威脅美國的共和主義價值，並控訴道格拉斯曲解了建國國父們「人皆生而平等」

的意圖；道格拉斯則強調聯邦與地方的權力關係，主張各州有權選擇是否施行奴隸制，道德問題不應該由中央強迫抉擇，並批評林肯蔑視最高法院權威和史考特案的裁決。

在一八五八年的這場大選中，林肯以些微差距敗北，但他對這一問題的觀點和闡釋使他在全國政治界獲得名望，最終在共和黨全國大會上順利獲得總統大選提名。一八六〇年的美國總統選舉期間，林肯做為共和黨候選人，提出了「聯邦領土上的正常狀態應該是自由的，國會或任何人都不能賦予奴隸制以合法性」的主張。他的廢奴立場深深影響了對立面的民主黨，從而使該黨分裂成兩派；兩個「民主黨」都派出了各自的參選人，選票也被瓜分。

一八六〇年十一月六日，林肯最終以一百八十票、過半數選舉人票當選美國總統。

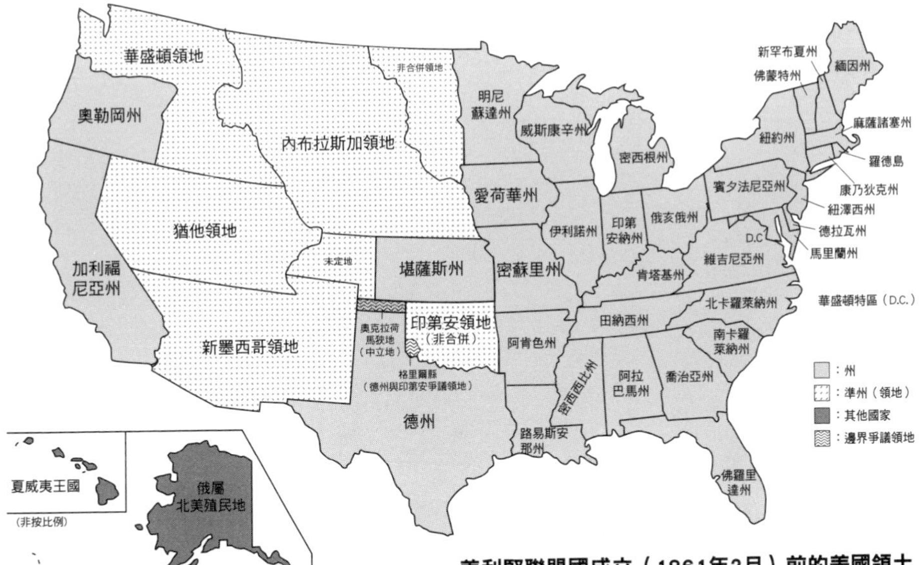

美利堅聯盟國成立（1861年2月）前的美國領土

基於他此前主張廢除奴隸制或反對擴大奴隸制的言論，南卡羅萊納州、喬治亞州、阿拉巴馬州、路易斯安娜州、密西西比州和德克薩斯州等部分南方州在林肯宣誓就職前，就已經宣布脫離聯邦，並於一八六一年二月四日成立美利堅聯盟國。

▼林肯阻止南方脫離的辯解

一個月後，林肯正式就職美國總統。他所面臨的第一個任務就是「南方是否有權脫離聯邦」的憲法問題。根據憲法第二條，美國總統應當「盡所能以維持愛護並保障美國之憲法」，這是制憲先賢做為建國綱要、託付給每一任總統的職務。但是這部誕生於一七八七年費城的建國憲法，卻不能為林肯禁止南方脫離聯邦尋得法理依據。這部憲法自誕生之日起便是為了全體美國人的福祉，而非為了聯邦的存續；依照州權之劃分，憲法雖有新州加入聯邦的條款[10]，卻沒有承認或禁止各州脫離聯邦的權利。而根據憲法第十修正案，該權利既然沒有被憲法明確禁止，也就自然應由各州享有。

林肯無法從憲法中找到利於自己的解釋，於是他做了牽強的解釋。他找到了美國憲法的前身《邦聯條例》，並在此找到該法曾提出聯邦是「永久的聯合」（perpetual union）。即使現今《邦聯條例》已經遭到廢止，大部分的權力劃分都被美國憲法所取代了，但這份條例對當時曾簽訂的各州仍應有拘束力，更可用來補充美國憲法未規定的部分。

除此之外林肯也提到，美國憲法在序言內就開宗明義，美國人民制憲是「為了建立一個更完善的聯邦」；所謂「更完善」，顯然是立基在一七八一年「永久的聯合」基礎上，照這樣說來，聯邦也應是永續的。因此林肯得出結論：「共同體將以合乎憲法的方式保衛它自己，維繫它自己。」[11]南方各州單方面宣布退出聯邦，堪稱是一種「違約」，甚至是「毀約」。

由此可見，林肯以一種極不合理的方式詮釋憲法。《邦聯條例》既已廢止，便無效力；同時，美國憲法的序言並無法律效力，序言僅是在憲法內文詮釋有所爭端時予以輔助的角色。

有趣的是，在林肯的演說中，他曾有這樣一段驚人發言：「我無意直接或間接

10 位於美國憲法第四條第三款。

11 原文：it will constitutionally defend, and maintain itself.

南北戰爭聯邦、邦聯對立圖

地在蓄奴州干預奴隸制，我相信我沒有合法的權力，而且我也不想要那樣做。」對於林肯來說，最重要的顯然不是廢奴，而是聯邦的統一問題。在兩個大問題上，他顯然將後者視為核心利益。林肯表示無意入侵南方諸州，但將動用武力以維護美國所轄的機關與領土。他的演說以呼籲美國歸一作結。

南方的脫離依據：憲法第十修正案

許多人都以為美國內戰是為了廢除奴隸制。美國內戰和奴隸制關係雖然千絲萬縷，但絕非導致內戰最根本的原因：之所以開戰，是因為南方要脫離聯邦。南方各州是否有權力脫離聯邦？以及林肯征討南方是否具有法理的正當性？從憲法的角度看，林肯總結出自己的契約邏輯，然而南方也有自己的憲法依據。他們主張第十修正案：

本憲法所未授予美國政府或未禁止各州行使之權限，皆保留於各州或其人民。

既無明文規定，且聯邦是各州以自願的原則加入的，那麼按照常理，可以自願加入，當然也可以自願退出。但問題恰好由此而生。北美十三州是英國的殖民地，而這些殖民地所繼承的英國傳統中，除了法治之外就是自治，也就是本地居民有權決定涉及自身各種事務的處理方式，並拒絕外來各種勢力的干預。

強調程序的合理性，是美國建國以來強大的傳統。雙方是否違憲的衡量標準，取決於州與聯邦的各種行為規範得維持在合法的程序，而這項標準又取決於聯邦最高法院的裁判認定。以當時的時空背景來看，最高法院大法官不但由南方人占多數，南方也因憲法修正案的背書而顯得合情合理，總體來說是非常有利於南方的。

南方七州脫離聯邦，只是南方七州單方面宣布，聯邦政府與北方各州尚未同意。雖然聯邦政府不可能同意這件事，但只要林肯還沒有真正表態禁止南方脫離聯邦，就仍有挽回餘地。但問題就在於，南方雖占據法理優勢，卻選擇了以戰爭來解決問題。林肯起初希望可以平息戰前的緊張局勢，但數個月後被南方政府所拒，南

《砲擊桑特堡》，1861 年，國會圖書館

方軍隊調動大砲到南卡羅萊納州的桑特堡（Fort Sumter）轟炸要塞，該戰役也使得原本可以和平解決的南北雙方徹底鬧翻。

桑特堡戰役後，北方民眾徹底被激怒。之前在國會堅定的武力解決派人數並不占優勢，尤其是民主黨還控制著參議院，但戰事一起就沒退路了。為了增強己方的合理性，林肯面對憲法並未規定不許州脫離聯邦的問題，給出了牽強的解釋：南方州在沒有取得聯邦同意的情況下脫離聯邦，所以脫離無效！南方仍在美利堅合眾國的國土範圍內，又主動攻擊政府軍隊，因此其所成立的聯盟國屬於控制州政府而成立的叛亂組織。林肯就這樣巧妙回避了脫離聯邦的憲法問題，聯邦政府得依照《一八〇七年反叛亂法》（*Insurrection Act of 1807*）予以剿滅叛黨。

不過，林肯的法理依據仍有問題。首先，沒有任何一條法律規定各州脫離聯邦需徵得政府同意，林肯此舉堪稱是「總統造法」、「將命令變法律」的經典代表；再者，《一八〇七年反叛亂法》規定當國家出現叛亂，或者出現憲法所保證的權利無法執行的特定情況時，才能召集軍隊和國民警衛隊鎮壓叛亂。由於該法賦予總統對地方極大的管理權限，將對州權產生干預，因此這部法律還有一個大前提，那就是需要徵得州立法機構或州長的同意，才能使用該法。可是，林肯並沒有得到任何同意，就擅自將軍隊開往南方，此舉讓南方美利堅聯盟國總統傑佛遜・戴維斯（Jefferson Davis）大為惱怒，他在所著《美利堅聯盟國簡史》（*A Short History of the Confederate States of America*）批評道：

桑特堡戰役的兩天後，林肯先生以一個離奇的託辭，即打敗「強大到以常規司法程序無法鎮壓的叛黨」為由，號召招募七萬五千名民兵入伍，並透過該宣言命令「群聚叛亂者解散」。……（如果將聯盟國視為國家），憲法只賦予了國會能有宣戰的權力；如果將脫離聯邦的各州視為「叛亂」，它也只能是針對北方各州發動叛亂，除非州政府請求總統鎮壓，否則總統無權干預；總統在沒有收到請求之前，不能違背各州的意願這麼做。

可是，聯邦最高法院當時正因為史考特案備受民眾的責難，因此在林肯指揮軍隊南下之際，最高法院選擇默認了該作為。不只如此，北方各州也認可林肯，並從原典主義（Originalism）出發，表示南方各州不能在權利尚未受直接侵害的狀態下，僅以林肯當選為由就脫離聯邦。可是，聯邦政府也沒有制定法規來制止這種脫離聯邦的權力，各州在加入聯邦前似乎沒有思考那麼多。結果就演變成由大權在握的林肯總統替北方思考，以一系列的違憲行為，去鎮壓南方的另一個違憲行為。

▼米利根訴訟案（Ex parte Merryman）與人身保護令

林肯總統與最高法院的關係若即若離。身為一位廢奴主義者，他始終對坦尼有種距離感。在一八六一年三月四日坦尼主持的總統就職儀式上，林肯還間接批判了坦尼的史考特判決；他聲稱奴隸制這樣一個關係到全體美國人民命運的重大政策，不能受最高法院決定所永久束縛，讓場面頗為尷尬。

上任伊始，林肯就獲得了填補三個大法官空缺的機會。但在長達一年之久的時間裡，他卻沒有提出新人選。林肯的這個舉動被後世史學家解釋為試圖削弱最高法院發揮作用的能力：如果最高法院的人數不足，大法官便只能被一般案件弄得焦頭爛額，而不能顧及總統行政的缺陷了。

但即便如此，坦尼仍在南北戰爭發揮了良好的監督功能。他勤奮地工作閱卷，保障了諸多軍事大案的人權問題。南北戰爭一共持續了四年，期間又以林肯總統是否有權中止「人身保護令」（writ of habeas corpus）為司法與行政衝突的代表例子。

所謂人身保護令，是保護人民在被指控犯罪而遭執法機構、監獄或警局關押後，能藉著法院發布的命令，要求執法機構將被點名的囚犯移交法院審查，使法院能親自確定被指控者是否被合法監禁；以及如果沒有，是否應當釋放。這是法律程序保障基本人權及個人自由的重要手段。任何人士如果被拘押，都可以向法院聲請人身保護令，並迅速獲得法院審判。制憲先賢們將人身保護令規定於憲法第一條第九款：「人身保護令狀之特權不得停止之。惟遇內亂外患而公共治安有需要時，不在此限。」12

儘管林肯是律師出身，對美國憲法瞭如指掌，但林肯接管政府時國庫瀕臨破產，昔日聯邦政府裡的大半官員都潛逃南方成了敵人，聯邦面臨前所未有的生存危機。為了守護聯邦的完整，他不得不無視常規。林肯在國會休會期間不顧憲法約束，以行政命令暫時中止前線混亂地區的人身保護，准許軍隊不服從法院下達的人身保護令。

當時有些靠近北方的奴隸州，儘管還留在北方，但許多人暗中替南方叛亂分子收集情報，這著實令一些北方軍官憤怒。林肯的行政命令使他們如願以償，得以大肆搜捕。一場大規模揭發匪諜運動就此展開。只要是聯邦政府的軍隊，都可以捉捕嫌疑間諜，並自行決定受囚禁的時間；即使法官徵求將嫌疑人轉交法院，軍隊也可以拒絕並繼續關押。

當然，在從嚴從快的方針下，必然會造成不少冤案。一八六一年四月二十九日，一名嫌犯約翰·梅里曼（John Merryman）據稱暗中支持馬里蘭州的策反活動，但苦於證據不足，軍隊無法給個名正言順的罪刑，索性直接把他抓入軍營扣押。事情傳到了首席大法官坦尼耳中，他對梅里曼的遭遇極為震驚，便下達人身保護令的要求，要求嫌犯梅里曼以及負責馬里蘭州巴爾的摩當地軍務的喬治·凱德瓦爾德將軍一同來到法庭接受訊問。然而，當天兩人都沒有到，只有將軍的副官助理來到法庭。他告知大法官坦尼：「在此類案件中，美國總統正式授權他出於公共安全之考慮，暫時中止執行人身保護令狀。這是一項崇高的信任，他受命根據自己的判斷和意願來執行。」因此，他們的所作所為都合理有據。

當坦尼問及梅里曼人在哪裡時，副官卻說除了剛才的聲明外，他沒有得到其他指示，一切行為都需要將軍的命令始能進一步告知。說完後，他便在未徵得坦尼允許的情況下大搖大擺地走出法庭，坐上馬車返回軍營，只留下空蕩蕩的法院，以及一臉茫然的坦尼。

12 此條亦為中華民國採用，規定於憲法第八條第一項。

此時坦尼已經八十四歲了，在他前半生的法官生涯中，從未有過這樣蔑視最高法庭的行為。他立即發出另一份傳票，指控凱德瓦爾德將軍藐視法庭，要求他迅速到法庭接受訊問。然而第二天，凱德瓦爾德將軍仍沒有露面，他的副官助理再度來到法庭傳達口信：巴爾的摩的軍隊忠於總統，在總統沒有做出進一步告示前，希望首席大法官也不要採取進一步的行動，免得雙方難堪。

坦尼憤怒地向副官駁斥：「軍官無權逮捕和拘留沒有違法戰爭法則的人士。」原本坦尼想命令執法官組織警務員，將嫌犯強行帶回法庭，但凱德瓦爾德重兵在握，這一作法顯然是不切實際。故此坦尼寫信給林肯總統，希望憑藉他在軍中的威望，請他依照憲法行事；況且人身保護令明定於憲法第一條，理應由國會所授權才得以暫停，總統沒有權力用行政命令擋下。總統既無權力，那麼被告就享有第六修正案中在「發生罪案之州或區域之公正陪審團予以迅速之公開審判」的權利，將軍方逮捕的嫌犯移交給法院。

在這封給總統的信中，坦尼明確表示，軍方本來就沒有權利逮捕梅里曼；在沒有證據證明的情況下，軍官不得「以莫須有的罪名逮捕馬里蘭州的公民」，此舉將對公民自由造成「武斷和非法的踐踏」。除此之外，軍方在該案前後無視法庭發出的人身保護令狀，並宣稱其行動是總統授權。可是，任何的法律或命令都不能牴觸憲法，如果違反上位法律，將視為無效；人身保護權屬於憲法明文規定的權利，除非經過國會同意，否則不能授權給總統。倘若真如軍方所說的那樣，他們所做的一切都源於總統授權，那就代表總統發布了牴觸憲法的命令。對此，坦尼並沒有打算追究，而是語重心長地寫道，如果放任軍隊胡亂逮捕平民，「美國人民將不再生活在一個法治的社會中，他們的生命、自由和財產將可能由軍隊任憑處置」。最後，他提醒總統不要忘記他就任總統時的誓詞：「忠誠執行美國總統之職務，並盡其所能地維持、愛護並保障美國之憲法。」

即便如此，林肯對坦尼的意見書不屑一顧，甚至連回信都沒有，只是在六月四日給國會的咨文中有意無意地抨擊最高法院：「如果除了一項法律外，其餘的法律都變得無法執行，而且政府也四分五裂的時候，難道就不能違反這條法律嗎？」林肯再度表示，憲法並沒有明確規定只有國會才有權暫停人身保護權的執行，因此在緊急狀態下，當國會休會時，總統為了保護公眾安全，當然可以下令暫停人身保護權。

在行政權與司法權不斷鬥爭下，國會注意到了兩方的問題所在。經過幾番激烈辯論後，他們決定充當和事佬，於一八六一年七月通過一項法律，授權總統可在戰時暫停人身保護權，但有一項限制條件：軍方可以逮捕和扣留危害國際安全的嫌犯，但不得以軍法審判，需將逮捕的平民名單和事實經過告知普通法庭。如果當地普通法庭的大陪審團拒絕起訴嫌犯，嫌犯便可要求地方法官，命令軍方將自己交由普通法庭聽證並釋放。

國會的這項法律看似迎合林肯，暫停了人身保護權，同時坦尼所堅持的平民嫌犯必須由普通法院審理的原則也獲得支持。可以說，這番鬥爭雙方互有勝負。但梅里曼的生活並沒有因此回歸往常。要等到一年後，聯邦政府宣布巴爾的摩不再是危險地區，軍方才把他轉交給普通法庭；梅里曼仍舊處於人身自由限制狀態，一直持續到戰爭後期「米利根案」（Ex parte Milligan）推翻梅里曼案的判決為止。

米利根案同樣是一場有關民事保護令的大案。本案的蘭布丁．米利根（Lambdin Purdy Milligan）是一名非常執著於程序正義的律師。做為當時印第安那州少見的學者與知識分子，他從法理上推導出南方美利堅聯盟國根據憲法擁有脫離聯邦的權力，因此反對透過戰爭重新統一國家。他也在家鄉主張抵制徵兵，希望政府能藉由和平與相互理解來化解糾紛。

不過，米利根的想法顯然不切實際。一八六四年秋，美國印第安那州聯邦軍事法庭以謀反為名，將米利根及其同夥逮捕入獄，並迅速判處絞刑。次年南北戰爭結束，林肯遇刺身亡，繼任的安德魯．詹森（Andrew Johnson）總統批准了米利根的死刑判決。米利根是一名律師，懂得保護自己的權利，遂向聯邦巡迴法院請求人身保護令，表示軍事法庭沒有權力審判平民，希望改為普通法院重新審理。當時負責巡迴法院的戴維斯法官意識到問題，遂致函總統要求改變死刑決定。他們表示，軍法審判平民的合法性一直受到質疑；從法律的角度來看，最好應由最高法院對該案進行複審。

詹森總統被說服了，他下令免除米利根及其同夥的死刑。一八六六年三月底，最高法院公布了它的判決。儘管當時的大法官當中有半數是由林肯任命，但他們卻和其他大法官一致，投票判決米利根及其同夥必須被釋放。他們在判決書中共同寫到：以印第安那州當時的狀態，戰爭尚未波及到該州，法院也尚未處於關閉狀態；在這種前提下，無論是總統或國會授權同意終止人身保護權，都無法拘束這些和平地區。憲法保障的人權必須受到嚴格的保障，聯邦設立的軍事法庭在任何條件下都對米利根沒有管轄權，不得以軍法來審判平民[13]，更無法中止他的人身保護權。

看得出來，米利根案與梅里曼案大同小異，結果卻完全相反，主要是因為時點不同。米利根案判決時，內戰已經快要結束了，故在涉及軍方對平民的司法管轄權問題上，大法官們很自然會傾向於和平年代的法治和秩序。至此，困擾美國多年的人身保護令問題，總算獲得了解決。14

否認南方政權合法性的「德州訴懷特案」

南北戰爭後，聯邦政府為填補拒絕承認南方脫離聯邦之事實漏洞，對於戰後涉及南方政府的一切糾紛，也往往刻意隱蔽。在著名的「德州訴懷特案」（Texas v. White）中，屬於南方政府的德克薩斯州在南北戰爭前後為解決經費不足問題，陸續發行大量債券，並約定在到期後連同本金與利息一同償還。一位名叫喬治．懷特（George W. White）的商人當時購買了大量債券，戰爭結束後向德州政府請求兌現債券，卻沒人願意買單。以新任首席大法官蔡斯主導的最高法院最終認為，美國各州無權脫離聯邦，故德州以前退出聯邦的行為是無效的，而德州分裂後所做的一切法律行為也連帶無效。這相當於承認了林肯的南方「叛黨說」。

13 目前美國認為，平民在觸犯嚴重罪刑的狀態下，仍能接受軍法審判；與之對照，中華民國憲法第九條規定，平民一律不受軍法審判，非戰時狀態軍人亦不受軍法審判。

14 米利根案的辯護律師詹姆士．加菲爾（James A. Garfield）聲名大噪，後來成為美國第二十任總統。

這項判決在戰後北方人占據話語權的情況下爭議不斷，但南北戰爭脫離聯邦是否有理可據的問題，此時也終於一錘定音，宣告結束。

有趣的是，本案聯邦最高法院並沒有蓋棺定論地認為聯邦一旦加入即不可退出，而是表示「除了透過革命或各州同意外，沒有重新考慮或撤銷的餘地」。[15]蔡斯大法官的意思是，州仍可以退出聯邦，但前提是通過其他各州的同意；或是在其他各州不同意的情況下，州發動戰爭迫使他們同意。

那麼，美國各州真的能根據蔡斯大法官的見解脫離聯邦嗎？答案是否定的。美國國會是美國最高立法機構，由參眾兩院組成。倘若今天德州要脫離美國聯邦，國會議員們為了保護自身州的利益，基本上不會同意；即便德州是如今眾議員席次最多的州，一共占三十八個席次，但在四百三十五個總席次當中仍顯得微不足道。另外，在如今州權越來越式微的情況下，最高法院也不會通過有利於脫離聯邦的解釋。因此，美國各州不可能脫離聯邦，除非再一次開啟內戰。但回顧南北戰爭的慘劇，相信這也不是我們所樂見的事情。

▼結語

南北戰爭是美國社會文化與氛圍、產業結構下的必然結果，就像是法國大革命乃至於清末的民變起義，它屬於歷史總總問題結合的結果。沒有南北戰爭，美國就不是一個真正統一的國家；更重要的是，沒有南北戰爭，就沒有之後的強大的工業帝國，更沒有之後引導世界鋼鐵、汽車、化工、石油、飛機、機械等先進生產與製造技術的磅礴地位了。

從政治上來說，一個成熟和高明的政治家在做出影響國家前途的重大決策時，必須不拘泥於法律、宗教、名聲等外部因素，而只為國家和民族的未來負責。林肯寧可違背憲法也要對南方邦聯發起戰爭，目的就是為了創造一個強大的國家。他奠定了美國強大的基礎，制止了分裂的傾向，也使這個以民主體制聞名於世的國家在歷史的考驗下站得住腳。聯邦在後續重建時代的經濟表現十分突出，西方各國承認民主體制不易成為暴民政治，最終讓美式民主推廣到全球各處。

從法律的角度思考，憲法條款當然應該由最高法院來解釋，這是既定的規則，誰也不得破壞。可這場戰爭中的人權或州權問題，並不是單方面能定論到底誰正確：它們之間的衝突，是權力分立下各司其職的必然結果。總統在乎的是國家的未來與歷史定位，因此他必須適時「超前部署」；司法在乎的是防止公權力跳脫出牢籠，因此坦尼必須永遠站在政府的對立面；國會在乎的是人民權益，因此他必須在力挺由民意選出的總統之餘，同時在兩者間擔任平衡的角色。可以說，林肯與坦尼都是在憲政體制所允許的情況下做出合理的判斷，他們最後的衝突與和解，也充分展現出權力分立體制的損益。

15 原文：There was no place for reconsideration or revocation, except through revolution or through consent of the States.

需要注意的是，南北戰爭並沒有真正顛覆既有的權力分立結構。坦尼所擔憂的人權問題在最高法院同心協力下，最終收回了人身保護令的管轄權，而戰時總統的擴權問題也在詹森總統上任後回復平常。這些都有賴於總統的負責、法院的獨立，以及國會的自制。關於林肯與坦尼的衝突，後世的大法官羅伯特．傑克遜（Robert H. Jackson）在一九五四年去世前不久說過一段話，可以用來概括南北戰爭的憲政問題：

> 假如林肯先生小心謹慎地奉行坦尼的政策，我不知道我們是否會有自由；而如果首席法官把林肯先生的哲學做為法律哲學，我也不知道我們是否會有自由。

1815 年（維也納會議後）歐洲各國國體

1914 年（一戰前夕）歐洲各國國體

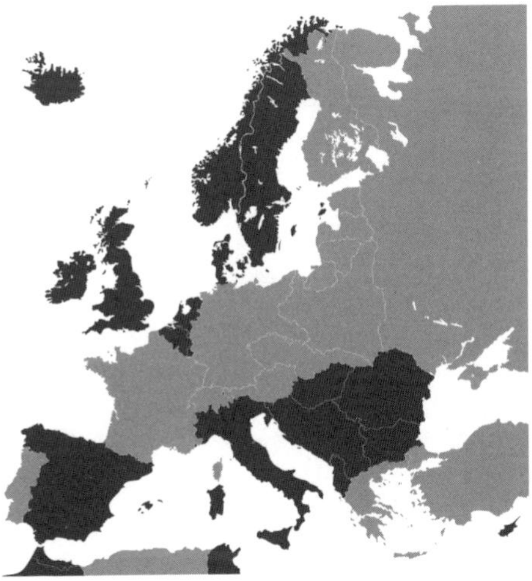

1933 年（二戰前夕）歐洲各國國體

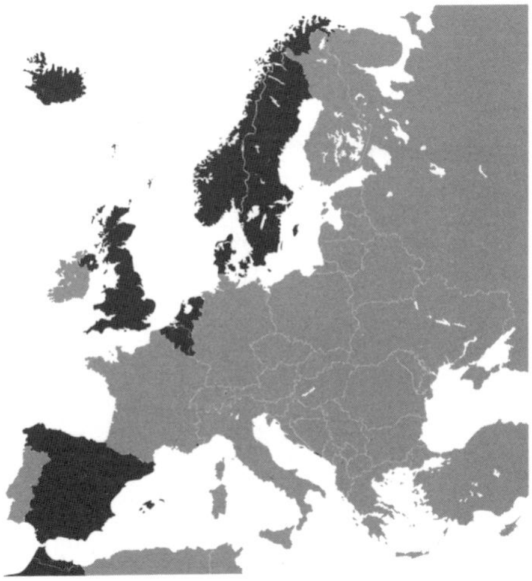

當前歐洲各國國體

藍色為共和政體，紅色為君主政體

04
CHAPTER

保障契約自由與貿易優先的洛克納時代

1873～1920

《碼頭工人的中午》，約翰．喬治．布朗（John George Brown）繪，1879 年，華盛頓特區國家美術館

該期間重大事件

- 1873 馬克．吐溫出版《鍍金時代》，標誌美國經濟財富突飛猛進
- 1882 《排華法案》生效，美國從此暫停華人移民入境
- 1897 「阿爾蓋耶訴路易斯安那州案」（Allgeyer v. Louisiana）判決，首次以實質正當法律程序保護私人契約為由，宣布州法律無效
- 1898 「美國訴黃金德案」結束，確立美國兼採公民權屬地主義
- 1899 美菲戰爭爆發，美國至此屹立世界強國之林，擁有左右世界局勢之影響力
- 1900 國內國民生產毛額達到一百八十七億美元，工業生產總值與人均收入位列世界第一
- 1904 「北方證券公司訴美國案」結束，國內反壟斷法從此開始生根發芽
- 1905 「洛克納訴紐約案」判決，確立最高法院得有權取消一州通過的經濟法規
- 1913 《第十六修正案》通過，允許聯邦政府徵收所得稅
- 《第十七修正案》通過，確立代表各州的美國參議員必須由民眾直接選舉
- 1917 美國於一戰末期受「德國無限制潛艇政策」所擾，以維護自由民主安全為由，對德宣戰
- 1918 第一次世界大戰結束，歐洲傷亡巨大，美國的全球影響力大為提升
- 1919 《第十八修正案》通過，禁酒時代開始
- 《第十九修正案》通過，確立女性公民選舉權地位
- 1920 禁酒令實施細則《沃爾斯泰德法》生效

導言

十九世紀最後三十年和二十世紀最初二十年是美國經濟迅猛增長的時代。隨著工業革命拉開序幕，美國從小工廠手工業向大機器工業過渡，從勞動密集性經濟向資本密集性經濟過渡，北方地帶迅速都市化。直至一八九〇年，全美已經有三分之一的人口居住在城市裡，紐約更成為全球第一座人口超過一百五十萬的現代大都市。

本章名為「洛克納時代」，名稱來自一九〇五年的「洛克納訴紐約州案」（Lochner v. New York）。當時正處於紐約經濟與人口急速增長的階段，為了使麵包坊能大量供應產品，許多麵包師都是睡在麵包坊裡隨時待命，長久以來對健康不甚良好。在社會運動不斷抗爭下，紐約州通過了一部《麵包坊法案》，禁止麵包店雇員每天工作超過十個小時。可是一家麵包坊的老闆約瑟夫．洛克納（Joseph Lochner）卻觸犯了該條法律。法院要求他立刻繳納五十美元的罰款，並在監獄裡服刑五十天。洛克納不服判決，將自己的案子上訴到聯邦最高法院，終於成功推翻了紐約州的《麵包坊法案》。

洛克納的律師主張紐約州《麵包坊法案》違反了第十四修正案中「政府不經正當程序，不得剝奪任何人的生命、自由和財產」這一項要求。在他看來，做為私人經營者，想和工人簽怎樣的合同是自己的自由，雙方都明白各自的權利義務，誰都沒有被強迫，因此紐約州的法律不應插手。最終，最高法院以五比四的比例支持洛克納勝訴，並依違反憲法第五和第十四修正案的「正當程序」條款為由，判決《麵包坊法案》無效。判決原文表示：

這個法律必然干涉了僱主和雇員間訂立合同的權利，這項權利涉及到雇員在僱主的麵包店裡的工作時間。對自身事務簽訂合同的普遍權利，是由聯邦憲法第十四條修正案所保護的個人自由權的一部分。

洛克納案是鍍金時代（Gilded Age）中最具名氣的一場判決，因此歷史學家皆以此通稱該時代為「洛克納時代」。這是一個高度契約自由，對企業家與創業者空前友善的年代，同時也是對勞工極不友善的時代。在這段期間，國會曾試圖通過數起勞工福利政策，但皆被聯邦最高法院判決違憲。雖然洛克納案一直伴隨頗多爭議與批評，但不得不承認，此案帶來的影響大大鞏固了美國的憲法和司法穩定，也加強了聯邦與各州的司法管控。

美國在一躍成為世界上最強大的工業國家的同時，個人主義的傳統在此期間得到了前所未有的強化。人們相信在自由放任的市場裡面，透過勤奮不倦的奮鬥，不只能讓自己換取更好的生活水準，更能讓國家變得富強。所有阻礙自由貿易的法案政策，都是阻礙時代進程的絆腳石。人們崇信經濟學之父亞當．史密斯所揭示的古典經濟學理論，認為政府在經濟政策上管得越少越好，市場有雙「看不見的手」（invisible hand）能自行修復並調整到最適當的樣子。這一思想某種程度影響了最高法院，並一直持續到大蕭條時期。

隨著經濟的發達，美國的憲政思維開始轉變。州權與聯邦的權力衝突成了過去式，此時應探討的最大問題成了是否該延續經濟自由放任原則，抑或是為保障勞工權益福利而立法進行規制。平民百姓自然希望能改善社會環境、促進公共福利，這種進步主義思想連帶影響到為人民發聲的立法機關。它們試圖推行種種福利法案，制約毫無節制的資本主義；一時間，勞工福利、反壟斷、反貪腐紛紛成了最高法院辯論交鋒的最大主軸。

美國是有史以來第一個推出反壟斷法的國家。正如政治上的絕對權力必然導致絕對的腐敗一樣，經濟上的絕對權力也會導致相同的腐敗。在美國迎來前所未有的經濟發展時，為了追求更多的利潤，企業會通過合併與兼併來實現規模效益，從而降低生產成本增加產出；可是企業的合併減少了市場競爭，自然導致特定企業壟斷。壟斷不僅會抬高企業產品和服務的價格，還會扼殺和限制創新的動力。對壟斷消極後果的擔憂，最終促使十九世紀後期美國反壟斷法的出現。

至於貪汙腐敗問題，在金錢至上的鍍金時代，政商的不當勾結逐漸引起人們的重視。在此之前，美國往往將政務官與事務官混為一談，對於應對行政具備一定專業知識的事務官幾乎沒有統一的篩選標準。這種制度除了容易催生腐敗，亦使人事任命變得相當倚靠政治表態甚至行賄。

為改革文官體制，切斯特・艾倫・亞瑟（Chester Alan Arthur）總統時期的國會通過了著名的《彭德爾頓法案》（*Pendleton Civil Service Reform Act*）。這項法案把自由競爭機制引入文官的選拔錄用，並廢除由政務官選任班底、有權任免任何事務官的制度，改成憑個人能力決定任免升降的功績制。該法明文規定政府舉行公開考試擇優錄取的原則，政府針對錄用問題「不提供任何基金或承擔任何義務，也將不會因拒絕提供基金或承擔義務而彼此免職或另眼相待」。

不過，在《彭德爾頓法案》表決時，眾議員威廉・威廉姆斯（William M. Williams）提出了不同的建議，他認為「這個法律在總體上違背了共和原則，必將顛覆民選政府」。依照威廉姆斯的看法，如果除了總統、州長、議員外，其他官員都不能隨民選政府的變化而變化，那麼民選的意義又何在呢？威廉姆斯的看法並非沒有道理。因此，如今文官需要公開考試的規定只適用於技術性較強的官位，少部分高官仍保持「分贓制」（Spoils system）。[1]

第一次世界大戰是美國取代歐洲霸權地位的關鍵時刻。歐洲各國疲敝使得美國趁勢向海外擴張，並崛起為世界大國。由於國際局勢隨著時代日新月異，美國需要一個得以迅速應變外務政策的政治機制，為此國會授予了總統一定程度的執法裁量權，行政部門的巨大權力讓總統得以一定程度繞過國會和司法的監督，無須經國會背書就可以有法律上的效力。一戰期間，總統授予財政部長麥卡杜掌管全國的跨州鐵路，並為州內鐵路設定費率，此舉引發部分鐵路公司的不滿。但在一九一九年「北太平洋鐵路公司案」中，首席大法官懷特支持了總統的行為。從此之後，總統的實質權力不斷擴大。

在一八七三至一九二〇年間，共有第十六、十七、十八、十九修正案通過並實行。《第十六修正案》旨在允許國會在未按各州比例分配或考慮人口普查數據的情況下直接徵收所得稅。

《第十七修正案》通過前，聯邦參議員原本是由州議會選舉而非公民直接選舉，其法律源於美國憲法原文「合眾國參議院由每州州議會選舉的兩名參議員組成」。但州議會時常透過收買及暗箱操作來操縱選舉，因此該修正案規定，聯邦參議員需由公民進行直接選舉選出，並取代了憲法第一條第三款參議員選舉辦法的規定。

《第十八修正案》為禁酒案，涉及道德與法律問題，將在本章有精彩描述。

《第十九修正案》推翻了「曼勒訴哈波瑟特案」（Minor v. Happersett），禁止任何美國公民因性別因素被剝奪選舉權，使性別平權邁出了堅實的一步。

1 「分贓制」又稱「獵官制」，即政治任命。包括由美國總統提名、參議院同意之國務卿、財政部長、國防部長、司法部長皆屬之。

《彭德爾頓法》最初由美國第二十任總統詹姆士．加菲爾德（James Abram Garfield）大力推動，但他因此得罪大批既得利益者，最後遭一名失意的求職者查爾斯．吉托（Charles Julius Guiteau）刺殺身亡。繼任總統切斯特．亞瑟（Chester Alan Arthur）成功訂立該法。1881 年，《弗蘭克．萊斯利新聞畫報》

第十九修正案通過後，女性初次參與投票的熱況。1917 年，美國國會圖書館

8

誰在美國出生，誰就享有美國公民權

——排華法案與美國訴黃金德案

一個人只要出生在美國就能成為美國公民，還是只有父母是美國公民才能獲得公民身分？如今，美國憲法保證的公民權利是「出生地主義（jus soli，又稱屬地主義）」為主，在美國出生的兒童都可成為美國公民。如果未出生於美國本土，則以「血緣主義（jus sanguinis，又稱屬人主義）」為輔：夫婦兩人都是美國公民，且至少其中一人在美國居住過，那麼他們的海外子女一出生即獲得美國公民身分。倘若海外夫婦只有一方是美國公民或是美國公民在海外未婚生子，聯邦政府也寬鬆任定：符合條件的子女一出生即為美國公民。

事實上，在南北戰爭結束前，美國並沒有對公民身分給予明確的解釋。雖說以「出生地主義」判斷公民身分在法律上一直占有主導地位，但法官們基本上都有權依照自己的看法進行審判，使得法律見解容易出現例外。因此在戰後，國會決定通過修憲，明文確定到底是採用「出生地主義」還是「血緣主義」。第十四修正案給了明確的解釋：

凡出生或歸化於美國並受其管轄之人，皆為美國及其所居之州之公民。

依照該條文，它不只提到非裔美國人，而是「所有人」，亦即所有在美國出生的兒童一出生即擁有美國國籍，無需考慮父母的國籍。該憲法修正案實際上承認了出生地主義才是主流，並推翻了美國最高法院於一八五七年對史考特特案做出的裁決。

然而，「出生公民權」（birthright citizenship）的爭議並未因入憲而停止。在十九世紀末的美國，這項見解並不適用於所有人種，國會議員們對於第十四修正案的適用範圍有不同的解讀。舉印第安原住民為例，第十四條修正案的前身——《一八六六年民權法案》曾明文規定，「所有在美國出生並且不在任何外國權力管轄之下的人，除不被課稅的印第安人之外，皆因此成為美國公民」。所謂「不被課稅的印第安人」，指的是居住於保留區內的部落原住民，他們不被納入美國公民的範圍。

至於脫離部落，並按時繳稅的印第安人呢？他們出生在美國本土，而憲法修正案並未提及排除印第安人的條款，本應默認印第安人擁有公民地位。然而在許多政治家的操縱下，他們多半有意無意地排除這些維持部落聯繫的美洲原住民。一八八四年，最高法院在「厄爾克訴威爾金思案」（Elk v. Wilkins）就認為，自願脫離部落的原住民並不自動成為美國公民。這種情況一直持續到一九二四年，國會才姍姍來遲地通過《印第安人公民權法》（*Indian Citizenship Act*），賦予所有原住民「出生公民權」。

另一個問題來了，那麼在太平洋彼岸的華人是否同樣適用「出生公民權」？美國是一個以移民起家的國度，一直是全球各地許多人夢想改變悲苦宿命的歸屬。根據一七九〇年起的美國人口普查，美國人口從一七九〇年至一八六〇年間每十年都增長超過百分之三十。這樣的增幅很大一部分要歸功於該時期的人口大遷徙，美國大量移入了來自西歐、北歐和亞洲的移民。

然而在以盎格魯薩克遜人為主體的社會中，反移民情緒一直存在，先來的排擠後到的。十八世紀的英格蘭移民歧視一八五〇年後大量湧入的義大利、愛爾蘭、葡萄牙人，而他們又歧視在二十年後大量湧入的華人移工，形成了一條層層相輕的歧視鏈。又因為華人實在與西方文化格格不入，美國人對華人的種種尤為排斥，甚至出現了針對華裔的歧視性立法。

那麼，這群在美利堅備受排擠的華人，能否順利取得這個移民國家的公民權呢？在一八九八年「美國訴黃金德案」（United States v. Wong Kim Ark）當中，最高法院最終確立了出生地主義的美國公民權標準。

一八五〇年淘金熱與華人移民潮

華人之所以大規模湧入美國，源起於一八五〇年。當年加州發現了大片金礦，消息一出，立刻吸引了世界各地的人們爭相來到加州淘金。在那個年代，滿清的政局動盪，華中、華南地區爆發的太平天國運動使國內死傷慘重，許多人為了躲避戰亂謀求更好的生活，便選擇遠赴海外。而當時的美國並無成熟的移民制度，邊境檢查更是無從談起，寬鬆的邊境管理吸引了華人的目光。據統計，一八四九年僅有三百多名華人湧入加州；然而三年後，這一數字便達到了兩萬名之多。

加州的淘金熱很快便告一段落，華人有一部分選擇返回中國，更多人選擇留了下來。隨著美國國土不斷西擴，西部地區需要越來越多的人力和基礎建設來促進工農業的發展，這一過程被稱作「西進運動」。華人選擇響應西進運動，在美國工作賺錢。

一八六五年，在美華人來到五萬人。也就是在這一年，美國中央太平洋鐵路公司開始招收華人勞工；他們工資低、能吃苦、願順從，迅速得到了美國資本家的認可。隨著名聲遠播，很多鐵路公司都開始招收華工。他們曾說這群華工「對惡劣環境毫不吃驚，神色淡然地搭起帳篷，簡單吃過晚飯就回去睡覺」，甚至「不知道他們是幾點起床」；隔天一早到工地，就看到這群人早已開始上工。

一八六八年，中美兩國簽訂《中美天津條約續增條約》[2]，大幅擴大了中美貿易和移民規模。但條約中並沒有涉及兩國公民在對方領土出生子女的公民權問題。至於歸化方面，條約規定：「給予居住在對方國家的兩國公民特許的權利，但是，入籍之權被排除在外。」

美國人最初面對華人移民的陌生臉孔時，充滿著不信任、不滿和歧視。許多政治家認為「中國人是一群完全不同的種族，無法被美國同化，若不加以限制，將對西方文明構成威脅」。這句話反映出當時許多白人內心真實的想法。

華人最初剛到美國西岸時，當地資本家很樂意雇用他們。華人非常聰明，一教就會，工資要求也不高，通常是有什麼就做什麼。但對在美國當地生活的愛爾蘭、西班牙、義大利、墨西哥與非裔移民來說，華人無疑是礙眼的存在。華工傷害了他們的既得利益，使得原本競爭的勞工市場更加激烈；而當勞工們極力爭取工作安全、同工同酬、八小時工作制時，華工不僅拒絕加入工會，而且還和資本家站在一塊，在罷工期間領著更高的薪水去上班，讓許多罷工活動淪為失敗收場。

至於對華人來說，大多數並不將美國視為安身立命之地，只是來這裡短期打工，等年老體衰就要衣錦還鄉了。因此，華人對社會議題漠不關心，不納稅，不參與勞工運動，不參與選舉，甚至因當地鐵路主任的施予小惠，便在選舉期間投向某位政治家。華人的行為和競爭力已經不只影響到其他勞工，更影響了加州的民主政治。

最關鍵的一點在於，大部分華人來到美國，只是把美國當作一個暫時居住的地方。除了基本的民生用品，在當地幾乎不消費，不去買房或汽車等長期商品，美國政府沒有辦法透過徵稅向華人撈到好處；若持續這樣下去，將會造成美國大量的財政損失。

▼《排華法案》的產出與工會的推波助瀾

一八七〇年代開始，排華情緒在美國的土地上肆虐。美國發生了諸多針對華人的暴力事件，譬如懷俄明領地的一處荒野小鎮石泉城，白人工會針對華人礦工發起有計畫性的屠殺事件，沿路燒毀七十五處華人住宅，看到逃難的華人便舉槍射殺，最終造成二十八名華人死亡。然而，各州的立法部門不但沒有同情，反倒放任歧視繼續存在，並以各種法令限制華人的就業環境，其中以華人最多

2 該條約又名《蒲安臣條約》，是晚清帝國在一系列不平等條約後，第一件簽署的相對平等的對外條約。

的加州尤為嚴重。一八七九年，加州規定工商業者不得「以任何形式聘用華人」，迫使大批華人離開該州，留下來的華人只能自己創業，多數人則以簡單的洗衣業維生。但一八八〇年，舊金山市政府再度頒布了一項市政法令，要求在木造房屋開設的洗衣房必須獲得政府批准，違者將被追究刑事責任並處以罰款。在當時，全市三百二十間洗衣房中有超過百分之九十五為木造，並有超過三分之二是由華人經營。

儘管舊金山市政府強調立法的目的在於防火，然而有火災隱患的人口密集區域，根本不被允許使用木頭製造房屋，因此這等同於是繞了個彎、名正言順地掣肘華人。後來華人李益

石泉鎮大屠殺，1886 年《哈珀週刊》插圖

憤而提起訴訟，在「益和洗衣店訴霍普金斯案」（Yick Wo v. Hopkins）中，最高法院才以憲法第十四修正案的「平等保護」原則為由，廢除舊金山市政府的立法。

華人並非一直都能像李益那樣，能使用法律與憲法保護自己。有很長一段時間，美國的立法權總是偏袒白人，而華人對司法不瞭解，很難以訴訟形式推翻立法，美國的司法體制也往往默認這樣的社會氛圍。一八七八至一八七九年，美國西部和南部議員聯合起來，向國會提交了著名的《排華議案》，要求限制華人入境美國。雖然這份議案最終因為不符合《蒲安臣條約》所規定的內容，最終被予以駁回，但排華問題從此成為全國性議題。在國會中，民主黨議員為爭取工人支持，傾向支持排華；共和黨出於廉價勞動力有利經濟發展的理由，反對全面排華。支持排華者稱：

> 中華帝國有四億人口，構成了全球人口的三分之一，這就是一片籠罩在太平洋沿岸處女地上的巨大陰雲……（一旦開放他們過來，他們）會如蝗蟲般蜂擁而至。[3]

反對排華者則認為，當時在美國的華人不過十萬人而已，相較於總人口數五千餘萬[4]的美國，簡直可以忽略不計，他們反問：

---

3 曹雨，〈美國一八八二年排華法案的立法過程分析〉，《華人華僑歷史研究》二〇一五年第二期。

4 據一八八〇年的美國人口普查，美國總人口數為 50,189,209 人。

國內所有的華人加起來還不超過我國人口排名第十六位的城市。加州的全部華人加起來還不如上海租界裡的中國人多，何況我們在上海只派了一百個警察就把他們管得服服貼貼，為什麼在加州就會成為問題呢？5

部分觀點先進的議員，更是大力反駁那些單以種族歧視、論斷華人不得成為美國公民的人們：

華人已經受到了嚴重的歧視。美國法律規定，只有白人和本土出生黑人的後裔能成為美國公民，如果說華人不可同化，那是因為他們從來就沒有被給予這樣的權利。他們在加州的遭遇能夠讓他們接受被同化嗎？6

可惜的是，在工會的巨大壓力下，支持排華的議員還是在國會中占了上風。一八八二年，參議院以二十票對十五票、眾議院以一百六十七票對六十六票通過《排華法案》（*Chinese Exclusion Act*），根據該法規定，十年內不得引進華人移工至美國，已經生活在美國的華工則不具備獲得美國公民權的資格，他們不許帶著自己的妻兒來到這裡，也不許娶白人女性為妻。除了華人勞工外，這部法案也影響到非勞工的華人移民。任何想離開美國的華人，再次入境美國時都必須重新取得證明。

然而好景不常，華人移民出入美國國境的權利，也隨著一八八八年美國政府通過的《史考特法案》（*Scott Act*）被取消了。這則法案來得又急又不講理，只要華人離開美國本土，就喪失在美國合法生活的資格。當年共有兩萬名不在美國境內的華人正在返鄉途中，他們原以為自己只是暫時離開，卻沒想到再也無法返回美國，一夜之間失去了工作和家人。緊接著在一八九二年，美國國會再度通過《基瑞法案》（*Geary Act*），將《排華法案》的有效期延長十年。究其箇中緣由，無非是聯邦政府想要趕走那些還在美國的華人。

對於一個身在異鄉、處處受到排擠的族群來說，這無疑是痛苦的折磨。其中也包括本章的主角，來自中國的二代移民黃金德。

5 同註3。
6 同註3。

「別使用他們，除非你想變髒！」在一張宣揚洗衣粉的廣告中，海報公然描繪了歧視性的排華情緒，代表美國形象的山姆大叔拿著洗衣粉，將華人逐出美利堅。

工人黨（WPUS）在舊金山市政廳前遊行，表達對華人移民的憤怒情緒。1880 年 3 月 20 日，弗蘭克．萊斯利（Frank Leslie）繪

▼美國訴黃金德案

一八七三年，一對來自廣東的華人夫婦在美國加州舊金山生下兒子黃金德。他的父親是一名小貿易商，英文流利，經濟小康，將華人商品銷往白人社區而聞名當地。可惜後來美國西岸經濟不佳，失業者眾，加州政府更推出一系列歧視法案，華工成了待罪羔羊，父親的工作持續不下去了，只能閒置在家。黃金德找到了一份唐人街餐館的廚師工作，雖然薪水微薄且工作勞苦，但為了家計只得勉強維持。

隨著排華運動越發嚴重，為了不讓父母受苦，黃金德於一八九〇年帶雙親返回中國，隨即又乘船返回美國，這一年也是聯邦政府頒布《排華法案》後第八年。理論上，黃金德已經不具備返回美國的權利了，但或許是海關不明白法律，也或許是黃金德本人也不明白法律的細節而表現得太過自然，他在進出過程中完全沒有遇到任何阻礙。黃金德返回美國，並繼續從事廚師工作。

在加州工作四年後，一八九四年十一月，黃金德再次踏

美國移民局於 1904 年拍下的黃金德照片，以及黃金德的簽名

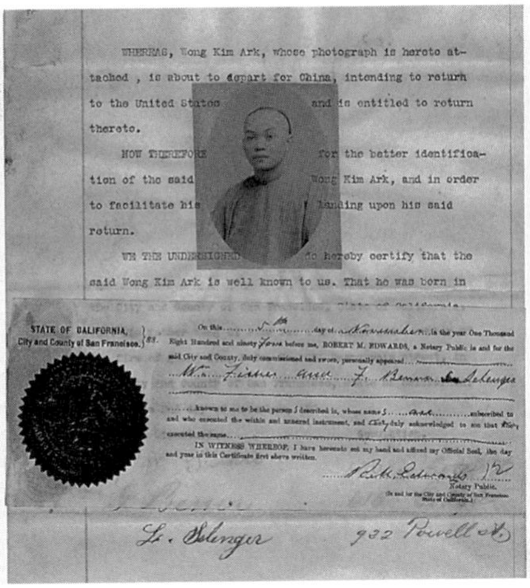
WHEREAS, Wong Kim Ark, whose photograph is hereto attached, is about to depart for China, intending to return to the United States and is entitled to return thereto.

NOW THEREFORE for the better identification of the said Wong Kim Ark, and in order to facilitate his landing upon his said return.

WE THE UNDERSIGNED do hereby certify that the said Wong Kim Ark is well known to us. That he was born in

STATE OF CALIFORNIA, City and County of San Francisco. } ss.

On this 5th day of November in the year One Thousand Eight Hundred and ninety Four before me, ROBERT M. EDWARDS, a Notary Public in and for the said City and County, duly commissioned and sworn, personally appeared

IN WITNESS WHEREOF, I have hereunto set my hand and affixed my Official Seal, the day and year in this Certificate first above written.

Notary Public, In and for the City and County of San Francisco, State of California.

黃金德在 1884 年的公證身分資料

上了返鄉之路。行前他準備了返回美國所需的身分檔案，一份由加州政府所批准的公證文書：上頭載明黃金德是生於舊金山的美國公民，明確表明他具有返美的意願和資格。

可是一年後，當黃金德乘船返回舊金山港時，卻被海關徵稅員約翰．懷斯（John Wise）攔下。當時的美國沒有移民官員，出入境的一切問題都由海關徵稅員定奪。當黃金德出示在美國出生的身分證明時，懷斯則處處刁難，聲稱黃金德雖在美國出生，卻不是美國公民。他想找剛成立不久的移民局尋求幫助，但移民局也聲稱他不是美國公民，故而「沒有資格踏足美國土地」。[7]黃金德被扣押在船艙中，不得自由行動。黃金德就這麼在太平洋上漂流了整整五個月。他炒得一手好菜，科普特號的海員待他十分友善，但這艘輪船畢竟是移動囚室，遼闊的海洋成了阻止黃金德和家庭相聚的一道牆。黃金德的心理並不好受，身形也漸漸消瘦。

7 徐開基，〈美國的出生公民權：緣起與適用範圍〉，《人文與社會學報》第三卷第八期，二〇一九年五月，頁一二九至一五〇。

同一時間裡，黃金德的消息傳入了美國華人圈。美國華人民權運動家們都憤怒不已，其中最著名的民權運動領袖當屬王清福。他幼年在青島被美國傳教士收養後赴美，之後畢業於賓州路易斯堡大學。王清福善於演說，是華人界的精神領袖。他曾發起撼動全美的拒領「居留證」運動。美國直到今日都沒有統一的身分證，身分證在國內被認為是控制個人的手段，可是在一八九二年，《基瑞法案》卻強迫所有華人都必須登記和領取居留證，否則將被驅逐出境。在王清福的號召下，華人紛紛無視該法案，拒絕領取證件。美國政府最終也意識到問題，修改了法案相關規章。

當王清福得知黃金德的消息後，他立即伸出援手，請求中華會館（CCBA）聘請律師托馬斯·雷奧丹（Thomas Riordan）為黃金德申請人身保護令，並起訴美國政府。同時，他也積極營造輿論氛圍，將這起案件變成歷史性的司法大戰。雷奧丹的起訴書如此表示：

> 一個生於美國的孩子，他的父母在生他時是大清國的子民，但他們在美國有永久居住地，他們有自己的生意，他們也不是清政府的公務人員或外交使節。因此這個孩子在出生時就自動成為美國公民，這是第十四修正案第一條明文規定的。這相當於明確了一個概念，『生於美國國境內並因此受美國法律制約的人，都是美國公民』。

一開始，這起案件由加州北區地方法院審理，雙方的辯論的爭點聚焦於第十四修正案的「凡出生或歸化於美國並受其管轄之人」。依照該法條來解讀，如果要成為美國公民，必須符合兩個要件，一是「出生或歸化」，二是「受到美國管轄」（subject to the jurisdiction thereof）。前者很好界定，但究竟要如何界定「受到美國管轄」呢？一個孩子在美國的醫院出生，就算是受到管轄嗎？如果他是在非法醫院出生的，是否就不算美國公民？

雷奧丹律師採用了非常寬裕的解釋，認為受管轄的含義就是「受到美國法律的管轄」。在這樣的理解下，他國公民進入美國後就應遵守其法律，只要在美國法律效力能及的範圍內，所有在美國出生的人都會根據出生地原則，成為美國公民。他聲稱黃金德出生於舊金山，那他就是美國公民，享有一切公民權利。雷奧丹還找到了一八八四年「陸天先案」（In re Look Tin Sing）[8]的相關資料，這件案子和黃金德案頗為相似，也是一個加利福尼亞出生的華人在返美時被拒絕入境。聯邦法庭的某地區法官判決陸天先勝訴，並宣布在美國司法管轄區出生的兒童無論血統如何都是美國公民，而聯邦政府並未提出上訴。

聯邦政府也不甘示弱，它提出了相當特別的法律觀點：「受其管轄」的意思是「從政治上受合眾國的管轄」，意即政治上效忠於美國，願意接受美國的文化，並認同這個國家。這樣的解讀是來自於國際公法中的慣習，國際法學者們認為一個具備某國國籍的人，必須與那個國家產生「真實聯繫」，而最好的代表就是「效忠義務」。黃金德的父母都不是美國公民，且他們並沒有受過良好的

8 陸天先因後來更名為陸潤卿，此案又稱為陸潤卿案。

美式教育，更沒有要效忠美利堅的意思——否則他們便不會離開美國了——沒有這樣的大前提，黃金德也就不是美國人。除此之外，美國地區檢察官更極力申辯黃金德與白人的差異性：「無論從種族、語言、膚色或穿著打扮上來看，他都是一個中國人，而他現在就是個在美國工作的華工而已。他沒有資格入境，更沒有資格長時間停留在美國！」

好在，加州北區地方法院的法官威廉・莫羅（William W. Morrow）審理後，同意依循陸天先案的先例，於一八九六年一月判決黃金德具備美國公民的身分與一切權利，包含出入境的權利。但問題並沒有就此結束。當時的美國總統是西奧多・羅斯福（Theodore Roosevelt），他對華人移民問題態度保守（後來也是他在一九〇二年取消了《排華法案》的時限，使法案得以無限期生效），且做為民選代表，他不得不做出反映美國人民普遍情緒的對應方式。因此，他以「該案在公民權問題上可能具有的深遠影響，不應該由巡迴法庭來解決」為由，主動向最高法院提出上訴，希望取得扭轉，因此該案又稱「美國訴黃金德案」。

▼最高法院的判決

當訴訟文書擺上了聯邦最高法院的案頭時，大法官們都明白，本案表面上雖然只是涉及一名華裔勞工的去留，卻隱含了美國公民權到底如何判定的終極問題。

當時的聯邦最高法院首席大法官是梅爾維爾・富勒（Melville Weston Fuller），在他的時代，最

左圖是馬克吐溫，右圖是富勒大法官

高法院以信奉自由放任哲學、順應美國鍍金時代的資本主義思潮著稱。關於他的長相有很多有趣的軼聞，傳說他身材矮小，在他就任後，最高法院還特別訂做了加高的椅子，以便他能與其他法官「平起平坐」；有人說富勒長得很像馬克．吐溫，而事實上也是如此，他們都擁有一個標誌性的濃密八字鬍，馬克．吐溫更曾被誤認為是富勒，被街上路人攔住，索要這位大法官的簽名。[9]

富勒法院是保守派占主流的法院，主張全盤繼承最高法院的慣例和傳統。富勒的同事奧利弗．霍姆斯為此抱怨說：「富勒憎恨一切變革，甚至不肯把原來兩個小時的午飯時間縮短為半個小時。」總的來說，富勒法院基本上屬於守成，不喜歡太大的變革；但很有趣的是，也正是因為他們的「不動」，最終做出了「大變革」。

美國一直以來的慣例，都是承自英國海洋法所確定的古

9 事後馬克．吐溫曾幽默地回憶道：「美食使我不再飢餓（full），您的稱讚使我更加『腹樂』（fuller）。」

老原則「出生地主義」，只要出生在該國領土內，就能自動獲得該國國籍。美國之所以採用這項判例，是因為在建國時期並沒有華人問題，各國之間的交流大部分只聚焦在歐美為主的白人國家。而屬地主義也正好能讓當時急需勞動力的美利堅補充人口數。

黃金德案的年代，保守的最高法院既認為應該維持白人的利益，卻同樣主張延續原有的判例。正所謂魚與熊掌不可兼得，如果要維持判例，就必然會擴張華人權益；若要限縮華人權益，就必然推翻原有判例。在兩難下，最高法院陷入了天人交戰。

最終在一八九八年三月二十八日，最高法院以六比二的投票結果裁定黃金德擁有美國公民身分，延續了古老的「出生地主義」，並由保守派大法官賀瑞斯・格雷（Horace Gray）主導撰寫了一份五十多頁的判決意見書。這份判決書進一步釐清了問題：

> 根據普通法，認定英國國籍的基本原則就是出生地主義原則，在英國出生的嬰兒都被視為是英國公民……憲法第十四修正案規定了每一位在其管轄屬地出生的嬰兒，無論種族或膚色，只要不涉及出生地主義原則的例外即是美國公民。美國政府不得拒絕承認此類公民的權利。

當然，有原則便會有例外。如果一個人出生在美國，卻符合以下四種情況，則不歸屬美國法律管轄：

（1）外國統治者或外交官所生子女。
（2）在外國船隻上所生子女，即使該船隻停靠在美國領海。
（3）外國侵略者在美國占領期間所生子女。
（4）原住民印第安人。他們在其「保留地」內生活，不受美國法律管轄。[10]

有趣的是，雖然多數的保守派都投下同意票，就連被譽為最保守的大衛．布魯爾（David Brewer）也是如此，但首席大法官富勒（Melville Fuller）並沒有支持黃金德案的判決。他撰寫了案件的不同意見，認為在大多數情況下，應該要採用國際上更廣泛承認的血統原則（屬人主義），在日後的國際爭端才能更容易地解決問題。美國法律早在獨立戰爭勝利後就已經與英國普通法分離，雖說法律體系仍繼承於英國，但美國獨立後，也有部分判決是根據新生兒的父親來判斷國籍，故這種說法是有法理依據的。

富勒為什麼會這樣做呢？用美國憲政學者約翰．奧思（John V. Orth）的話來說，「富勒舒適地主持了一個對種族不公正視而不見的法庭」。富勒法院在其他涉及種族的案件中並沒有更加自由：相反地，它甚至限制了前段時期法院在平等方面取得的有限進展。在臭名昭著的「普萊西訴弗格森

10 同註7。

案」（Plessy v. Ferguson）中，也正是富勒本人提出了著名的「隔離但平等」（Separate but equal）原則，使黑人人權嚴重倒退。可以說，富勒是帶著天生的偏見進行審判的。

然而瑕不掩瑜，六位大法官做出了正確的選擇。在這以前，聯邦最高法院從未審理過有關外國人在美國生下的後代是否是美國公民的案件，該案使得第十四修正案頒布三十年之後，終於真正確立了美國公民權的出生地原則——即使父母不屬於美國公民，只要子女在美國管轄效力所及內出生，便自動成為美國公民。

▼結語

黃金德案確立了以出生地原則做為確定美國公民身分的首要規則。在此之後，該原則被美國出生的不同族裔公民不斷引用，法院判決中認為憲法應以英國普通法視角解讀的意見也被後來的最高法院所承繼。在接下來的一個多世紀裡，黃金德案的判決結果雖然偶爾遭遇挑戰，但大多數情況下都屹立不倒，即使在川普政府時代打擊非法移民的敏感時期也沒有受到影響。

美籍華人持續不斷爭取公民權的努力，幫助美國司法機構建立起日益清晰的公民權利界限，也為二十世紀中期的黑人民權運動奠定了堅實的基礎。二次世界大戰爆發後，中華民國主導同盟國的亞洲戰場，加速廢除了清末以來中國的不平等條約，《排華法案》亦於一九四三年廢止，戰後的《一九六五年入籍法》更是取消了華人入籍美國的配額制，針對華人移民的枷鎖最終徹底被打破。

美國歷史與中國歷史的不同之處在於，美國歷史並不是一個強者天下的時代，同時代留名青史的人物不會只是李鴻章、曾國藩等大軍事家或政治家，而是由制定美國憲法的「我們合眾國人民」。黃金德是那個時代的一位普通華工，為了爭取自己的公民身分而被載入了史冊，這既是美國人對自己制定的法律的尊重，也是對所有遠渡重洋去美國追逐夢想的人的尊重。從此之後，美利堅不再專屬於白人，而是全體移民與他們的夢想。

有趣的事實：

黃金德在勝訴後就幾乎消失在歷史舞台上。人們只知道他後來繼續在舊金山生活，並時常往返於中美之間，海關依然繼續刁難著他，使他感到心力憔悴。一九三〇年代，黃金德最終決定回到由國民政府統治的中國養老，並在八年抗戰期間與世長辭。

9

歷史上的第一起反壟斷訴訟案
——北方證券公司訴美國案

在文章開始之前，我們得先瞭解，何謂「托拉斯」？托拉斯是英文「business trust」（商業信託，又稱託管財產所有權）的音譯，是一種壟斷組織的高級形式，旨在透過收購、合併及控股等形式，蠶食鯨吞產業相近的公司，最終排除競爭對手，達到壟斷的效果。

壟斷是不利於市場長期健康發展的。如果把一個市場比喻為魚缸，提供產品的公司便是一條條鮮活的小魚，當某條魚長大一定程度後，便會吃掉所有的小魚。但那條大魚一定是最適合環境生長的品種嗎？不是的，這些被吃掉的小魚可能包含進化得更優秀、反應更敏捷的，只是因為比較晚孵化，便遭受到欺凌。於是，那條大魚便在魚缸中稱霸，整個族群便不再進化。

自由競爭與機會均等思想一直是美國的立國精神。在早期資本主義放任自由的時代，人們認為政府的存在將會阻礙自由競爭，政府介入越多，越不利於市場經濟，因此政府的干預必須越少越好。然而到十九世紀後半葉，這種思想被打破了。當時美國全國鐵路網逐漸完成，工業與商業貿易蓬勃發展，原先地方性的小市場迅速被全國性的大市場所吸收，大市場的建立又導致壟斷產生，出現了摩根（J.P. Morgan）、卡內基（Andrew Carnegie）、洛克菲勒（Rockefeller）這樣龐大的鐵路財團。

這些鐵路財團雖然遙相對立，卻很有默契，他們往往不會分散各地讓市場自由選擇，而是在不同地點占地為王，讓財團們能在某一處完全壟斷。屆時當地所有依賴於鐵路運輸的商品都會被財團們牢牢控制，即使是從北美十三州運來的國內工業產品也會被鐵路當局任意哄抬運費。鐵路財團們更在鐵路附近明目張膽地建造巨大貨倉以囤積穀物，以便能更方便地進行壟斷。

地方農民原本以為鐵路的發展將會使貿易更加便利，但事實上，他們只是成了鐵路集團下的一顆棋子；貪婪的財團吸取著他們的血液，無論是買或賣，都被牢牢地控制住。在一片哀號下，地方議員曾試圖挽回大局，試圖透過州議會通過限制鐵路最高運費的法案，可是保守的地方法官卻拿出了憲法第一條第八項所規定的商業條款：國會有權「規定美國與外國、各州間及與印第安種族間之通商」。換句話說，這種州際間的通商應該由國會來管，而不是地方。法院就這樣以一紙廢止了議員們辛苦制定的鐵路法規。

美國國會後知後覺地意識到了問題所在。在保持自由貿易的同時，如何保護弱小的群體不被大企業「扼殺於胎腹之中」，成為他們的當務之急。他們也嘗試通過立法的方式，對各種形式的壟斷組織進行限制，《休曼反托拉斯法》（*the Sherman Anti-Trust Act of 1890*）即是在這個時空背景應運而生。這項法案由時任共和黨參議員，後來成為美國國務卿的約翰．休曼（John Sherman）所提出，他曾在國會上說過：「如果我們不屈服於一個皇帝，我們就不應該屈服於一個擁有阻止競爭能力和定價權的貿易獨裁者。」休曼親手起草了全文共八條的《休曼法》，根據憲法授予國會的權力，該法規定限制陰謀壟斷的商業契約，主要內容為第一條和第二條：

第一條：任何以契約、托拉斯或其他形式的聯合、結合或共謀，限制州際間或與外國之間的貿易或商業者，均屬違法。任何人簽訂上述契約或從事上述結合或共謀，將構成重罪。[1]

第二條：就州際間或與國際間之貿易或商業活動，實施獨占或意圖獨占或共謀獨占之行為，將構成重罪。[2]

倘若觸犯《休曼法》，其參與者若為公司，將處最高一千萬美元的罰款。如果是個人，將處最高三十五萬美元的罰款。不過，做為人類歷史上第一部反壟斷法案，《休曼法》並沒有如國會預期般達到重整市場秩序、保持自由競爭的效果。首先，對於違反此法案的構成要件規定，僅僅是以一種概括的用語來定義是否壟斷；何為「壟斷」或「企圖壟斷」，相關市場應該如何界定等細節問題均沒有明確規定。再者，十九世紀末期正值美國內戰後重建過程的經濟起飛階段，在崇尚自由經濟的社會裡，法院是公民抗拒來自公權力對其權利侵害的唯一保障，對於限制自由經濟的政府干預，有著一種本能的懷疑。

壟斷型企業時常運用狡猾的方式來規避法律約束，而保守的法庭也常常站在他們這一邊。一八九七年，美洲糖業加工公司透過換股方式併購了費城四家加工廠，從而控制了美國百分之九十八的精製糖生產。聯邦政府隨即起訴該公司，並指控被告的此種締約行為構成具有限制州際和國際貿易性質的結合與共謀行為，要求撤銷股票轉讓協議、將股票退還給讓出的各方，並要求禁止今後進一步履行上述各項協議。後來這起案件上訴到了聯邦最高法院，這便是著名的「美國訴奈特案」（U.S.

v. E. C. Knight Co.）。

然而，此時的最高法院正處於一個尷尬的轉變階段。時任美國聯邦最高法院首席大法官仍是前述黃金德案的富勒。在大時代劇烈轉型的背景下，面對已經不太適用的憲法案例，他顯得手足無措。最高法院仍抱持著政府必須減少干預的理念，故富勒此時有兩個選擇：假設他依循國會的期待，認真執行《休曼法》，洛克納以來的時代將提前結束，為美國的經濟帶來巨大衝擊；假設宣判《休曼法》違憲，則歷史將倒回恐怖的財閥統治。

富勒大法官再三猶豫，最終採取了折衷方式，以程序規避實質的壟斷議題，並讓《休曼法》持續存在。按照富勒大法官的解釋，美國國會制定並通過《休曼法》的法律依據，來自於美國憲法關於授予國會規制州際和國際商務權力的「商務條款」。但「商業」與「生產製造業」不同，後者並不包括在前者之內。糖業屬於「生產製造業」的範疇，因而不屬國會管轄的範圍。這樣一來，由國會通過的《休曼法》自然不能管理到美洲糖業加工公司。聯邦司法部依據《休曼法》提起的反壟斷

---

1 需注意的是，目前反壟斷法的聯合、結合要件已經改變，雖然立法目的仍是「阻止大企業限制小企業參與競爭」，但是不再是任何形式都會觸法。如果聯合行為（如兩家公司對某項產品合意共同降價或增價）是有正當理由，有益於整體經濟與公共利益，那將是合法的。如果結合行為（如兩家公司一起合併）的兩家公司規模太小沒有對市場造成影響，那將是合法的，或者規模大到一定比例，但合併所帶來的經濟利益大於限制競爭之不利益，也將是合法的。

2 這項法律目前已經修正，目前對壟斷的定義不再是單以「獨占」（也就是公司在市場的比例到達一定規模，如台積電金圓代工產業在全球占百分之五十六）為要件，而是除了獨占外還需要有「獨占力濫用」（比如以惡性競爭阻止競爭對手，以超低價政策消滅剛起步的企業之類），否則將是合法的。

訴訟和指控，也自然就失去了法律基礎。

即使糖是生活必需品，即使這家巨無霸公司控制了全國百分之九十五的白糖生產，但美國聯邦最高法院最終仍以八比一的懸殊比例，否認這種壟斷影響了州際貿易。因此，《休曼法》在通過之初，就蒙上了一層「不可能執行」、「訓示意義大於實際作用」的陰影。[3]

▼老羅斯福其人

不過，過度自由放任的經濟市場中，仍有有識之士認識到了其中的危機，他就是剛接任總統職務的西奧多・羅斯福（Theodore Roosevelt）。

不過在講述他的生平前，我們必須澄清，老羅斯福其實並不老。一九〇一年他宣誓就任美利堅合眾國總統時才四十二歲，是美國歷史上最年輕的總統，老羅斯福之所以被稱為「老」，是因為他後來有個遠房堂弟富蘭克林・羅斯福（Franklin Delano Roosevelt）也當上了美國總統。

老羅斯福原本不是正職的總統候選人，而是以副總統的名義參與總統選舉，沒想到就職演說才剛結束，甫連任的總統威廉・麥金利（William McKinley）就被無政府主義者里昂・佐克茲（Leon Frank Czolgosz）刺殺了。佐克茲之所以行刺麥金萊，是因為他認為美國社會存在著巨大的不公平，富人通過剝削窮人使自己更富有，他認為這一切的根源都是政府。所以，凡是能讓美國政府垮台的事情，他都願意去做。

從某種程度上來說，佐克茲是對的，麥金利總統是壟斷資本主義的擁護者。他在職期間，美國壟斷資本主義大肆擴張，支持了美國大公司發揮壟斷作用，搶占國內外市場。鍍金時代存在的諸多社會問題，美國政府要負很大責任；譬如老羅斯福上台的時候，美國就流行一句諺語：「大人物和有錢人是不會被投入監獄的。」

老羅斯福雖然身為麥金利的副手，但一點也沒有麥金利的樣子。他主張社會正義與環境保育，在傳統右派當道的共和黨中顯得格格不入，他當過民選的州議員和紐約州州長，也當過吃力不討好的基層公務員。在紐約市任警察局局長期間，他積極推動市政改革，並由此對下層百姓的苦難有了切身體驗，產生了一種歷久不渝的同情。

羅斯福在議會中常被人們稱作「麻煩製造者」，這些頭銜讓統治階層極其反感。羅斯福曾揭露紐約最高法院[4]法官西奧德里克．韋斯特布魯克（Theodoric Westbrook）與大財團間存在著金融關係，結果激怒了一批共和黨人，使他差點遭到彈劾。雖然羅斯福政績響亮，有絕對的民意支持，但足以想見他與共和黨人的關係。

一九〇〇年總統大選，羅斯福被共和黨全國代表大會推舉為副總統提名人，其實這更像是一種「明升暗降」。美國首任副總統約翰．亞當斯就曾說，「（副總統）是人類能夠構思或想像出來的最

3 有趣的是，由於富勒是以程序規避實體，這項判決至今仍未遭受推翻，莫名其妙留存到了現在，不過後來的案子基本不曾引用這份判決做為背書。

4 需注意的是，紐約州將一審法院稱為最高法院（Supreme Court），並非聯邦最高法院或上訴法院之意。

無足輕重的一個職位」。羅斯福根本就不想當這個副總統，更威脅要拒絕提名，可礙於自己在黨內的關係糟糕，大會成員無一例外地投給了他。沒想到這些有心人士竟誤打誤撞，讓老羅斯福成為了總統。

在麥金利遇刺後，一九〇一年九月十四日，老羅斯福正式補位登上總統寶座，他深信總統的一項重要職責是保護公眾利益，限制和打擊各種特殊利益集團。他認為美國最大的威脅是兩種人：暴民和富豪。暴民沒有思考能力，他們只能接受非黑即白的判斷，這種人必將會被蠱惑人心而煽動造反；富豪則缺乏起碼的做人道德，他們永不滿足的貪婪只能刺激暴民，引發社會動亂。

當時美國富豪貪得無厭，為了獲得財富不擇手段地壟斷市場，擾亂秩序。做為公平競爭哲學的信奉者，老羅斯福對壟斷行為恨之入骨，也對法院的無所作為深惡痛絕。當上總統後，他便拿出牛仔彪悍的勁頭打算對付托拉斯的巨頭們，恢復人們對反托拉斯法的信心。

千夫所指的鐵路巨頭成為老羅斯福最好的目標，而一九〇一年春天一場圍繞鐵路收購的證券風暴，為他提供了千載難逢的良機。

▼希爾與哈里曼的鐵路帝國

本案的主角是兩個鐵路大王詹姆斯．希爾（James J. Hill）和愛德華．亨利．哈里曼（E. H.Harriman），兩人的生平經歷都堪稱美國夢的代表。某方面來說，他們的個性與出身背景雖相異，才情卻相近得令人不敢置信，存在著微妙的瑜亮情結。

希爾的家境貧寒，由於父親早逝無人照料，他被迫在十四歲離開學校。他從一名肯塔基州的小會計員開始做起，儘管沒有太多優勢，他仍靠著不懈的努力一步步向上爬。掌握各種知識與人脈的他，最終在一八七三年經濟恐慌中爭取到華爾街最大的金融財團——摩根財團的支持，進一步深入鐵路業，最終擁有將近三分之一美國西北鐵路網（俗稱「大北方」鐵路公司，Great Northern Railway）。

相比於希爾逆流而上的經歷，哈里曼的家境則富裕得多。但他為人調皮搗蛋，不喜歡在課堂讀書，也在十四歲離開學校，於紐約華爾街找到一份跑腿的工作。工作環境養成他能言善辯的能力，最終成為了一名成功的投資者，驚人的直覺造就出許多投資奇蹟。哈里曼的鐵路投資是從四十九歲那年開始的，他僅用了不到五年便控制了南太平洋和聯合太平洋兩家鐵路公司，進而掌管西南部的大部分鐵路業務，背後更獲得以壟斷石油工業聞名的洛克菲勒財團支持。

所謂一山不容二虎，希爾與哈里曼一個占領北方，一個占領南方，卻仍不滿足。希爾首先打破了僵局，在取得摩根財團及旗下所控制的北太平洋鐵路公司（Northern Pacific）的經費支持下，他開始大張旗鼓，收購位於中西部地區的伯靈頓鐵路股票，試圖實現對這條鐵路的控制權。

希爾的做法引起了哈里曼的忌憚。哈里曼直接找來了摩根財團的對手洛克菲勒財團，在銀彈支持下，他突襲摩根財團的老巢北太平洋鐵路公司，試圖將「北太平洋鐵路公司」挪為己有。這樣一來不但能順利奪取北方的所有鐵路，還能取得伯靈頓鐵路的間接控制權。

希爾建造的橫貫大陸鐵路線是全國經濟增長的催化劑。中間者為希爾，1908 年。

相較於經常在鐵路第一線的希爾，哈里曼（中間高帽者）更常出入於名流政圈。

於是，北太平洋股價飆升至每股幾百美元。股價急遽上漲吸引了證券市場許多投機者的眼光，他們紛紛拋售其他股票，希望能跟上這波股潮。做為副作用，幾乎所有其他公司的股票都急速下跌，原本穩定的市場秩序變得動盪不安，許多企業在股市暴跌後瀕臨倒閉，更有許多投資失利的股民血本無歸，成為這場商戰中的最大犧牲者。

雙方勢力相當，誰也無法消滅誰。這時懂得圓滑世故的摩根財團首先伸出了橄欖枝，提出一項全新的壟斷計畫：整合希爾和哈里曼的力量，建立一個超級托拉斯「北方證券公司」（Northern Securities Company）。這項計畫馬上得到了資金捉襟見肘的洛克菲勒財團與哈里曼的同意。

就這樣，美國兩大財團共同掌握了世界上最龐大的鐵路聯合體，壟斷產生的巨大利益也將由此源源而來。這個龐然大物在新澤西州註冊，該公司結合兩家公司的雄厚資本，持有百分之九十七的「北太平洋」股票和百分之七十五的「大北方」股票，完全壟斷了美國北部的東西鐵路交通。位於北方的十二州居民若要搭跨州火車，僅能選擇由北方證券公司所掌控的鐵路。工業大城芝加哥若要從太平洋進口材料，甚至是內陸州的政府若要運送進口貨，也只能聽從北方證券公司。

除此之外，北方證券公司還另外控制了伯靈頓鐵路百分之四十九點三的股份，而且持比正逐漸增加。如果沒有人阻止，它將會繼續東進，一步步蠶食其他鐵路公司的股份，直到統一全美國的鐵路生意。

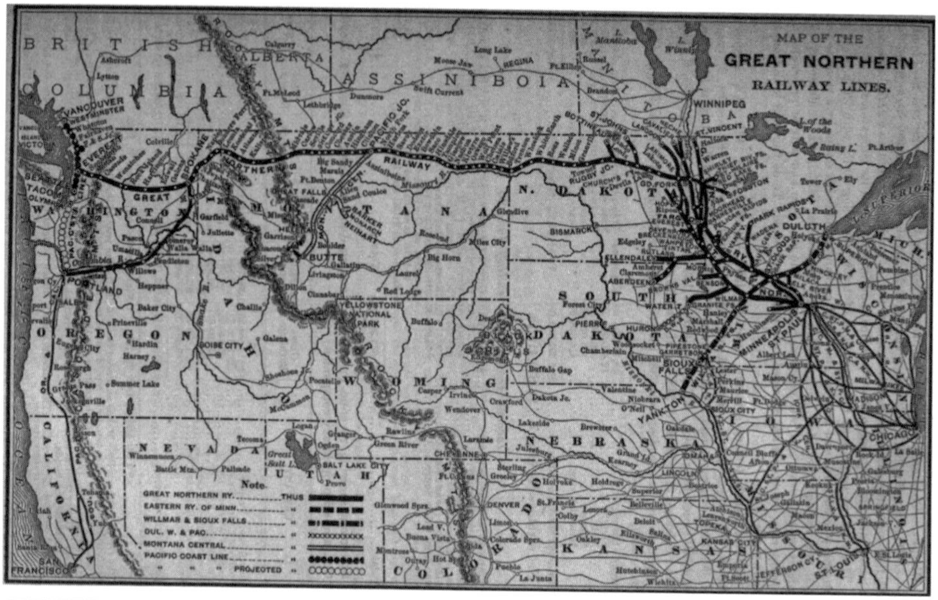

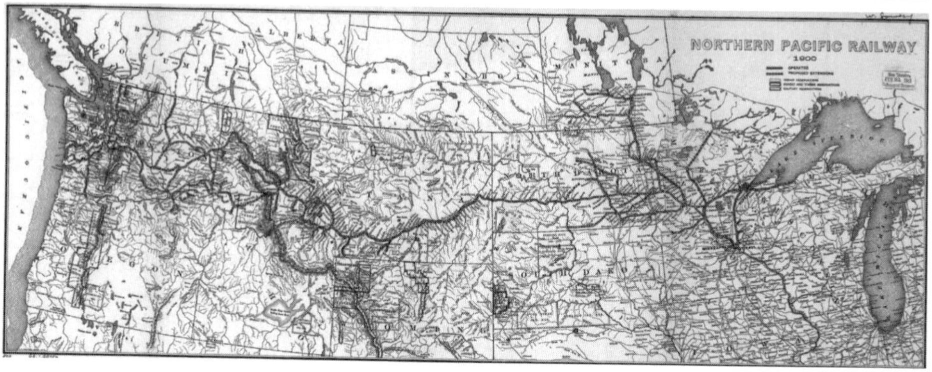

大北方鐵路（上）與北太平洋鐵路（下）

芝加哥鐵路

▼老羅斯福的嚴正聲明

北方證券公司一經成立，馬上受到全美民眾的譴責。各州政府官員都準備提起訴訟，明尼蘇達州更是聯合了相鄰的幾個州通過一項決議，準備齊心合力一同抵制北方公司，並先於美國聯邦政府，把北方公司告上了該州的聯邦地方法院。

為此，北方公司特地聘請了著名的賓夕法尼亞州大律師約翰．強森（John Graver Johnson）出場應戰，他是一名相當有錢的律師，以蒐藏義大利文藝復興畫作的大收藏家聞名於世，「費城藝術博物館」所藏的畫作有大半都是靠著強森捐獻而來。據說他有非凡的記憶力，年輕時能背誦莎士比亞的戲劇，並在法庭上背誦大量的法律引文，是最適合代表北方證券公司資本勢力的辯護者。

在明尼蘇達州地方法院的對質中，雙方就已激烈爭辯，出示自己一方所掌握的證據，來主張尚未完善的《休曼法》該如何解釋。檢察長道格拉斯（Wallace B. Douglas）主張道：「從合眾國的立國之本來說，我們的祖先一直擔心權力濫用的行為，想把權力鎖在籠子裡。權力對經濟行為進行干涉，是個非常危險的趨勢。」

約翰．強森律師則反駁道：「檢察長的這種擔心，是建立在假設的基礎上，我們處在一個現實的世界，卻用假設來評估問題，這難道不引人發笑嗎？……明尼蘇達州對北方證券公司的無端訴訟，造成了公司股價暴跌，無數投資人血本無歸，同樣遭受到巨大的損失，請問這個損失誰來負責呢？……這就是典型的公權力讓私有公司出現重大損失的事實，現在它就發生在你們面前。請注意一個基本原則……無論是哪一州，未經正當法律程序均不得剝奪任何人的生命、自由或財產。」

連續三天的訴訟，引發公民階層廣泛關注。在所有人的注視下，明尼蘇達州法院鄭重宣判：「北方證券公司不是以一條鐵路購買另一條正在與之競爭的鐵路，而只是一家持有兩條鐵路股票的公司。」

如此結果不免讓人失望，羅斯福總統也憤恨難平。他認為，這些財團正在讓美國從「創造財富」的神話演變為「掠奪財富」的現實。倘若不制止北方證券公司，繼續秉持小政府主義的最低動能主義，壟斷行為最終將摧毀美國人最珍視的公平競爭價值觀。經過充分準備，老羅斯福向國會提交的第一份國情咨文中提出了遏制壟斷的主張，並在一九〇二年三月五日宣布北方證券公司違反了《休曼法》，該公司發行的股票中有百分之三十是控股，不符合法律規定。美國政府將摩根與希爾列為主要被告，哈里曼列為次要被告：

我們的目的不是要取消公司，正好相反，這些大集合體乃是近代工業制度不可避免的一種發展。我們要想調節和監督這些公司。我們不是攻擊它們，而是力求消除它們的一切弊害，我們對這些公司並無敵意，只不過是決定使它們經營得有利於公眾。

摩根在他的寓所裡聽到了這個壞消息。後人傳言，那個晚上，摩根握著杯子的手因憤怒而微微發抖。他匆匆趕往白宮，質問總統：「如果我們有錯，你可派人來和我的人談，他們肯定能夠把事情擺平。你為什麼不打招呼就直接提出訴訟，而不事先通知我呢？」

老羅斯福回答：「我並不是要擺平一件事，而是要制止它。」5

▼司法部長諾克斯的助攻

為了維護權益，摩根集團的法律代表親自出面為北方證券公司辯護。而老羅斯福的訴訟團隊為了避免刺激到政商關係，包含國務卿約翰在內的多數人都選擇了沉默，以漢納為首的共和黨黨魁更是抱怨老羅斯福不應得罪他們。不過也正是在此時，與國內各大財團關係良好的司法部長菲蘭德・諾克斯（Philander C. Knox）竟毛遂自薦，擔任聯邦政府在法庭上的代理人。老羅斯福大喜過望，而摩根集團上下都嚇得汗流浹背。

諾克斯是何許人也？他在從事政府工作前，是一位專門為企業鉅子與金融寡頭辯護的民事律師。諾克斯擅長躲避托拉斯法，曾幫助十幾家財團成立了美國最大的跨國鋼鐵托拉斯——美國鋼鐵公司，並順利逃脫政府審查，一度被喻為是「美國收入最高的律師」。可以說，諾克斯就是當時全美國最熟悉托拉斯的結構與流程的人。

5 任東來，〈北方證券公司訴美國案〉，《美國憲政歷程》，中國法制出版社，二〇一五年。

諾克斯為什麼會走向人生的反面，不惜放棄一直以來良好的政商關係，與國內的兩大集團「打對台」呢？美國人向來有位置決定想法的文化：一個人坐在什麼位置，往往決定了他思考的角度和範圍。正如同美國歷史上不乏有退休議員在任職律師時，主張自己親手訂定的法律是違憲。

也或許是與大企業打過交道，諾克斯才明白裡頭深不可測。在填寫起訴書時，羅斯福曾建議諾克斯不要將摩根的名字寫在裡面，以免刺激他們，但諾克斯直接了當地回答：「總統先生，如果您下命令，我會將他的名字劃掉；可是那樣的話，我將拒絕在決議上簽字。」由此可見諾克斯對這場案件的執著。

諾克斯並沒有讓總統失望。在聖路易斯法庭，由諾克斯代表的聯邦政府強調壟斷的後果與節制壟斷的必要性，成功讓聯邦巡迴法院意識到北方證券公司的股東「絕不會允許這兩條鐵路間的競爭，因為任何一條鐵路都不會降低運費或者增加服務來吸引另一條同樣也屬於自己鐵路的客源，這顯然就構成了一種壟斷[6]」，進而認定北方證券公司違反《休曼反托拉斯法》，應予解散。北方證券公司不服，上訴到聯邦最高法院。

一九〇三年十二月十四日，最高法院的言詞辯論正式展開，北方證券的律師約翰．強森再度搬出個人產權的神聖性進行辯護。他辯稱，如果依照《休曼法》第一條的文義解讀，需要達成兩個要件才會違法，一個是企業間發生「聯合或結合或共謀」，第二是「限制州際間或與外國之間的貿易或商業的契約」。可是北方證券才剛剛成立，不存在限制州際商務和競爭的密謀，即使之後有可能密謀，也應該等到真正實現該行為後才能懲罰。更何況北方證券公司領有合法執照，是一間合法開設的公司，它可以像自然人一樣自由處置它的財產，這是憲法所明文保護不可侵犯的權利。

對此，司法部長諾克斯指出，《休曼法》的立法目的便是為了干涉那些利用自己既有財富而阻止他人創造財富的商人。美國地幅遼闊，在運輸業尚未發達、汽車仍屬奢侈品的情況下，人們沒有其他便捷的交通工具，只能選擇鐵路，而鐵路又不是一個能相互競爭的設施，通常在鐵路網形成之後，就很難再鋪設一個不同公司、卻是相同路線的鐵路路線了。北方公司便是看準這項優點，意圖胡作非為。因此，他們已然達成了限制州際貿易的密謀。

諾克斯進一步表示，北方證券公司的前身「北太平洋」和「大北方」都有壟斷地方物資的前科在案，只因那時地方州的立法尚未完善，而且未經國會授權才無法懲治。這些就足以證明北方公司的成立宗旨不懷好意；如果讓它持續存在，勢必對社會的經濟利益造成更大的破壞。

在偌大的審判庭中，諾克斯與強森你來我往，持續不斷辯論，聲音響徹整個法院。庭辯結束後，最高法院內部整整辯論了幾個星期，此時首席大法官仍然是審理奈特案的富勒，但最高法院歷經人事變動，更換了三名新任大法官。這些法官們的法學觀念雖然有進步與保守之分，但總體來說都較為年輕，對國內的經濟問題較會採取不依循先例的手段。最終最高法院投票表決，五比四判決美國政府勝訴：新澤西州給予的北方證券營業特許狀無效，北方證券公司必須解散。

6 同註5。

在新聞漫畫中，諾克斯被賦予英雄化的樣貌，手提大刀，正要破壞象徵北方證券公司的大砲。1890 年，多倫多大學收藏

在美國近兩百年來的憲政史中，北方證券公司案是繞不開的重大案件。它證明了聯邦政府有能力執行反壟斷法，證明《休曼法》不再是一紙空文。反壟斷法的政策一直在變化，但以今日的標準來審視北方證券公司，仍絕對會被認定為「限制競爭」的壟斷公司。從這個案件開始，聯邦政府開始恢復政治活力，不再像過去那樣完全放任經濟，老羅斯福總統也贏得了更大的政治聲譽，成為他一九〇四年成功連任的有利因素之一。

▼案件後續與反托拉斯法的爭議

北方證券公司一案的珍貴之處在於，先前依賴判例的最高法院終於轉變立場，改而同意老羅斯福的干涉主義，這是美國史上行政權和司法權在經濟問題上難得一見的共識。在長達八年的總統任期裡，老羅斯福一共發起了四十四件針對大企業的法律訴訟，其中二十五起勝訴，成功解散了如鋼鐵、電氣、牛肉等由大企業家壟斷的公司，當時人們還給了他「托拉斯爆破手」的雅稱。

後來，老羅斯福甚至找上了著名的標準石油公司（Standard Oil Company）發起反壟斷訴訟，這是洛克菲勒財團在美國最大的控股公司。一九一一年，當最高法院判定標準石油必須解散時，老羅斯福已經完成總統任期，最高法院首席大法官也不再是因循守舊的富勒，而是擅長反托拉斯法的愛德華·懷特（Edward Douglass White）。這位懷特在任期內推動了《聯邦貿易委員會法》和《克萊頓法》，以彌補休曼法這部籠統法律的不足。這三部法律構成了美國反托拉斯的法律體系。老羅斯福看見時代最終沒有淘汰他的思想，且進一步發揚光大，感到莫大安慰。最高法院對該案的處理，為爾後反托拉斯史寫下了兩項珍貴的紀錄：

1. 肯認了北方證券公司一案中以高市占率為是否壟斷的審核指標。法院以標準石油公司占有煉製市場百分之九十的產量，來判斷其為獨占。
2. 確立了沿用至今的「合理原則」（rule of reason），即反壟斷法不能直接用「超過一定市占比例」或者「做了某特定行為」就判處有罪，必須依個案來具體認定違法與否。比如市場是否因此受到干預？會不會傷害到廣大群體的利益？[7]

在此必須提醒一點，北方證券公司案中所審查的反托拉斯方式，與之後一百年所發展的托拉斯法案完全不同。商業是與時俱進的，它並不像我們在歷史上看見的那些大案，可以用一場判決就一錘定音。標準石油公司案所揭示的「合理原則」的重要之處在於，它預先為美國往後一百年托拉斯

7 可惜的是，「合理原則」在早期並沒有被廣為運用，許多法官不懂得經濟學，因此仍以傳統法律形式審理案件，企圖用構成要件概括壟斷法，使早期的反壟斷案件多半僵固且不盡人情。

法的精神軸心打下了基礎。其實二十世紀至二十一世紀，就是一部反托拉斯法從「當然違法」逐漸被「合理原則」所取代的歷史。美國反托拉斯政策也從單看市占比，轉為能客觀俯瞰更多案件細節的「合理原則」；如果不能證明事業行為會危害競爭，即使不能證明它對競爭有利，政府也要儘量不加以干預。

▼反壟斷：我們所走來的一百三十年

反壟斷法自一八九〇年誕生以來，已經有一百三十餘年的歷史了，它走過了三個大階段。

第一階段是由老羅斯福開始。在撥亂反正下，立法者們極力反對大型企業托拉斯的市場壟斷地位；只要某家企業規模巨大到占一定市場比例，他們便認為企業將會充分利用壟斷地位和其他人一起限制產出、提高價格。但這種方式不免過於簡單粗暴。一九三七年，著名法官勒尼德・漢德（Learned Hand）甚至僅用概括方式就認定被告有罪，他指出：「百分之九十的市場份額足以構成壟斷；百分之六十至六十四的市場份額是否構成壟斷還有疑問；百分之三十三的份額則確定不會。」

第二階段源於冷戰時期。人們忽然發現，過往美國的某些壟斷企業並不會抑制經濟：他們的產品或服務比對手更優秀，能提升經濟效率，同時還大大降低了產品價格。比如福特發明了管線生產方式，就讓汽車的價格在短時間內降至平民負擔得起的價格，從此汽車得以進入尋常百姓家。

於是，該如何去蕪存菁，保留住壟斷企業的好處，而將它的壞處抹除呢？人們紛紛拋棄原本僵硬的比例審核制，轉而從「是否有市場力量」及「是否有故意壓制市場競爭行為」著手，防止商業巨頭從根源上扼殺創新。他們發現，如果按照過去的比例制來反壟斷，那就是在懲罰一個優秀企業，反而破壞了正常競爭。

在此期間最有名的案子當屬一九七四年的「美國訴美國電話電報公司案」。最高法院認為，只要沒有實際做出壟斷行為，不論公司規模大小，也不論潛在限制貿易的能力有多大，都不違反法律。然而，只要大規模企業的營運模式蓄意阻礙市場競爭，傷害商業創新，那就必須接受罰款並拆分公司。

第三階段是網路革命開始後。這時美國的反壟斷的判斷依據變得越來越複雜，最大的爭論點也變成「該如何防止大企業利用自身在某一領域的優勢地位，實施在另一領域的壟斷」。在著名的「美國訴微軟案」（United States v. Microsoft Corp.）中，微軟的競爭對手網景公司（Netscape）率先發布著名的網景瀏覽器，一推出便大受歡迎，而當時的微軟沒有自己的瀏覽器產品。為了保持自己的商業地位，微軟趕緊從別人手中收購了一個，並更換成自己的名字，就是著名的ＩＥ瀏覽器。接下來，微軟便將瀏覽器捆綁到自己的電腦作業系統產品銷售，並免費提供他人使用等一系列手段來打壓網景，網景公司從此一蹶不振，消失在人們的視野。

微軟的這種方式難以稱之為扼殺創新，因為它本身也在創新；但任誰都能看出，微軟是在利用自己的優勢，以不正當競爭手段打壓對手。此後，反壟斷的定義變得越來越複雜，甚至成為一個連法律人都難以親近的專業學科。如何防止他們濫用數據、操控市場和用戶，成了全新的主題。

在這三大時期，法學的口徑也從不一致，對壟斷的定義一直以來皆不統一。但我們可以確定的是，美國在北方證券公司一案後確立起反對壟斷的意志，對於一切傷害市場競爭的作為皆抱持警惕。過度自由的規則，最終將會侵害到自由本身，權力會導致絕對的腐敗，財閥的權力也會導致經濟上的腐敗。美利堅的建國理念是為了自由競爭，讓人們憑藉自身的奮鬥換取果實；如果說，政府的存在是為了延續自由的秩序，那麼它便有責任限制壟斷。只有這樣，商業才能繼續流通、科技才能繼續進步、社會才能有一個穩定的未來。

有趣的事實：

老羅斯福當初根本就不想當副總統，曾多次威脅要拒絕提名。但他最終贏得了一九〇〇年共和黨全國代表大會的幾乎全數選票，唯一的一張反對票是他自己投的。

老羅斯福接任總統大位後，來自俄亥俄州的參議員馬克．漢納（Mark Hanna）曾詢問選舉團隊：「你們難道沒有意識到，這個瘋子根本不適合當總統嗎？」馬克．吐溫也說道：「我看這個總統明顯是個瘋子。」

10 建國至今唯一被廢止的憲法修正案——企圖將道德入法的「禁酒令」

自本條批准一年後，凡在美國及其管轄之土地區域內，製造、售賣或轉運酒類飲料者，均應禁止。其輸入或輸出於美國及其管轄土地者，亦應禁止。國會與各州均有制定適當法律以執行本條之權。

——美國憲法第十八修正案

一九〇〇年代至一九二〇年代，美國處於經濟社會轉型期。經濟的高速增長帶來了許多的後遺症，首先是財富分配不公，貧富差距顯著，底層百姓一輩子只能在相應的環境裡打工，沒有翻身的機會，久而久之就無法進行良好的社會循環。再者是勞資衝突加劇，罷工此起彼落，工會組織開始出現在人們眼前。最後，那些受到輕視的社會群體，如婦女、黑人等處境依舊艱辛，他們迫切希望有人來保障他們的權利。

在洛克納時代後期，人們紙醉金迷久了，開始對這種自由放任而毫無現代的揮霍生活產生懷疑。這時一種新興的民權運動開始興起，他們主張摒棄自由放任的政府觀，應該以社會整體利益為重，並保障弱勢群體的安全。這群人也就是歷史上的第一批進步主義者（Progressivism），他們在那個時期基本上代表了政治中間派，他們訴求政府能以立法方式來遏制資本主義的種種缺點，並幫助了一九一三年美國憲法第十七修正案[1]和一九二〇年美國憲法第十九修正案[2]的撰寫和批准。

進步主義是當時的一股政治清流，對美國兩黨並沒有一定堅持，這股勢力成功壓制了美國兩黨制的對立。他們支持勞動人權和社會正義，成功推動了一系列禁止童工、公共教育、反壟斷法和女性平權的司法改革。

可是，進步主義者亦有許多道德堅持。訴求道德社會的他們認為，法律雖然保障最後的道德底線，卻過於放縱，而道德是人類文明進步的象徵，是將人類推進到另一個新時代的推手，因此法律應該聽從於道德。以道德治國的國家還能壞到哪去呢？美國禁酒運動就這麼應運而生。可以說，禁酒令是進步主義者社會改革運動的一個重要成果。但當時的人們恐怕沒有想到，這部處處為了婦女、為了健康、為了教義與道德的法令，卻忽略了社會現實與人性，最終竟釀造出一個歷史上的大笑話。

▼美國禁酒的歷史淵源

美國人並不是到二十世紀才反對酗酒，而是有一段非常久遠的歷史。譬如早期的美國移民組成主要就是一群認為「酒即罪惡」、在英國遭迫害的清教徒們。他們的定位類似於「苦行僧」，限制自己的欲望和享樂，並以嚴苛的教條束縛自己，希望能更加虔誠與聖潔。

「讓清水取代啤酒廠！」，1902 年，夏威夷公報

十九世紀後期，伴隨著大量歐洲移民湧入，具有移民色彩的酒館、賭場、舞廳紛紛對美國文化造成了巨大衝擊。清教徒們眼見傳統文化日漸式微，決心站起身來捍衛自己的價值觀理念。一八九五年「反沙龍聯盟」（Anti-Saloon League）於華盛頓成立，這是由基督教團體組成的一個強大的禁酒團體，他們從宗教思想中汲取力量，以推動禁酒法規為目標，在各州都建立了「反酒館聯盟」的據點，試圖透過游說使當地制定禁酒法令。

這群傳統宗教信徒的支持，為禁酒令提供了道德上的依據；而進步主義者的大力呼籲，更是將禁酒令推向了高峰。

在當時，大部分家庭都是單薪家庭，也就是男性去工廠上班，女性在家做一些家務或者補貼家用的兼職。工人一旦拿到工資，往往會將大部分賺到的錢都貢獻給酒館，更糟糕的是，酗酒的工人們回到家中，容易因一時衝動導致家庭暴力。為了維護女性權益，改變酗酒者家庭的拮据窘境，當

1 先前規定聯邦參議員需由州議會選舉選出，該案後改為公民進行直接選舉。

2 女性選舉投票權，該案前多數州仍剝奪女性權利。

時為女性投票權奔走呼號的女權運動領袖大多參加並領導禁酒運動。這群人組成了著名的「基督教婦女禁酒聯合會」，很快就吸引了將近二十五萬名會員，成為全國最大的婦女組織，禁酒運動也步向高潮。

禁酒迅速成為潮流。年輕人自豪於道德使命感，老年人則認同禁酒運動背後的保守教義。與此同時，某些天真的政治家也紛紛附和，他們認為大半的犯罪事件與非法交易都發生在酒館，是城市法治的未竟之地；若能禁止酒館營運，罪惡也將不復存在。

美國的酒精飲料在一九〇五年是全國第五大產業，對酒類所課徵的稅收約占政府總稅收的百分之四十[3]，若是直接禁止酒類銷售，將對美國的經濟帶來巨大影響。不過在伍德羅・威爾遜（Woodrow Wilson）當選總統後，這件問題已獲得解決。威爾遜提倡降低進口成本，以此強化全球競爭力，並透過一九一三年的稅務法案，將關稅稅率從百分之四十降至百分之二十六。此外，他也促成了著名的第十六修正案，允許國會在未按各州比例分配或考慮人口普查數據的情況下直接徵收所得稅，是美國稅制的一大進步。至此，聯邦政府依賴酒稅的情形不再，反對禁酒的最有力主張已然消失。

一個民主政府非常容易受到社會輿論的影響，當宗教和婦女組織掀起轟轟烈烈的禁酒運動時，政治家和政客們當然不願意放棄站在道德至高點上表現的機會。為了拉選票，眾人爭先恐後地主張禁酒。緬因州於一八五一年第一個頒布禁酒令，到一九一七年已有二十三個州制訂了不同形式的禁酒令，為禁酒最後入憲奠定了法律基礎。

最後，第一次世界大戰成了美國禁酒令入憲的最後推手。一九一七年美國正式加入歐洲戰場，為了援助飢寒交迫的英法盟友，人們打起了全面禁酒的主。，他們認為與其繼續將穀物及大麥拿去做成烈酒或啤酒，不如做成食物，提供給那些在戰爭中挨餓的人們。一些陰謀主義者則趁機大造謠言，聲稱釀酒技術和釀酒師多半是德國人，他們會把賣酒賺來的錢全部支持德國皇帝。

於是，在一連串的歷史契機下，禁酒法案終於被國會制定出來了。一九一七年，國會以參議院六十五票對二十票、眾議院二百八十二票對一百二十八票的懸殊比例，通過了憲法第十八修正案，禁止美國境內釀造、出售或運送做為飲料的「致醉酒類」（intoxicating liquors within）。

由於第十八修正案並未給「致醉酒類」下定義或規定處罰，國會隨即於一九一九年通過的《沃爾斯泰德法》（*Volstead Act*）[4]給予標準。該法將會使人醉的酒，界定為任何含有超過百分之零點五酒精量的飲料，並取代各地目前運行的禁酒法令。值得注意的是，它沒有特別禁止人們飲用「致醉酒類」，只是規定「除非得到該法案批准，否則任何人不得生產、銷售、以貨易貨、運輸、進口、出口、運送或提供」，因此自己在家喝酒是不犯法的。不過倘若和朋友一起飲酒，即使是私人場合仍屬違法，最高可罰款一千美元並處以六個月監禁。

3 多米尼克．弗斯比（Dominic Frisby）著、王曉伯譯，《光天化日搶錢：稅賦如何形塑過去與改變未來？》（時報出版，二〇二一年），頁一八〇。

4 正式名稱為《全國禁酒法》（*National Prohibition Act*），該案以管理立法的眾議院司法委員會主席安德魯．沃爾斯泰德命名。

威士忌還在酒桶陳年，卻因法令禁止生產酒類而被迫銷毀。

在《沃爾斯泰德法》生效前，美國已先行通過一部《戰時禁酒法》，規定 1919 年 6 月 30 日起禁止銷售酒精含量超過 1.28% 的酒精飲料。許多男人趕在午夜法令生效前聚集於紐約酒吧。1919 年 7 月 1 日也被稱為「口渴的第一天」（Thirsty First）。

禁酒時代的「上有政策下有對策」

第十八修正案被當時的人們稱之「高尚的實驗」，然而出乎眾人意料之外，禁酒令的實施不僅沒有提升社會整體的治安和道德水平，反而彰顯出人性在慾望下的無所不用其極。

首先，飲酒是人類的天性。早在八千萬年前，人類的祖先就有著挑選腐爛水果而獲取自然發酵的酒精習慣。對許多人來說，這種飲酒方式是平衡生活方式的一部分。再者，即使酒精會導致人們在飲酒後往往醜態盡失，做出許多使人後悔的行為，但歸根究柢，僅因為一瓶酒而鑄下大錯的人們，即使是不喝酒也遲早會做原本就會犯下的錯誤。那些在洛克納時代被壓榨的工人階層無處宣洩，即便被命令不准喝酒，他們對人生的滿腔怨懟也終將轉嫁到無辜的妻子與兒女身上。

法治的重點並不在於道德，而是以一種宏觀方式來預測人類進步的軌道。要解決酒精導致的家暴問題，並不是直接禁止酒類，這只是表面上的原因而已，真實原因更加複雜，取決於當事人的工作環境、受教育程度、社會經濟狀況、政府的施政方針等等。

禁酒令推行初期，效果確實明顯。一九二〇年初全美人均飲酒量減少九成，酒精中毒和肝硬化等酗酒疾病都大幅下降，全美曠工率更從百分之十下降到百分之三。密西根州的福特汽車公司每月曠工人數從二千六百二十人減為一千六百二十八人。[5]在各州警方的努力之下，銷售烈酒和葡萄酒

5 Behr, Edward, *Prohibition: Thirteen Years that Changed America*. Arcade, 2011.

的酒館紛紛關門大吉，勞工們再也不會將血汗錢貢獻在酒精上了。然而後來的情況證明，這只是暴風雨前的寧靜。

然而一九二三年開始，事態發生變化。醉酒滋事被捕人數從三十多萬人增加到五十多萬人。美國人均啤酒消費量比一次大戰前降低七成，酒類總體銷量卻成倍增長，因為出現了許多地下釀酒廠。人們發現，相較於需要技術門檻的啤酒與葡萄酒，威士忌只要經過蒸餾機處理，不用在橡木桶陳年就可直接裝瓶出售，而且這種威士忌濃度高體積小，更適合運送，也更適合躲避警察的視野。

在這一年，被查處的非法釀酒案件比起一九一〇年增加了三倍。禁酒並沒有讓民眾變得更健康，反而讓很多人養成囤酒的習慣，烈酒交易量比往年更加熱烈。那些喜愛飲酒的人們並不會因為法令而停止飲酒；相反地，由於無法保證明天還能不能喝到，他們的飲酒量都變得更大了。

此外，禁酒令並沒有解決家暴問題，犯罪率亦未能因為關閉酒館而降低。反之，當狹隘的道德觀霸占司法權後，美國社會陷入了前所未見的混亂。據統計，禁酒期間政府總共逮捕了五十多萬人，其中三十萬人被判刑。這些被逮捕和判刑的人當中，大部分是平時有喝酒習慣、而之前沒有犯罪前科的人。

禁酒令消滅了合法的釀酒和酒類進口貿易，但在巨大的市場需求前，法律僅提高了酒類交易成本。正所謂上有政策，下有對策，禁酒期間市面上出現了很多擦邊球的產品，使得政府威信大為喪失。比如當時曾出現一種叫作「Near Beer」的啤酒，酒精度剛好在百分之零點五以下，酒徒們買來這種啤酒，再用針管注射一定劑量的乙醇進去，就能獲得和真啤酒差不多的口感。

禁酒期間最受歡迎的產品，莫過於加州製造的維諾沙諾葡萄磚（vino sano Grape Brick）。該產品以葡萄乾加酵母的包裝形式出售，這些葡萄磚上都帶有警告標籤：「危險！這包葡萄磚如果被放進裝有一加侖水的密封罐中，二十天後您可能違法！」面對這種明眼人都了解的「違法商品」，政府竟也一時拿不出辦法治罪。《沃爾斯泰德法》規定每戶人家每年可以在家釀造或飲用兩百加侖（約七百六十公升）的酒供自己使用，平均下來每戶人家每晚可接受的飲酒量大約是兩公升，這不是一個小數字。換作在以前，人們肯定不知道該如何釀酒，但「維諾沙諾葡萄磚」提供了大家簡易方便的釀造方式，消費者都購買來自行釀造葡萄酒。由於許多葡萄園都已改種其它作物，它的出現一度導致加州葡萄產量供不應求；到了一九二四年，加州每噸葡萄的價格甚至比禁酒令前上漲了三百八十倍，許多人都靠它發了筆橫財。

禁酒令執行過程中還有個非常有意思的細節。製造和運輸酒類違法，販賣酒類更是違法，但藥用威士忌卻是合法的，有政府執照的藥局就可以販售，但須憑醫生或藥劑師處方箋購買。按照當時地法律，每個人每十天能購買五百五十毫升的藥用威士忌，美國的「病患」數量因此大大增加。

威士忌做為醫療用品，只需要拿著醫生開的處方，就可以在藥房買到。由於聯邦政府缺乏嚴密的監管，多數醫生為了賺錢幾乎一概同意病患的要求，導致很多人透過這個途徑來獲取酒。根據統計，禁酒令時期的醫生每年開出一千一百萬張處方箋。甚至曾有醫生在一天內開出四百七十五張威

「在家完全合法」，維諾沙諾葡萄磚的報紙廣告。1930年，芝加哥論壇報

「維諾沙諾葡萄磚」，拍攝時間不明，加州博物館藏

士忌酒處方箋的紀錄[6]，後來國會制定了禁止醫生販酒的罰責，一經查獲則吊銷執照，並限制醫生每天能開立的威士忌處方次數。這抑制住了醫生發財的機會，但一群人從中察覺到了商機，他們假裝病患，從藥房買來大量的酒，再高價走私給其他人，從中獲取利潤。像是文學巨著《大亨小傳》中的蓋茨比，就是透過販賣私酒發財。通過藥房走私私酒，在當時是公開的祕密。

以上行為雖是鑽法律漏洞，但起碼不會危及自己和他人的生命；然而禁酒令還延伸出了更為嚴重的社會問題，也就是私酒泛濫。十九世紀因為沒有全國禁酒，因此釀造私酒多半是為了躲避聯邦政府的稅收；但禁酒令頒布後，「私酒」成了人們獲取酒精飲料的少數幾種途徑，私酒商便通過釀製和販賣私酒，從中牟取暴利。在未經政府審查之下，這些私酒品質參差不齊；有的私酒商為了降低製作成本，竟添加甲醇以代替酒精，使得美國境內因誤飲假酒而失明、殘廢、死亡的新聞不絕於耳。

▼黑幫問題與犯罪率的攀升

諷刺的是，在洛克納時代期間，移民迅速湧入美國，他們與美國傳統格格不入，尤其是飲酒文

6 Paula Mejia, 'The Lucrative Business of Prescribing Booze During Prohibition,' Atlas Obscura，2017.11.15

化與清教徒的教義。當初宣傳禁酒的其中一大目的，即是為了保護北美白人清教徒的傳統文化。沒想到禁酒時代開始後，許多義大利人、猶太人、波蘭人和愛爾蘭人新移民投入有利可圖的地下私酒行當，不但藉此強化自我身分認同，更動搖了盎格魯撒克遜人的傳統價值觀。

在所有新移民之中，義大利人最擅長釀造私酒。他們原本的家鄉，如義大利的西西里、那不勒斯和薩丁島等地都有著自己的犯罪集團，但僅限在當地收取保護費之類的小打小鬧。在大量移民湧入與禁酒令的年代，義大利黑幫嗅到了難能可貴的商機，便滲透進美國的地下社會。他們借鑒工會組織的運作手段和程序，形成緊密的跨國犯罪合作組織，而他們的根據地——芝加哥更是搖身一變，成為首屈一指的犯罪之都。

一九二〇到一九二四年，出生於紐約布魯克林的黑手黨教父強尼．托里奧（Johnny Torrio）在芝加哥建立起龐大的私酒帝國，此前經營博彩、高利貸和妓院生意的他敏銳地意識到，販酒比任何非法生意都更加賺錢。托里奧向各級執法機關和政府官員行賄，打通了做生意的康莊大道，並和芝加哥北部的愛爾蘭黑幫達成君子協定，劃分了酒商之間的地盤，並打出各自的招牌市場：愛爾蘭人賣威士忌，義大利人賣啤酒，彼此從對方收益中抽成，以免相互衝突。僅僅第一年，托里奧的私酒產業規模就高達三千五百萬美元。

托里奧的私酒帝國產供銷一條龍，運作得井然有序。地方政府睜一隻眼閉一隻眼，聯邦政府的禁酒探員也不可能管到每一寸土地。依靠走私酒的貿易和地下酒館，他的勢力迅速發展壯大。後來托里奧在一九二五年決定金盆洗手，將生意交給當過自己司機的艾爾．卡彭（Gabriel Capone）打

阿爾·卡彭

理。

相比於前任黑幫領袖，卡彭為人處事非常高調，經常出席各種政經名流場合，根本不將警察放在眼裡。卡彭的野心很大，不甘於和其他黑幫平分天下。在他的指揮下，芝加哥黑手黨順利槍殺了愛爾蘭黑幫的兩任領袖，使他們陷入巨大混亂，義大利黑幫一躍成為當年美國最大的地下犯罪組織。事業最高峰期間，卡彭所掌控的地下酒吧不下一萬間，黑幫年營業額超過一億美元，牢牢控制著芝加哥地區的私酒和賭博、妓院行業。

人們對物質的慾望永無止境。禁止人們對美好事物的追求，終將帶來更大的問題。明的不行，人們自然會找暗的來，最終阿爾·卡彭成了名副其實的芝加哥之王。義大利黑幫是罪惡嗎？或許是，但他們的罪惡，卻是由冰清玉潔的清教徒、自詡高尚的婦女聯盟、憂國愛民的政客，以及言行不一的普羅大眾所共同釀造而成。

▼「不道德者」的反撲與第二十一號修正案

與種種法律漏洞相比，執法力量不足是禁酒趨於失敗的致命原因。全國上下對是否違法滿不在乎，連時任美國總統沃倫・哈定（Warren Harding）也是個私酒愛好者。老羅斯福的女兒艾麗斯・朗沃思（Alice Longworth）就曾看到哈定總統的辦公桌上「散置著幾副紙牌，斟滿威士忌酒的高腳玻璃杯」。

在禁酒令推行時，許多政治家迫於外部壓力進行政治表態，最好的例子也是哈定總統，他認為飲酒根本無傷大雅，但在擔任國會議員期間仍積極推動第十八修正案，而禁酒令實施後他反倒暗中作梗，積極與國會商議削減禁酒局（Prohibition Unit）的規模和預算。

「反沙龍聯盟」領導人韋恩・惠勒（Wayne Wheeler）曾樂觀估計，只需一千五百人，每年六百萬美元預算，就足以完成禁酒執法工作。可實際上，在禁酒開始的第一年，禁酒局的正式探員就有三千名，所需執法經費遠遠超出預算。釀酒廠與酒吧往往都開設在隱密的私人用地，查封程序多半繁複；即使成功，也會造成個人隱私權的極大爭議。一九三二年，著名實業家小約翰・戴維森・洛克菲勒（John Davison Rockefeller, Jr.）就曾在一封信中寫道：

> 當禁酒令發布後，我曾希望它能快點被廣大民眾接受，他們會很快認清酒精那邪惡的真面目。
>
> 但如今我很不情願地漸漸相信，這樣的結果很可能不會實現了；恰恰相反，喝酒的人變得越來

越多。以前合法的酒吧現在都變成非法經營，不法分子已經多到幾乎成了一個軍隊。即使是那些最正直的公民們也開始公開地無視禁令，人們對法律的尊重大減，犯罪率也高到了一個前所未有的地步。

美國聯邦最高法院做為三權分立的代表，在歷史上總是以保障個人的權利和自由著稱。可是越來越多的人察覺，為了完善禁酒令，法院開始對侵犯公民個人權利的行為視若無睹。

一九二一年十二月，聯邦負責執行禁酒的警員在沒有搜索票的情況下，將喬治・凱洛爾（Carroll）和同夥的車攔在路邊進行搜查，並在後座發現六十八瓶威士忌，史稱「卡羅爾訴美國案」（Carroll v. United States）。依照憲法第四修正案，執法人員若要搜查和扣押公民私人所屬物品必須先取得搜索票，凱洛爾辯稱警察沒有取得聲請，就是違法搜索，警察應該受到責罰，搜查出來的證據也需被排除。不過，美國的法律也同樣制定了例外：執法人員可以用明顯的事實推論，認為該場所已發生危害或即將發生危害；若程度已達「合理懷疑」[7]，他的盤查就屬於合法。

執法人員對「合理懷疑」的舉證責任決定了執行人員不可肆意為之，必須嚴格遵照客觀事實做為判斷基礎。依照這樣的邏輯來看，凱洛爾一夥並沒有違規，也沒有暴露任何危害社會安全的物品

7 原文 reasonable doubt，指必須有客觀之事實做為判斷基礎，根據當時的事實，依據專業警察執法經驗所做成的合理推論或推理，而非單純的臆測。

和行為；警方是以凱洛爾處在犯罪率高的底特律一帶，便先入為主進行非法盤查。他們可以證明邊境環境的可疑，卻無法證明凱洛爾一夥的可疑。但最終法院判決卻出乎意料：警察的搜查是出於國家邊境安全和利益的考慮，是「合理懷疑」，並非「不合理的搜查和扣押」，因此他們的無證搜查合理合法。

為了禁酒令，法院選擇擴大了警察搜查和扣押車輛的權力，否定了憲法第四修正案對公民權利的保護。為了維護屢禁不止的禁酒令，美國已然被附帶的巨大成本拖入泥沼；酒類犯罪太多、收藏體積太小太難以察覺，若要根治販酒，必然會對人權造成極大侵犯。此時國內的法學者開始躁動不安，他們紛紛轉變成堅定的反禁酒主義者，主動承認美利堅犯了大錯誤，希望彌補自己的錯誤行為，並提出要求廢止禁酒令。

其實不只是法學家，美國政界的最高領袖——禁酒時代的五位總統，威爾遜、哈定、柯立芝、胡佛，都對禁酒令有不同程度的反對。威爾遜在《沃爾斯泰德法》通過前曾對該法案行使否決權，只是未能阻止此法案獲得通過。長相俊俏、擁有「羅馬人」之稱的哈定本人更是陽奉陰違，在白宮裡頭飲酒。柯立芝在擔任麻薩諸塞州州長時曾反對禁酒令，但為了遵守憲法，他亦曾動用否決權否決當地銷售酒精濃度不大於百分之二點七五的飲料議案，在否決咨文中陳述：「意見和訓令都不能超越憲法。如果抵觸憲法，它們將是無效的。」至於胡佛本人曾在公開場合多次支持禁酒，是歷任總統中最忠貞的道德主義者，但胡佛私下也會喝酒：一九二一年任職商務部長時，胡佛經常在下班後拜訪比利時大使館會見一些朋友。由於大使館是法定外國領土，不受美國憲法管轄，胡佛便可和朋友們一起飲酒作樂。

一九二九年十月爆發大蕭條（Great Depression），美國國內注意力迅速轉移至經濟問題，新聞整天播報著銀行倒閉與企業家跳樓的惡訊，全國上下惶惶不可終日。美國人希望甘醇香甜的美酒能暫時讓他們忘卻眼前的困難，緩解緊張憂慮的心情。經濟學家也表示應將生產過剩的糧食釀成酒；如果白白浪費這些糧食，將讓政府每年流失超過二十億美元的酒類稅收。

美國各地的民眾終究後悔了，根本不值得為禁酒付出如此高昂的代價。從一九三〇年起，國會逐步放寬《沃爾斯泰德法》的嚴格標準，允許製造和銷售酒精濃度百分之三點二的啤酒和不超過該濃度的葡萄酒。富蘭克林．羅斯福於一九三三年三月就任總統後，更是推動國會制定用來廢除第十八修正案的憲法修正案；同年底，第二十一修正案迅速獲得全美四分之三的州批准生效。禁酒時代終於宣告結束，消失在歷史的長河中：

> 美國憲法增修條文第十八條應即廢止。在任何州、領地或屬地內，凡違反當地法律為在當地發貨或使用而運送或輸入致醉酒類，均予以禁止。
>
> ——《第二十一修正案》

▼法律與道德的衝突問題

禁酒運動失敗的根源，在於模糊了道德與法律的界線。人類是個性多元的物種，在偌大的美國，一個人在教堂虔誠禱告的同時，也必定會有一個醉倒在大庭廣眾的人；若要在兩個人當中擇其一，人們必然會看不慣後者。可是，當我們在說某個人做的某件事不道德的時候，我們是在評價他人；對於這個評價，那位醉漢大可無視，也大可為此感到羞愧。

然而，若我們企圖以法律手段去改變公眾生活習慣和風俗，去制止醉漢，那就矯枉過正了。人都是情緒多變的，我們能保證大多數情況下都是「正常」，但又如何保證我們哪天不會因為工作壓力太大，或者和親朋好友吵了一架，而暫時用酒精麻痺自己呢？何況醉漢除了躺在那邊外，幾乎沒對社會造成任何影響。一旦道德與法律的界線模糊，必然造成嚴重後果。

在禁酒時代後期，人們發現義正嚴辭的「道德立法」雖然初衷良善，但在實踐過程中卻悄悄地走向非道德。禁酒令越嚴苛，反抗也就越大。當法律權威侵害了人類與生俱來的天性，民眾對法律的信任也將被不斷侵蝕。

不過，美國第十八修正案也不是一無是處，它的第三款內容確立了美國憲法修正案批准生效的七年期限慣例。[8] 原本的憲法修正案對批准期限都不設限，國會通過後交由各州批准，什麼時候批准達到條件、什麼時候生效，都沒有期限，也沒有失效一說。最極端的是第二十七憲法修正案，國會通過的時間是在美國建國初年的一七八九年，與前十條權利法案同時提出並通過，但批准生效是在一九九二年，足足花了二百零三年。

禁酒令明確規定，七年內批准則生效，逾期則失效。此後的第二十一憲法修正案第三款也延續了相同內容，法律實務均照此執行。當然也有例外，那就是《平等權利修正案》（*Equal Rights Amendment*），因為卡特總統簽署了聯合決議聲明，以致該法從一九七二年被美國參議院批准後另外增加了三年的批准期限，總共十年。但很遺憾，未達批准要求未能生效。

當然，不能說禁酒令一點功勞也沒有，禁酒運動是美國女性走上政治歷史舞臺的第一步。女性團體在四處各地發表遊行演說，反對政府長期忽視女性利益，並在各處公園設置免費的飲水機，使勞工在口渴時不需再另尋酒吧。禁酒運動激發出女性和政府溝通的力量，並成功讓政府意識到男女應當擁有對等的政治權利。一九二〇年，第十九修正案便正式賦予女性選舉投票權，延續至今。[9]

某方面來說，禁酒運動也為族群融合做了點貢獻。禁酒令下人人平等，不論貧富、不論貴賤、不論族群，大家都遭受了不合理的法律對待。也因此在進行非法交易時，彼此的偏見都被拋諸腦後，盎格魯薩克遜人可以和愛爾蘭的私酒商成為好友，正如白人與黑人可以在同一間地下酒吧一同暢飲。酒精成了另類的宗教，甚至起到了比宗教更大的團結作用，這幅景象在禁酒令前幾乎無法想像。

8 憲法第十八修正案第三款：「本條除依照本憲法規定經各州州議會於國會將本條提交各州之日起七年內，批准為本憲法之修正案外，不發生效力。」
9 憲法第十九修正案條文：「美國或各州不得因性別關係而否定或剝奪美國國民之投票權。」

禁酒令的另一個諷刺之處，便是豐富了雞尾酒的品項。禁酒令期間，丈夫利用自己手邊的工具作出了簡陋的蒸餾機器，妻子讓出了家中的浴缸存放萃取出來的烈酒。由於釀造工具多半不怎麼樣，烈酒口感和氣味也難以下嚥，為了變可口，人們嘗試加入各種食材調味，經典的「蜂之膝」調酒[10]便是用蜂蜜來掩蓋琴酒的霉臭味；同一時期出現的「薑汁威士忌」則以薑汁調和未經陳釀而嗆辣的酒精味。雖然調酒並非美國首創，但也正是禁酒令將調酒文化發揚光大。

有趣的事實：

著名的「長島冰茶」，相傳源於禁酒局探員突擊搜查紐約長島的一家地下酒吧，酒保在情急之下將許多種烈酒和飲料統統倒進一個大缸裡，然後告訴特工這種褐色液體只是冰茶，就此躲過一劫。

10 Bee's Knees，由琴酒加入蜂蜜與新鮮的檸檬汁製成。

05

CHAPTER

一戰結束、經濟大恐慌與羅斯福時代

1921 ～ 1953

大蕭條時期美國某家銀行門外的擠兌人潮

該期間重大事件

1921 共和黨人塔虎脫受哈定總統提名，就任首席大法官

1925 「田納西州訴斯科普斯案」（猴子審判），將禁止在課堂教授進化論的法令視為合憲

1929 經濟大蕭條開始，華爾街爆發股災席捲全世界

1930 查爾斯．埃文斯．休斯就任首席大法官，信奉傳統古典自由主義和進步主義，將在日後反對羅斯福的新政

1933 《第二十修正案》生效，修正國會與總統的上任日期與任期，史稱「跛腳鴨修正案」

《第二十一修正案》生效，正式廢止《第十八修正案》

羅斯福新政展開，此一經濟政策將成為美國有史以來最大的司法威脅

《全國產業復興法》通過

1935 《全國產業復興法》被裁定違憲失效

1937 羅斯福發起「法院填塞計畫」，但未能成功

1941 休斯退休，哈倫．菲斯克．斯通就任首席大法官。珍珠港事件爆發

1944 「是松訴合眾國案」，斯通認為將日裔美國人排除在拘留營符合憲法

1945 二次世界大戰結束，日德無條件投降

1946 弗雷德．文森就任，他是二十世紀最後一位由民主黨總統任命的首席大法官

1947 「楊斯敦鐵工廠訴索耶案」判決總統無權強制民間企業充公

《第二十二修正案》生效，明文規定一人不能被選為總統超過兩次

導言

在美國聯邦法院的發展歷史上，一次世界大戰後至二次世界大戰結束的這段期間，是一個重要的轉折。

一九二一年，哈定總統提名了曾於一九〇九至一九一三年任職總統的威廉・塔虎脫（William Howard Taft）出任首席大法官。這位幽默的法官體態肥胖，時常拿自己的身材開玩笑，當時的人們傳聞「他的體型龐大到卡在白宮浴缸」，就是他用來自嘲的笑話。相較於政治，塔虎脫更熱愛司法，執掌最高法院期間甚至說過「我不再記得我曾當過總統了」，可以看出他多麼中意這個職位。

在塔虎脫法院期間，最高法院承襲洛克納時代判例，對契約貿易的態度傾向自由保守，對個人權利保障則略有進展。塔虎脫在政界頗具威望，因此能利用與國會的良好關係，來推進最高法院的改革，其中主要貢獻體現在以下幾方面：

其一，一九二二年塔虎脫說服國會通過立法，建立「巡迴法院資深法官聯席會議」。這是後來美國司法會議的前身，該會由首席大法官領導，以最高法院大法官、聯邦地區巡迴上訴法院的首席法官、來自不同地區的地區法院院長組成，負責統整法學見解。經過這次改革，聯邦法院系統在行政上不再是一盤散沙，而是有機地組合在一起。[1]

其二，一九二五年塔虎脫促使國會頒布新的《司法法案》（*Judiciary Act of 1925*），確立了最高法院對是否受理案件有絕對的自由裁量權。按照以往法律，最高法院只能被動接收上訴案件，其中也包含大量僅涉及事實問題的法律案件[2]，案件繁多只得時常拖延。此次改革後，最高法院對於不涉及憲政問題的案件有權直接駁回或發回，能更加專精於受理案件，威信力也大大增加。

其三，在塔虎脫的推動下，國會最終批准撥款，動工興建最高法院大樓（Supreme Court Building），一改原先窩居國會大廈地下室的窘

在改革之前，最高法院龐大的工作量總是遭人詬病。
《我們過度勞累的最高法院》，1885 年，約瑟夫．開普勒（Joseph Keppler）繪

聯邦最高法院內部法庭

即將建造完工的最高法院大樓，1933 年，美國國會大廈建築師公會藏。

1 中華民國亦參考該規定，設有「最高法院年終行政會議」，用以統整學說見解。

2 法院審理區分為事實審與法律審，前者在於確認事實的經過，就所認定的事實加上適用的法律予以裁判；後者則在於判斷適用的法律是否有誤，該法是否妥當。原則上最高法院僅受理法律審。

境，展現三權分立政體的獨立與尊嚴。最高法院大樓的建築風格與國會大廈類似，都是採取白色大理石材質的希臘科林斯柱式建築。若要進入法庭訴訟，首先要登上四十四級的白色大理石台階，走過前廊高聳的石柱，穿過兩扇青銅大門；內部法庭的高度則有四層樓之高，內部配備的桌椅均為桃花心木所製，天花板上鑲嵌著五彩斑斕的彩磚，莊嚴肅穆，威儀神聖。

在塔虎脫的時代，法學見解基本延續洛克納時代的商業判例，最高法院仍頻繁宣布支持社會福利或勞工正義的聯邦法令違憲，這種情況一直持續到一九三〇年。當經濟大恐慌爆發、塔虎脫也因病辭世後，美國的經濟和社會生活陷入前所未有的困境。在無法依靠個體和社區的力量來抵禦生活困境下，一向相信自由市場的美國人，最終也不得不尋求聯邦政府的插手救急。民主黨人富蘭克林．羅斯福正是在此危難之際就任總統。

上任伊始，羅斯福就下令了一系列「新政」，美國政府一改過去的自由放任立場，轉而對經濟進行全面的行政干預。在緊急狀態下，總統獲得了超乎尋常的支配權和決策權，握有巨大的權力，聯邦政府成為一個強有力的經濟規劃機構，協調和策劃企業的價格、工資和投入政策。羅斯福時代是聯邦政府擴權的開始，也是對經濟社會生活全面干預的開始，國家與市場的關係不得不重新建構，這是美國體制重建最顯著的特徵。

然而，羅斯福所推動的新法與洛克納時代的種種判決意旨大相逕庭，更與新任首席大法官查爾斯．休斯（Charles Evans Hughes）為首的最高法院爆發衝突，此段時間被譽為是繼一八〇〇年「傑佛遜革命」後美國的第二次憲政危機。美國法學家布魯斯．阿克曼（Bruce Ackerman）也認為從憲法角度來講，「新政」是一場沒有增加憲法修正案的憲政革命，是一個能與制憲、內戰相提並論的「憲法時刻」。[3]羅斯福總統獲得美國人民的授權，透過政治施壓，迫使最高法院改變憲法教條。最高法院落居下風，影響力也受其掣肘，最終認可了新政立法，並在著名的一九三八年「美國訴卡羅琳產品公司案」（US v. Carolene Products Co.）中提出了一個極為寬鬆的經濟「理性標準」：

影響一般商務交易的調控性立法不能被宣布違憲，除非從一些眾所周知或者普遍認定的事實觀之，認為它具有的特性不是基於立法者經驗和知識範圍內的理性基礎。

這項案件涉及了政府是否可以訂定限制加工牛奶跨州銷售的問題。卡羅琳公司認

3 「憲法時刻」的概念，乃是一個國家在特定時刻，對憲法典章的討論和行動，不但使憲法產生與時俱進的興革，也會對公眾的價值觀和社會結構，造成根本性的變動。

為，該法剝奪了公司的商業自由權，違背了憲法第十四修正案的「正當法律程序」條款。如果該案發生在大蕭條前，最高法院必然與自由市場站在一起，以違憲之名廢止該法。但在此案判決書中，斯通大法官表示最高法院並不能處理任何問題，在判決與州際商業相關的案件時，最高法院並非更了解經濟的第三人，且經濟問題並無絕對的對與錯，因此，除非立法者的法規一眼即知缺乏「理性基礎」（Rational basis review），否則應尊重他們在訂定商業法規所依賴的「知識和經驗」，不應宣布這些立法違憲。

當然，斯通也在判決書上親自撰寫例外情況，設下了三種但書情形。若是立法者觸犯了其中一種，最高法院將不採用「理性基礎」，並對法案進行嚴格司法審核標準。其一，明顯違反《權利法案》和第十四修正案的立法；其二，限制多數人民參與政治進程的立法；其三，歧視弱勢群體並妨礙他們參與政治進程的立法。這項標準成為了現代憲法審核標準的先驅，後來逐漸發展成為美國憲政史上著名的「雙重標準」（double standard）原則。[4]

在羅斯福時代，受到彼岸的納粹德國優生學影響，各州的優生節育法開始興起，維吉尼亞授權部分精神病院擁有選擇向智能障礙或殘障病人強制結紮的權力。奧克拉荷馬州更規定刑事被告若曾犯三次刑事犯罪，即被認定為「血統上的不良分子」，法院得命令強制切割生殖器，這些以科學之名行侵害之實的法律，竟堂而皇之地出現在美國。[5]

一九四一年，日本發動珍珠港事變，美國正式加入同盟國參戰。前線和大後方創造的大量工作機會、軍工業帶動的生產復甦，使得美國經濟完全走出大恐慌的陰霾，美國婦女也因此大規模踏入工作職場。在戰爭威脅下，國家權力從國會轉移到總統及行政部門，公共管理機關的擴大至此成了美國的長久特徵。從羅斯福就職到二戰爆發的六年間，聯邦政府員額與開支膨脹了數倍，為以後歷任美國總統呼風喚雨的權勢打下了基礎。

第二次世界大戰所導致的嚴峻形勢和全國動員，讓總統權力急遽膨脹。在國家安全的名義下，居住在加州的十一萬二千名日裔美國人被分別被移置到十個拘留營，這些營區大多位於荒郊野外，多數設有鐵絲網將他們隔絕，曾有居留者因企圖逃跑而遭到射殺。日裔美國人希望以司法伸張正義，重獲自由，然而在著名的「是松訴合眾國案」（Korematsu v. United States）中，最高法院卻認為美國政府囚禁日裔美國人的行為合憲，這項判決也成為司法史上的一大污點。

好在，戰爭結束後，世界迎來了人權運動與民族自決的陣陣春風。美英兩國於一九

4 目前美國憲政以雙重標準原則為基礎修正，採用三階段審查方式，即理性基礎審查（最不嚴格，不涉及基本權）、中級審查（稍微嚴格，涉及基本權）、和嚴格審查（最嚴格，涉及重大基本權）。

5 節育法在美國實行多年，直至對德宣戰後不久的一九四二年「斯金納訴奧克拉荷馬案」（Skinner v. Oklahoma）中，最高法院始認定慣犯強制節育法違憲失效。

四一年提出《大西洋憲章》，宣布民族自治、領土完整、經濟國際主義、社會安全、縮減軍備及國際合作等八項原則，做為重建戰後世界秩序的政策依據。其中包含「尊重所有民族選擇他們願意生活於其下的政府形式之權利」、「曾經被武力剝奪其主權及自治權的民族，重新獲得主權與自治」、以及「建立和平，使所有國家能夠在它們境內安然自存，並保障所有地方的所有人在免於恐懼和不虞匱乏的自由中安度他們的一生」。這幾項原則為戰後聯合國的國際人權政策打下了堅實的基礎。

在第一次世界大戰結束至華倫任職首席大法官前夕，共有第二十、二十一、二十二修正案通過並實行。

《第二十修正案》旨在修正國會與總統的上任日期與任期。美國人經常把選舉中落敗，但任期尚未結束的總統稱為「跛腳鴨」（lame duck），總統和國會於十一月選舉後至隔年三月新選出公職人員宣誓前的時期，被稱作「跛腳鴨時期」。為防止總統為了自身利益而頻繁變動政務，使下任總統受到為難而不利未來執政，該案將總統任期修改為一月二十日中午結束。美國憲法曾規定國會必須每年至少召開一次會議。指定的默認日期是十二月的第一個星期一，亦即在程序上，參議員和眾議員就職後必須等到十二月才能開始召開國會會議，因此該案將會議改為一月三日，參議員和眾議員的任期亦於一月三日交接。

《第二十一修正案》是為終結《第十八修正案》（即禁酒令，前有講述）。

《第二十二修正案》則是針對羅斯福總統所訂的條款。美國開國第一任總統華盛頓當了八年總統後，在可以再次連任總統的情況下選擇辭職。華盛頓的高風亮節對後世總統影響深遠，並形成了一個不成文的典範，即美國總統任期不得超過兩屆，但此慣例並沒有法律上的明文規定。[6] 羅斯福於一九三三年當選總統後，又於一九三七、一九四〇、一九四四年順利連任，直至一九四五年病逝於任期。此時美國意識到這樣依循先例卻無法律約束的原則，在現實中是多麼容易被打破，因此該案規定總統每屆任期為四年，並只能連任一屆。

6 此處涉及到的是「憲政慣例」（Constitutional Convention）是否具有拘束力的問題。對於憲法條文並未規定某件事務，但基於政黨之間在實際政治運作上形成了某種共識，透過國家機關反覆實行運作一段長久時間，逐漸使人民確信有法的效力，而成為後續者遵循的慣例，被稱為「憲政慣例」，原則上應肯認其具有拘束力。羅斯福的連任很大程度違反了該慣例，僅因最高法院的視而不見而運行成功，此項修正案很大程度是避免憲政慣例因政治問題遭人忽視，故而重申國家重要權力架構。

11

美國有史以來最大憲政危機
——羅斯福新政與謝克特家禽公司訴美國案

當首席大法官引領我宣讀誓詞，復念『愛護並保障美國憲法』時，我心裡就在說：「好吧，但我理想中的那部憲法，是一部靈活性十足，可以應對任何政經問題的憲法——而不是你們最高法院所樹立的那部，純粹只是進步和民主的障礙。」[7]

——富蘭克林．羅斯福

▼羅斯福與高院爭端之始

一次世界大戰後，歐洲的經濟優勢逐漸被美國取代，造就出被後世史學家稱為「咆哮的二十年代」的經濟繁榮期。在此一時期，美國將工業化浪潮抬高到極限，創造出許多深遠影響的發明，美國人民的消費文化也出現了翻天覆地的改變。

可是，飛速發展的經濟也種下了泡沫化的危機。一九三〇年，自信的美國總統赫伯特．胡佛（Herbert Hoover）簽署了著名的《斯姆特—霍利關稅法案》（*Smoot-Hawley Tariff Act*），此後進口到美國的兩萬多種商品都將面臨歷史新高的關稅稅率。該法案的通過，包括英法在內的許多國家都不樂見；他們紛紛跟進，對美國實施更高的關稅壁壘，最終導致美國的進出口額急遽下降，原本高速擴張的經濟因此開始面臨生產過剩的危機。

公司生產的產品找不到國外市場的賣家，國內市場的需求量又不夠多，公司在消化不良下開始倒閉，股票市值累積損失了高達十七億美元。胡佛總統受到極大震動，開始採取貨幣緊縮政策，美國也進入了著名的「大蕭條」時期。截止一九三二年，股市一共蒸發了七百四十億美元，相當於美國當年GDP總和，或相當於一戰美軍軍費開支的三倍。全美失業率急遽上升，到了羅斯福就任前夕，境內失業人口已經達到了驚人的一千三百五十萬人。

此時的全美民眾都期盼有一個強大的政府出現，帶領著他們走出危機，主張大政府主義的羅斯福順勢躍上檯面，由此展開了轟轟烈烈的新政。羅斯福推行新政的具體手段是強化政府權力，以公權力強制推行經濟政策，這種被稱為凱因斯主義（Keynesian economics）的施政措施，主張國家應當透過增加需求來促進經濟成長、嚴控黃金外流、推出緊急銀行法案解決民眾不信賴儲蓄等問題。羅斯福的「第一次新政」持續了一百天，雖然取得了一些成績，但效果仍不理想。為此，羅斯福於一九三五年在原有的基礎上進一步推出「第二次新政」，包括勞工最低工資、工商產品價格管制等法案，以期扭轉經濟頹勢。

---

7 本翻譯採雷田所著之〈一九三七：美國最高法院到了最危險的時刻〉，《讀書》二〇一七年第七期，頁一一。

新政建立在一種整全的經濟學說上。大蕭條之前的歷代總統都是自由市場的堅定支持者，他們認為政府不應干預市場，應該透過市場的自由運作，讓它自行恢復到原來的樣子。然而羅斯福認為，當前的貨幣政策已無法刺激經濟復甦，因此必須擴大政府支出等財政政策來解決大蕭條。但是，這項政策同時會造成政府預算赤字，因此也成為眾人質疑與爭議的焦點。羅斯福表示，為了降低嚴重的失業問題，財政赤字是可以容忍的；等到經濟復甦，社會恢復往常的運作模式，政府也就有稅可收，屆時財政赤字問題就會迎刃而解。

為了實現這項政治措施，在羅斯福執政的年代，總統極力擴充美國聯邦政府的職能權限，跳過議會和最高法院，直接以行政方式來推動，同時也促成了美國現代總統制和行政體系的成形。儘管後世對新政往往抱持正面態

羅斯福（右方舉手者）總統就職典禮中，首席大法官查爾斯．休斯（左方舉手者）負責主持就職宣誓。

度，它也確實解決了當時最為緊迫的社會動盪危機，保證美國的社會能平穩運行，但在此期間頒布的法令，很多時候是「病急亂投醫」，不只沒能根本解決大蕭條問題，更有火上澆油的味道。

舉例來說，對於工商業的管制，羅斯福的理想就顯得魯莽草率，他認為大蕭條的原因主要是民眾消費不足，而民眾消費不足的原因是工資太低；如果強制提高工資，人們掙的錢越多，消費的就越多，這樣就能刺激工業和經濟的恢復。除此之外，政府必須制定計畫，統一產品價格，嚴格禁止削價行為，規定工資水平和勞動時間。如此一來便可以將市場回復至原有狀態。

羅斯福意圖頒布一系列法案來控管市場秩序，多半有利有弊。《緊急銀行法》雖然終止了美國的自由銀行傳統，但它加強了國家對銀行的管理和控制，使人民能放心將錢重新存入銀行。《農業調整法》鼓勵農民休耕減產，保證正常的市場價格，並以徵收農產品加工稅的形式，補貼自願減產的農民。《全國工業復興法》則試圖結束公司間的商業競爭，規定各行各業必須建立起統一的業務規則，如最低價格與生產配給限制等等。產業領袖需要進行行規談判，而談判出的行規得由當時的管理局官員批准，此外在批准時，政府有權為行業訂立勞工的最低工資和最高工時，以保障勞工權益。

由於《全國工業復興法》牽扯到的面向最廣，運作起來的成本最高，為了監督行業條例的起草和法律的具體執行，羅斯福特地成立了一個專門的獨立行政機構——全國復興總署（National Recovery Administration）。

可是，羅斯福的邏輯背後有著致命矛盾。按照他的商業管制理論，那些生產量大、得將成本拉低的工商業者，或者製作品質較佳、得取得更多市場的製造業者，便是違反了公平競爭規則，將面臨巨額罰鍰，但這並不利於市場健康運行。最低工資制度更是讓許多本不該倒閉的公司因為一時間無法聘請勞工，而面臨破產。

羅斯福新政的大部分法案往往是在短時間起草通過的，法律術語不是很嚴謹，在行政法層面上

全國復興總署

全國工業復興總署署長休．約翰遜（Hugh Johnson），為當年（1933 年）《時代週刊》年度風雲人物

羅斯福總統著名的「爐邊談話」。1933 年，美國國會圖書館

也給予有心人士操作的空間。比如《農業調整法》對休耕農民的補助過多，甚至超過了正常工作的農民，許多農場主便直接拋棄原有工作，成了政府的吸血蟲。政府操縱農產品價格時往往低估市場需求量，譬如計算後將大量豬牛羊與小麥運入焚化廠，造成國內市場供不應求，農民獲得利益，消費者卻吃虧。一九三四至一九三五年，美國牛肉的進口產量從十三萬八千二百八十三磅驟升為七百六十八萬四千六百三十七磅，而一九三五年美國進口了三千六百萬包棉花和二百磅豬肉，另外還進口了黃油、小麥、玉米等美國一直以來引以為傲的出口商品。美國在歷史上第一次成為糧食進口國。

再者，羅斯福的法令矯枉過正，使市場變得過分僵直，阻礙了經濟恢復。當時紐澤西州與全國復興總署共同起草《裁縫規則》，規定出售男士西裝至少四十美分，一名裁縫雅各布·馬吉德主張市場競爭，自行將價格下調至三十五美分，結果被罰了一百美金。除此之外，政府也要求市場競爭激烈的美國汽車輪胎業統一價格，但官員們並沒有想到，既然產品價格都一樣，消費者為什麼要選擇二流品牌的輪胎呢？知名的「固特異輪胎」便是靠著政府法令逐漸排擠掉原本物美價廉的對手，成為國內的最大輪胎工廠。

新政開始後，全國的工資水平都提高了，但生產成本漲幅更大，一九三五年一月的購買力平價實質上低於一九三三年六月《國家工業復興法案》法案通過時的水平。羅斯福新政對市場經濟的管制過嚴，已經從輔助市場復甦轉為了阻止市場復甦。該法案推出後不久，主張自由市場經濟的最高法院馬上做出了反擊。

天啟四騎士、三個火槍手、兩位中立派

一九三〇年代初期，正是最高法院的交接時期，塔虎脫病重辭職，並在病榻上向胡佛總統引薦了查爾斯．埃文斯．休斯（Charles Evans Hughes）繼承自己的職位。休斯是美國政壇的老領袖，政治履歷極其豐厚，早年是紐約州的進步派州長，一九一六年曾代表共和黨參選總統，然而輸給了威爾遜，柯立芝執政期間曾提拔他任職國務卿。胡佛把他召回最高法院，出任首席大法官。

首席大法官休斯與二十世紀歷屆院長的不同之處在於，他是來自北美新英格蘭的商人世家，與最高法院各種不同基層經歷的大法官格格不入。有些人認為，這樣一個「過著奢侈生活的人，不適合坐在法官席上來裁決有財閥、苦力和勞工之間的爭議」。

不過，休斯並沒有大家所擔憂的那樣，他多半站在中間聽取意見，試圖尋找平衡。當時九名大法官中，自由派和保守派大法官尖銳對立。保守派共有四人，他們構成穩固的陣營，來自西部的邊疆或南部的鄉村，崇尚無拘無束的個人主義，由於經濟思想保守，不適應羅斯福時代的政治形態，常被新聞媒體譏諷為帶來災難的「天啟四騎士」（Four Horsemen）。與其對立的則是自由派的三員大將，他們受到群眾的青睞，被媒體美稱為「三個火槍手」（Three Musketeers），該名源於法國作家大仲馬《三劍客》，是「人人為我，我為人人」的代表。另外還有兩名中間派，分別是首席大法官休斯，以及曾因調查「茶壺山醜聞案[8]」而聞名於世的歐文．羅伯茨。

一九三〇年代中期的休斯法院成員

大法官名稱	英文原名	任命總統	備註
中立派			
查爾斯・休斯	Charles E. Hughes	胡佛	中立偏保守，首席大法官
歐文・羅伯茨	Owen Roberts	胡佛	中立偏進步
天啟四騎士（保守派）			
詹姆斯・麥克雷諾茲	James McReynolds	威爾遜	極端保守者
威利斯・範德文特	Willis Van Devanter	塔虎脫	
喬治・桑德蘭	George Sutherland	哈定	
皮爾斯・巴特勒	Pierce Butler	哈定	
三個火槍手（進步派）			
路易斯・布蘭迪斯	Louis Brandeis	威爾遜	美國史上第一位猶太人大法官
哈蘭・F・斯通	Harlan F. Stone	柯立芝	一九四一年接替休斯擔任首席大法官
班傑明・N・卡多佐	Benjamin N. Cardozo	胡佛	最高法院的第二位猶太人大法官

8 內政部長阿爾伯特・福爾在合意收賄後，將美國國有地承租給私人石油公司的一起事件，被譽為水門事件前最轟動的政治醜聞。

羅斯福在第一次新政期間並沒有受到最高法院的明確阻攔，大法官順應民意，默認了政府管控市場經濟的現實。在一九三三年的「抵押物延期贖回案」（Home Building & Loan Association v. Blaisdell）中，大蕭條開始時，許多人都向銀行抵押了自己的房子，銀行約定三年償還貸款的統一期限，三年後許多貸款人仍無能力償還，將被銀行強行收回房子，可是無家可歸的人實在太多，明尼蘇達州為了讓社會不至於動盪，立法延長了抵押人贖回抵押貸款的時間擴大了抵押人的權利，等同在簽約後未得合

1932 年的休斯法院

前排由左至右：布蘭迪斯大法官、范德萬特大法官、休斯首席大法官、麥克雷諾茲大法官和桑德蘭大法官。後排由左至右：羅伯茨法官、巴特勒法官、斯通法官和卡多佐法官。

查爾斯．休斯

大蕭條期間的美國養雞場

意即變更合約，是間接破壞私法自治原則。一九三四年，最高法院最終以五比四的優勢讓法案勉強過關，休斯和羅伯茲分別加入了三位自由派的陣營，他們認為適時地控管不動產，有助於遏止有心人士藉著這場災難大賺國難財。

再來是「內比亞訴紐約案」（Nebbia v. New York），為了防止農產品價格下跌，紐約州於一九三三年成立了牛奶控制委員會，該委員會有權設定當地的牛奶價格，他們將一夸脫（約九百四十六毫升）牛奶的價格定為九美分，在當時是非常高的價格。人們懷疑政府打算從乳製品經銷商手中賺取差價，而不是為了受益農民，故緊張局勢一觸即發，紐約各地都爆發牛奶罷工事件。此案中高院再度以五比四低空飛過，認為常規的供求法不足以糾正牛奶價格問題，紐約州有權設立牛奶控制委員會。

不過，隨著羅斯福新政的持續推廣，最高法院發現羅斯福所起草的一系列法案，無疑對公民權利和企業自由都造成極大侵犯。他們幾乎授權了執行單位毫無底線的權力，罰金也不斷增高，種種法案很快陷入爭議。為此最高法院逐漸不分派系槍口一致，展開反擊。其中最知名的司法大案「謝克特家禽公司訴美國案」（Schechter Poultry Corp. v. U.S），就扳倒了羅斯福極為看重的法律《全國工業復興法》。

▼謝克特家禽公司訴美國案

謝克特家禽公司是位於紐約布魯克林區謝克特家族的三位兄弟——馬丁、亞歷克斯、艾倫所開設的屠宰場。他們是來自波蘭的猶太移民，同時也是虔誠的猶太教徒，家族從有資料記載以來都是屠戶。他們宰殺家禽的方式嚴格遵照猶太教教義，販售的家禽都是無疾病、非畸形的，因此在當地的市場頗具名氣。

做為美國社會中較底層的公民，謝克特兄弟原本也對羅斯福新政抱持好感，在大蕭條期間他們曾將公司存款放在某家銀行，那家銀行卻倒閉了。羅斯福新政「恢復銀行信用」的措施保護了儲蓄者，保護他們的財產，新政期間在布魯克林地區修建的大橋更減短了他們往來運輸家禽的成本。從這些背景來看，謝克特兄弟本該是新政的擁護者與受益者。

可是，事情卻在一年後出現了反轉。在《全國工業復興法》的授權下，全國工業復興署的官員開始頻繁檢查謝克特家禽公司的雞舍，以領導之姿指揮雞舍的運作，並禁止他們讓顧客挑選雞隻。

官員對雞簡直一竅不通，謝克特兄弟帶官員參觀雞舍時，甚至還需介紹公母雞隻的辨認方法。

有一次例行檢查時，艾倫．謝克特聽到官員對他的顧客說：「我就是法律，我有權想做什麼就做什麼，如果你不喜歡就滾蛋。」這令他大為憤怒，從此拒絕讓調查官踏入雞舍一步。做為報復，全國工業復興署的官員們起草了一份包含六十多項罪名的起訴書，準備將他們以違反《全國工業復興法》關入大牢。起訴罪名主要有以下幾項：

（1）謝克特公司出售病雞。即使買賣者互相知情，顧客也無權購買次等品。

（2）謝克特公司允許顧客挑選家禽。[9]

（3）謝克特公司出售的家禽價格太低。

（4）謝克特兄弟和兩名助手的工資太低。

謝克特家族是非常虔誠的猶太教徒，他們嚴守安息日，星期五下午停止工作，星期六日落才回來上班。政府指控他們「出售病雞」，等同於指摘謝克特家族不是有名譽的教徒。謝克特兄弟不再忍耐，決心以一紙訴狀將全國復興總署告上紐約布魯克林聯邦法院。

9　羅斯福政府認為商業競爭是有害的，他們擔心讓客戶自己挑選，會把「次等品」留給別人，造成惡性競爭，所以制定了家禽業的標準作業方法，規定商戶必須「按官方標準來屠宰」，客戶「無權挑選任何單隻雞」。這種方式也被稱作「直接屠宰」（顧客來購買，但不能挑選家禽）。

針對第一項指控，全國復興總署宣稱他們至少發現有十隻雞是「病雞」，這些雞都患有雞結核病（Tuberculosis）。按照他們的說法，這種疾病可以傳染給人類，後來被證明這只是官員欲加之罪何患無辭的臆測。雞結核病無法傳給人類，謝克特兄弟的雞舍裡也沒有傳染情事。而且經過紐約州衛生檢驗部門檢驗，真正符合「病雞」要件的只有一隻體態虛弱、無法下蛋的母雞；該雞隻被屠宰時雞蛋仍堵在體內，平常人根本難以察覺。出售這隻雞屬於過失行為，並不符合法令禁止的「蓄意出賣病雞」。

第二項指控，謝克特兄弟認為挑選家禽符合市場原則。有錢人雖然可以購買較鮮美的部分，但不意味其餘部分就是無人購買的次等品，各種社會階級地位的人都會依照自己的購買力來挑選食品，無需政府強定政策，全國復興總署沒有理由不許他們讓顧客挑選家禽。更何況，謝克特家禽公司的營業範圍只在州內而非州際活動，依照美國憲法的狹義解釋，聯邦當局只有權管轄州與州間的跨域貿易。

第三項指控，依照《工業復興法》的法理，商業成本競爭不可避免，而商品價格定得過低會導致通貨緊縮，因此政府必須將價格控管在一定範圍。但謝克特兄弟表示，法律規定的過高價格簡直就是災難，就像禁酒令強制壓抑人性慾望一樣。商業競爭本就不可避免，如果毫無理由地壓制競爭，只會讓黑市猖獗，市場更加萎靡不振。

第四項指控，謝克特兄弟表示自己是家族企業，經營這份工作純粹是秉持對猶太教的敬畏之心。家禽公司在大蕭條期間無法以正常薪資一次供養三位兄弟，但三位兄弟都是在完全自願的情況下繼續留在公司工作。且依照美國憲法內文的狹義解釋，僱員的工資和工時協議與州際貿易完全無關，羅斯福政府並沒有權力立法控制最低薪資。

謝克特公司的辯駁言之有理，代表工業復興署的檢察長並沒有反駁謝克特的說詞，但他的辯論方式耐人尋味。他向法官宣稱：國家處於緊急狀態，必須執行緊急法律才能真正解決問題，如果政府不發揮威嚴，將導致更大的損失。亦即，即使謝克特有理，在大時代的背景與全體公眾利益下，他們必須堅決遵守法律與國策。最終，布魯克林區法院採用了工業復興署的見解，判決謝克特兄弟成立十九項罪名，罰款七千美元，這在大蕭條時代是一筆鉅款（當時一頭牛也不過兩美元而已）。

謝克特家族此時面臨巨大的財務危機，已然難以支撐公司運行，但為秉持對信仰的忠誠，他們將案子提交到最高法院。這就是美國憲政史上著名的「謝克特家禽公司訴合眾國」案。

▼最高法院的判決

當時，美國最高法院的九名法官正處於有史以來意識形態最衝突的時代，表面上一團和氣，私底下卻暗流湧動。保守派的麥克雷諾茲主張反猶主義，極其厭惡羅斯福，曾戲謔地稱呼羅斯福就是一個「坐在輪椅上的殘廢」，他甚至會刻意不和猶太裔的大法官卡多佐說話。民主派大法官斯通則是羅斯福總統的無條件支持者，不論新政推出的法案有萬種缺陷，他仍會用投票來堅決擁護總統，他曾在二戰期間支持總統有權審判在美國國土被軍事法庭扣押的納粹分子，引起了極大爭議。

開庭前，許多人都認為最高法院面對這場案件也將如過往那樣，以內部分裂、低空飛過來擁護羅斯福的政策。可是一九三五年五月，首席大法官休斯代表全體大法官，宣布《全國復興工業法》以八比一的懸殊比例判決違憲。羅斯福大為震驚，連自己一直視為盟友的卡多佐和布蘭代斯都走向了他的對立面。

最高法院審理此案時，休斯院長並沒有採用像約翰·馬歇爾大法官在面對強大政府時，以程序規避實體的方式來獲取最終利益，而是直接與羅斯福總統對槓。他們將焦點聚集在管轄問題，以及政府的權力濫用問題上。根據美國憲法第一條第八款，國會有權「管理與外國的、州與州間的，以及對印第安部落的貿易」。也就是說，只有州際貿易才歸聯邦法律管轄，《全國工業復興法》所調整的貿易只能是州際貿易。謝克特家禽公司的家禽雖然來自紐約州以外的地區，但謝克特的上游批發商位於紐約州。就謝克特一案而言，這屬於州內貿易，聯邦政府無權管轄。

至於聯邦政府規定「直接屠宰」是否屬於濫權？大法官在庭辯期間曾詢問全國復興總署的辯護人——司法部副檢察長里德（Stanley Reed）雞舍的屠宰程序，里德稀鬆平常地回應：「按照《全國工業復興法》守則，顧客不可以挑選他想要的雞。他應當把手放在架子上，碰到哪個就買哪個，他必須要買下第一次碰到的那隻」。這一答覆引起法官哄堂大笑，這在最高法院的審判庭是少見之事。大法官喬治·薩瑟蘭回應：「原來是這樣。那假如所有的雞都擠到雞舍的另一頭，該怎麼辦？」[10] 此言論再次引發哄堂大笑。

當輪到謝克特公司的辯護人喬瑟夫·海勒（Joseph Heller）律師辯護時，麥克雷諾茲大法官向海勒問道：「你的當事人是因此（直接屠宰）被定罪的嗎？」海勒回答：「是的，在罰款七千美元中，觸犯『直接屠宰』規定占了罰款的五千美元。除此之外，公司負責人也因此被判入獄三個月。」大法官們面面相覷，對於聯邦是否濫權都心中有底。

最終，九位法官當中有八位認為《全國工業復興法》的立法理由除了含糊其辭的表述之外，並未提供任何具體標準，從而賦予執行者「幾乎無限制的」裁量權，而「在沒有任何標準或準則的情況下，問題最終留給總統，按其意願處置」。法案依照這樣的法理思維來貫徹全文，因此全部違憲，連一條法條都不許存留。[11]

《全國工業復興法》做為羅斯福新政的一項核心法律，被宣布違憲，無異於一次重大打擊。當天案件結束後，最高法院的大法官布蘭代斯對兩位聯邦政府的律師表示：「中央集權的做法現在已經結束了。我要你們回去告訴總統，我們不能讓這個政府什麼都中央集權。」

---

10 原文：Well suppose however that all the chickens have gone over to one end of the coop?

11 謝克特案承接了最高法院自一九二六年揭示的「模糊原則」（vagueness doctrine）。該項原則認為如果立法機構對法官或行政部門的授權過於廣泛，以至於可能導致基本權的巨大干預，該法規則含糊不清而無效。相較起來，中華民國則採德國之授權明確性原則，以其授權之目的、內容及範圍，應當具體明確做為審查之標準。

▼「法院填塞計劃」與最高法院的轉變

新政在最高法院遭到嚴重挫折，約五百起指控違反工業復興法的案件都被撤銷。此案之後，《農業調整法》、《紐約最低工資法》、《房屋業主貸款法》接連被最高法院推翻。隨後的一年半內，最高法院推翻國會法案的速度是從前的十倍。

聯邦法院在猛烈反撲之際，給予羅斯福執政嚴重打擊。羅斯福氣憤之餘，選擇往最高法院裡安插進自己的人馬。美國憲法並沒有對最高法院大法官的人數作出規定。事實上，建國後很長一段期間最高法院都只有六名大法官。這份數字常隨時間而有所增減，一直到通過《一八六九年司法法案》後，大法官的人數才穩定為九名。

憲法沒有規定大法官的人數，但有一點可以確定：根據憲法，總統有權提名聯邦最高法院大法官人選。因此在一九三六年十一月第三十八屆美國總統大選結束後，羅斯福挾民意基礎之勢，拋出醞釀已久的「法院填塞計畫」（一九三七年司法程序改革法案，Judicial Procedures Reform Bill of 1937）。根據該法案規定，總統有權為每一位年滿七十歲又六個月的最高法院法官任命一名新法官，但要保證最高法院的規模不能超過十五名。也就是說，羅斯福所推動的高院填塞計畫，將為他自己創造額外任命六位大法官的機會，足以保證親新政派能牢牢把持著最高法院。

計劃一出，輿論譁然。首先發難的是新聞界。無論是原本就站在羅斯福對立面的保守派媒體，還是在競選中支持過羅斯福的進步派媒體，都對羅斯福的填塞計畫極度不滿。這份計畫於七月二十二日送達參議院，在參議院司法委員會內部投票中，委員會以十比八反對填塞計畫，十個反對者中甚至有七個是民主黨人，該案最終遭到駁回，不了了之。

法院填塞計畫的失敗，暴露出羅斯福無法通過煽動民眾情緒進而染指司法。可戲劇性的是，鬧劇結束後僅一個月，在萬眾矚目的「西海岸旅店訴帕里森案」（West Coast Hotel Co. v. Parrish）中，中間偏保守的歐文．羅伯茨大法官竟一反常態，捨棄了保守派四大騎士，轉而同進步派三位火槍手及同為中間偏進步的休斯組成了新多數，以五比四裁定華盛頓州訂定的最低工資法律不違憲。不久後，最高法院以同樣的五比四判決國會在《全國工業復興法》被宣布違憲後用以替代該法案的《全國勞資關係法》合憲，這與羅伯茨先前的一貫立場大不相同。

「聽著！我不喜歡你的決定！」新聞漫畫以球員和裁判來表現行政和司法的雙方衝突。地上散落著被裁判宣布違憲的球棒。Ray O. Evans, Columbus Dispatch, February 10, 1937。

羅伯茲十分突兀的立場變化，被後世史學家稱為「拯救九人的轉變」（The Switch in time that saved nine）。他們認為羅伯茲之所以倒戈，目的是防止羅斯福繼續以改變大法官人數的方式來染指聯邦法院。羅斯福任內經常發生重複提案的事件，被國會駁回後一段時間，羅斯福便會提出幾乎一樣的法案，直到國會不勝其煩通過為止。

許多人猜測，羅伯茲是在顧及最高法院可能遭遇巨大威脅的情況下趕緊懸崖勒馬，才做出這個十分合理的政治選擇。

由於最高法院的政治立場轉變，羅斯福失去了推動「司法改革」的理由。首席大法官休斯更多次公開澄清，表示目前上訴到最高法院的案件雖多，但九人應付仍綽綽有餘，進一步削弱了羅斯福填塞計畫的前提依據。隨後保守派大法官范德文特在一九三七年五月提交辭呈。羅斯福終於有了提名自己大法官人選的機會，但也意味著他的高院填充法案失去了最後的理由。

往後幾年，其他高院大法官迎來了一股退休浪潮，保守派大法官們有意識地各自離開崗位，為羅斯福提供任命機會。一直到一九四五年四月十二日羅斯福於任期病逝，最高法院除了羅伯茲之外，其餘八位法官全是羅斯福任命的新政盟友。羅斯福最終還是達成了他想達成的目的，可以成功訂定任何他所想要的法律，不必害怕被判決違憲。然而他所倚靠的不再是毫無限度地行政擴張，而是借助合情合理的手段——優勢席次的國會、絕對多數的最高法院來達成目的。三權分立仍在，司法仍舊保持著不可動搖的權威。12

▼結語

謝克特家禽公司訴訟案結束後，該案在二十世紀被日後的法學家譽為司法權企圖捍衛民主政治，阻止政府執掌過多權力的經典案例。但從大法官羅伯茲以及後續大法官們的立場看來，他們已經意識到羅斯福不會善罷甘休，甚至會繼續推出更顛覆常規的立法措施。羅斯福的新政只是暫時的，但若是毀滅了延續百年之久的司法獨立性，那麼不只是羅斯福，當代美國人都將成為歷史的罪人。

但追根究柢，為什麼聯邦法院能放心將司法權暫時交給羅斯福呢？可歸功於兩大原因。

一是法學思想的改變。羅斯福新政對於司法體制還是帶來了一些正面影響，那就是它推動了一系列「使人民有免於恐懼的自由」的思想改革。法院在審視一場案件時，不再只是依循法律程序及判例辦事，而多了一絲社會的憐憫之心。自由資本主義制度是個過於超前的體系，它雖然能夠帶來社會空前的發展進步，顯著提高生活水平，並帶來從根本上改善人類福祉的創新，然而它也放大了人類與生俱來的自私與短視近利，導致勞資地位的落差、環境的不可逆受損，以及社會階級的僵化。即使如美國最高法院那樣傳統的制度，在社會觀念巨變的洪流面前也出現轉變；正是因為法學不再高高在上，對社會產生憐憫，以致到了一九五〇至六〇年代，最高法院得以在美國保守派仍舊占多數的大環境下，不受顧忌地為民權運動推波助瀾。

二是美國境內經濟危機的趨緩。一九三七年的經濟已經稍有改善，國內生產總值從六十八點三回溫至一〇三點九，失業率亦由百分之二十五點二下降至十三點八。羅斯福的新政仍在持續更新，

12 目前最高法院大法官數量，依據《一八六九年司法法》規定為九人。立法部門並未在「法院填塞計畫」流產後以憲法修正案形式將大法官數量明文化，相較於總統連任制度的明文化，實屬遺憾。相較美國，中華民國大法官雖在最初立憲未規定人數，惟目前已以憲法增修條文形式規定為十五人。

但相比於先前倉促而不近人情的法律，國會雖仍維持部分不合乎市場經濟原則的法案，但影響力及對憲法的危害性已遠遠削弱。聯邦法院的大法官們已經利用判例嚇阻國會立法，完成自己的使命。

從新政之初羅斯福大力提倡的「活憲法主義」（Living Constitution），到聯邦法院判決《全國工業復興法案》違憲的大反攻，乃至《法院填塞計畫》的頒布及聯邦法院最終的妥協，美國在一九三〇年代的司法體系面臨最嚴重的挑戰，最終在拉鋸之間取得了各自的讓步。總統順應國際化的時代潮流，對國內經濟獲得了更大的應變權限；最高法院在強大的聯邦威脅下，選擇和平地暫時引退，使司法權不致受到羞辱蔑視；國會受到最高法院的判例嚇阻，不再推行更激進的市場管制法案。三權平衡的法哲學在瀕臨傾覆後又抓穩方向，再度回歸平衡。雖然在這場總統與法院的戰爭中，既不是羅斯福獲得勝利，也不是最高法院獲得勝利，更不是國會獲得勝利，但在某種意義上，那個以三權分立為根本的國家共同體，在時代的浪尖上成功站穩腳跟，取得了最後的勝利。

12

私人財產神聖不可侵犯

——楊斯敦鐵工廠訴索耶案

每當美國國內發生重大的突發事件時，新聞媒體總會傳出總統準備使用「緊急狀態」（State of emergency）的消息。所謂緊急狀態，就是國內發生了未曾預料的危害，以至於使用一般的行政程序難以應對這種狀況，總統便能在國會授權下頒布緊急狀態。在狀態持續期間，總統能獲得超過一般法律受限的特別權力，可以暫時繞過國會的監督行事。

一七八七年制定的美國憲法並沒有明文規定緊急狀態的機制，只是在憲法之中隱含規定了一些「緊急狀態下，法律能有不同於平常狀態」的內容暗示。比如召集民兵本該是國會的權力，但當國內爆發叛亂或有外敵入侵的狀態下，國會便可授權政府，讓政府在國會的同意下領兵打仗。除此之外，在相同情況下，國會也可以出於國內安全的考慮，授權政府暫停考慮人身保護令。

那麼，國會的緊急狀態權力是如何跑到總統身上呢？美國憲法雖然賦予了國會緊急權力，但國會議事程序冗長複雜，在面對國家緊急狀態時容易力不從心，因此第八款規定國會可以將憲法授予的權力再次「授予合眾國政府或其任何部門或官員的一切其他權力所必要和適當的所有法律」，也就是國會有權將權力授權總統，讓總統承擔大局，應對瞬息萬變的緊急狀況。

然而，總統的緊急權力具有天然的擴張性，它極易顛覆平衡的三權分立，此項缺失在羅斯福上任後迎來了前所未見的高峰。一九三三年之後，羅斯福總統開始不定時宣布國家緊急狀態，這些命令既沒有權力範圍和時間限制，也沒有援引的法律，甚至沒有國會的監督，總統的緊急權力與國會立法權與監督權之間的博弈也處於失衡狀態。

珍珠港事件爆發後，羅斯福總統以國家安全為由，拘留了大量日裔美國人，其法理依據也是「緊急狀態」所授予。最高法院雖有部分大法官表示異議，但多數由羅斯福委派的大法官選擇站在「國家安全」一邊。一九四四年十二月十八日，聯邦最高法院在「是松訴美國案」（Korematsu v. United States）中以六比三作出裁決：美國政府在二戰期間強制十二萬名日裔美國人從太平洋沿岸地區遷移至由軍方控管的集中營，因為涉及國家安全問題，屬於合憲。該案成為美國憲政史上最黑的污點之一。墨菲大法官在不同意見書中寫到：「在任何場合都是醜陋，且極度令擁抱美國憲法原則的自由人厭惡」，該項決定「已經走到了憲法要求的極限」。[1]

羅斯福總統以國家安全為由，於二戰期間做了許多遊走美國憲政程序邊緣的事情[2]，雖然在時局及強大的民意基礎下，最高法院選擇隱忍與默認，但在羅斯福逝世與二戰結束後，事情迎來了轉機。美國經濟已經從大蕭條的陰影中恢復，世界也不再爆發大型戰爭，在這種環境下，延續效率大於程序的大政府主義已經不合時宜。當民主黨的繼任領袖杜魯門意圖延續羅斯福的政策時，最高法院選擇拾起刀鞘，以憲法對抗總統，使司法正義再度回歸。

韓戰與國內鋼鐵業的勞資衝突

一九四五年春天，羅斯福總統中風過世，副總統杜魯門依法接任。相較於小羅斯福呼風喚雨的聲浪，杜魯門顯得沒什麼存在感。他沒有顯赫的政界資歷，口才平平，貌不驚人，而且長期游離於權力中心之外，甚至是在繼任後才得知美國擁有原子彈。

這時二戰進入尾聲，杜魯門所要面對的，是戰後錯綜複雜的國內外局勢。國際上，他必須為戰爭收尾、成立聯合國、實行重建歐洲的馬歇爾計畫，並擋住共產蘇聯趁亂向歐亞擴張的野心。在國內，他則要面對大批退伍軍人復員的問題，重振戰後衰敝的經濟，並處理物資短缺與工會罷工等問題。

杜魯門外交能力甚佳，很快就釐清國際局勢，成為西方各國馬首是瞻的領袖；但內政方面，他卻一塌糊塗。當時興起的工會組織能力非常強，能串連全國上下聯合罷工，成為杜魯門的大麻煩，自一九四六年期中選舉以來，他便因工會問題失去了參眾兩院的主導權。即使在一九四八年以些微差距贏得選舉，順利連任總統，工會仍是杜魯門心中不可放下的一塊大石。

---

1 在這則不同意見書中，莫菲大法官明確提及種族歧視（racism）一詞，是最高法院有史以來第一位在判決書中出現該詞彙的書件。

2 一九四三年，最高法院審判了三件針對日裔美國人的案子，除開是松案外，另包含平林訴美國案（Hirabayashi v. U.S），還有安井訴美國案（Yasui v. United States）。前者法院認為，當國家與少數群體的原籍國交戰時，對該群體成員實施宵禁是符合憲法的。後者法院更是表示，對公民實施宵禁符合憲法。三件案件直到四十年後始迎來平反，以糾錯令狀（writ of coram nobis，似臺灣之再審程序）撤銷了對平林、安井等人的定罪，雷根總統亦曾公開對該事件致歉。可惜安井沒等到結果就過世了。

一九五〇年，美軍正式加入韓戰。干預朝鮮半島是杜魯門任職總統後的一次政治博弈，因為他是在國會尚未宣戰的情況下，自行指揮大批軍隊開往仁川登陸，這在美國歷史上尚屬首見。杜魯門之所以那麼有自信，主要可歸功於兩個原因，一是在小羅斯福執政連任四屆之後，美國人似乎已對總統僭越憲政的行為見怪不怪；二是戰後美國做為超級大國崛起的必然結果，美國在戰後經常捲入國際事務，為了能迅速應對國際變化，總統有權作出合理的抉擇。[3]

韓戰期間，杜魯門對內為了保障鋼鐵的供應和降低國內的通脹水平，設立了經濟穩定局（Economic Stabilization Agency）來控制戰略物資的價格和工人的薪水。價格管制很快起到了效果，但政府也發現工廠藉著鋼鐵大發一筆國難財，工人的工資卻一直沒有得到合理的上漲，工會非常不滿意。政府轉而對鋼鐵廠進行施壓，要求鋼鐵廠提高工人的工資，鋼鐵廠則回應前提必須是政府允許鋼鐵廠提高一定程度的鋼鐵售價，否則鋼鐵廠根本沒有利潤可言。

杜魯門政府擔心提高售價會讓國內通貨膨脹，而美國才剛從大蕭條的陰影中走出，不能再上演一次這種戲碼。因此，杜魯門拒絕了鋼鐵廠的條件，希望能單靠鋼鐵廠與勞方的談判進行妥協。

一九五一年下半年，美國政府開始引導鋼廠和工會談判來解決問題，可是工會和鋼鐵廠之間的意見分歧極大。談判一共談了六個月，基本上就是定期開會，然後意見不合，又延期到下次再談，總之沒有生出任何解決辦法。後來工會沉不住氣，宣布如果會談不能達成令工會滿意的結論的話，他們將考慮舉行全國罷工。杜魯門急了，為了表示誠意，他們委託聯邦談判仲裁委員會提交了一份關於勞工分歧的仲裁方案，希望能在政府的直接介入下給出公平公正的條款，來解決鋼鐵廠與工人

3 一九五七年和一九九一年，國會乾脆通過了兩項授權總統動武的法律，將總統宣戰權徹底合法化。但在二〇二三年，眾議院表決通過廢除二〇〇二年給予總統對伊拉克用兵的「作戰授權法」，國會正逐步收回發動戰爭的權力。

美國鋼鐵廠員工在惡劣危險的環境工作

賓夕法尼亞州匹茲堡煉鐵廠的巨大熔爐。美國國會圖書館藏

之間的分歧。這個小組由六名成員組成，其中包括兩名政府代表、兩名工會代表和兩名鋼廠代表。

然而談判剛一展開，三方又陷入僵持。工人代表謀求每小時五十美分的加薪，工廠則表示這樣的加薪會導致鋼鐵廠破產，轉而向政府要求最低六美元每噸的鋼材漲價。政府代表卻覺得資方在吸國家的血，現在正是國內急需產鐵之時，光靠薄利多銷就足以賺取收益，因此他們僅允許鋼材每噸漲價最多三美元。

為了迅速解決罷工問題，杜魯門頻繁干預仲裁委員會，要求作出利於工人的裁定，提高工人待遇。在舉行兩個多月的聽證會之後，仲裁委員會作出了決議：提高薪水每小時十二點五美分，該薪水從去年開始計算，資方將補足未給付的薪水，並在今年進一步提高二點五美分的薪水，隔年則繼續提高相等份的薪水。除此之外，這份報告也提及了如加班費等多項工人的權益，平均起來大約提升了每位工人每小時二十六美分的薪資。同時，委員會完全拒絕了鋼鐵廠要求鋼材漲價的要求。

想當然耳，鋼鐵廠拒絕了仲裁會的解決方案。他們選擇脫離談判，表示將拒絕政府之後的任何調停。工會則被鋼鐵廠激怒，宣布他們將在五天後，也就是一九五二年四月九日舉行全國性罷工。

▼緊急命令與接管鋼鐵廠事件

工會宣布進行全國罷工的時間點，正是韓戰雙方僵持的關鍵時刻。雙方已有謀和的打算，但為了爭取停戰談判的有利條件，美軍打算在前線構築堅固的防禦工事。按照他們的預想，這條防線需長達三百公里，讓共軍與朝鮮軍隊不敢越雷池一步。然而構築這條防線最關鍵的材料，正是鋼鐵。

杜魯門蠟燭兩頭燒，面對前線軍隊頻繁請求支援鋼鐵的電報，顯然力不從心。這時他有兩種選擇，一個是援引著名的反共法案——「塔虎脫－哈特萊法」（*Taft-Hartley Act*），以鎮壓「受到共產黨指使的工人運動」為名義，動用軍警強制解散罷工運動；二是犧牲資方權益，強行提高工人薪水來避免罷工。

杜魯門總統沒有選擇第一條路。在他看來，工會善於將自己塑造成悲劇英雄，若是強制鎮壓，只會引起國內同情，從而爆發更激烈的罷工活動。於是他能走的只有另一條路，那就是強行提高工人薪水。然而要提高工人薪水並不是件容易的事，總統並不能指定經濟政策，這屬於國會職權。但國會不可能在這麼短的時間內形成決議提高工資。

於是，杜魯門重拾了小羅斯福時代的老招——緊急命令。一九五二年四月八日晚間十點三十分，工會正式罷工前的一個半小時，杜魯門總統舉行電視演說，表明為了維護美國本土安全及工人的福祉，他將發布「一〇三四〇號總統令」。政府要求商務部暫時接管全國所有鋼鐵廠的控制權，運用一切辦法確保工廠正常運作，並承諾工會調漲薪資，希望工廠員工都回到各自的崗位上班。

The Pittsburgh Press
FINAL
Truman Asks Law to Cover Seizure
U. S. TAKES OVER STEEL MILLS
Congress Sent Special Note By President
Bulletin
District Plants Plan Reopening, Recall of Men

當日的報導標題：美國接管了鋼鐵廠。1952年，《匹茲堡新聞》

電視公開演說的時間點，正是美國人觀看電視的高峰，電視機前的勞工們紛紛歡呼，資方老闆則汗流浹背。發表演說後不到三十分鐘，一家擁有近三萬名工人的楊斯敦鐵工廠（Youngstown）派遣律師迅速草擬好訴狀，提告了負責接管工廠的商務部部長查爾斯·索耶（Charles W. Sawyer），並遞交到華盛頓特區地方法院。在這份訴狀中，鋼鐵廠宣稱該法令無端侵犯人民的財產權，要求法官立即發布禁止令，禁止「一〇三四〇號總統令」的執行。地方法院鑒於該案情勢危急，要求政府和鋼廠在隔日舉行庭辯，這就是著名的「楊斯敦鐵工廠訴索耶案」。

有趣的是，杜魯門發布緊急命令完全是為了勞方著想，但在發布後，工會反而惶惶不可終日，甚至調轉槍頭來幫助鋼鐵廠，額外派遣律師輔助鋼鐵廠訴訟，生怕政府真的接管鋼鐵廠。原因也很簡單，如果勞工的談判對象是鋼鐵廠，至少還可以用罷工在談判桌前爭取更多利益，但若是直接面對政府，他們若要爭取權利將變得更加困難。杜魯門只是泛泛地承諾政府將給予加薪，這並不讓他們感到安心；相反地，此舉背後帶來的更多是對公權力的未知恐懼。杜魯門可說是一次得罪了資方和勞方。

為了化解工會擔憂，杜魯門特地召開記者會，向大眾發表對鋼鐵廠充公的看法，沒想到畫虎不成反類犬。杜魯門因連續多天失眠，回應敷衍了事，引起了更大的反彈：

記者提問：「總統先生，您說在緊急情況下您擁有非常強大的固有權力來採取行動。那麼緊急情況下的行動是否有任何限制？」

杜魯門答：「好吧，你最好讀一下你的歷史並找出答案。有很多總統不得不在緊急情況下做出決定，如果你讀歷史，你就會發現他們為什麼必須這樣。但這並沒有傷害共和國體。事實上，它使國體變得更好。」

「那麼總統是否也有權奪取任何報紙或廣播電台？是嗎？總統先生？」記者諷刺地問道。

杜魯門只得尷尬解釋道：「不，我不會這麼做。」

〈總統新聞發布會〉，杜魯門總統圖書館暨博物館，線上公開資訊，一九五二年四月二十四日（連結：https://reurl.cc/5OqlbR）

漫畫諷刺了在鋼鐵廠罷工時期大權獨攬的杜魯門總統。1952年，《俄克拉荷馬日報》

杜魯門的傲慢引發了大眾憤怒。人們認為杜魯門正在與蘇聯從事相同的獨裁行為，次日《紐約時報》批評：「總統的意思是，在國家緊急狀態下，他有權充公任何危害國家安全的民營事業。」俄亥俄州聯邦眾議員班達甚至直接提出彈劾動議。杜魯門萬萬沒想到，接管鋼鐵廠竟引發了憲法危機。

▼杜魯門政府因自傲折戟華盛頓

一九五二年四月十七日，庭審展開。由於華盛頓特區的著名法官大多擁有鋼鐵廠相關股權（煉鐵業在美國五〇年代為熱門股票），必須迴避本案，最終該案被委派由一名行事十分低調的法官大衛・潘尼（David Pine）主持。

開庭聆訊的同時，商務部正在派遣人員接管鋼鐵廠，資方正一個個被逐出他們所建立的工廠。全美上下的鋼鐵廠為了保護自身利益，紛紛指派他們的律師團隊來到這間小小的地方法院幫忙，法院大門一時間擠得水洩不通。而代表美國政府出庭的只有司法部民事司司長福爾摩斯・鮑德里奇（Holmes Baldridge）。杜魯門顯然認為自己勝券在握。

庭審期間，鮑德里奇舉出了許多經濟學的模型和數字，試圖以學術方式論證加薪的合理性。鋼鐵廠的律師團則提醒一旦政府放棄自由商業的傳統，只會帶來比罷工更嚴重的後果。潘尼法官坐在中央聽得索然無味，他打斷了雙方的言詞辯論，要求他們撇開勞資衝突，聚焦於憲法原則。鋼鐵廠的律師團隊人數眾多，集結了各種法律的菁英，聽到法官的請求，就迅速改變了訴訟策略，繼續答辯。倒是獨自一人、毫無準備的鮑德里奇陣腳大亂：

潘尼：「您堅稱總統在國家緊急狀態下，可擁有無限權力？」

鮑德里奇：「如有需要，總統可以如此。」

潘尼：「如果是在緊急狀態下，總統權力就沒有限制？」

鮑德里奇：「按邏輯推理那是事實。只有兩種對總統行政特權的約束：一是選票二是彈劾。」

潘尼：「您憑什麼覺得總統有權接管全國鋼鐵廠？」

鮑德里奇：「在緊急戰時，總統擁有無限行政權力，可下令接管任何企業，無人有權干預。只有總統有權決定何時為緊急狀態，法院無權過問。」

潘尼：「問題是現在國會並沒有宣戰。」

鮑德里奇語塞。

潘尼進而逼問：「如果您的房子也被總統下令充公，你是否還認為法庭無權介入？」

鮑德里奇：「總統是可以那樣做的。」

潘尼：「如果總統命令商務部長索耶先生把您也關押起來，您是否還認為法院無權介入，甚至連人身保護令也不能簽發？」

鮑德里奇：「如果有可以保護我的法規，我當然願意接受。」

潘尼：「什麼法規可以保護您？」

鮑德里奇：「我一時想不起來了。」

潘尼：「假使總統宣布國家進入緊急狀態，法院是否無權查證其緊急狀態是否屬實？」

鮑德里奇：「正是如此。」

潘尼：「這種總統特權的法理是什麼？」

鮑德里奇：「來自憲法第二條第一、第二和第三款。我們地先賢制定這條憲法，限制了立法權，也限制了司法權，但並沒有限制行政權。」

潘尼：「請舉個案例證明。」

鮑德里奇再次語塞。4

退庭之後，鮑德里奇違背常理的言論引發各家媒體熱議，連白宮新聞祕書都奉命出來澄清「鮑德里奇的觀點不代表本政府」。四月二十九號，潘尼法官認定總統無權發布一〇三四〇號總統令，裁定該項總統令違憲：

憲法並沒有授權總統擁有充公私人企業的權力。國會亦從未有過類似授權法律。政府並沒有達到憲法第二條所規定的緊急情況。所謂司法無權介入，在我看來，正是憲法約束政府權力的法理所在。因此，本庭認為被告的充公行為是非法的。沒人可以挑戰總統處理國家危機的權力，但總統行政命令必須在憲法與法律範圍內。總統無權越過憲法下令充公民營企業。

潘尼法官的這項判決得到了《紐約時報》與《華盛頓郵報》的支持。不過幾家歡樂幾家愁，潘尼法官在這項判決中觸動了鋼鐵廠工會的利益，憤怒的工會主席菲利普．默里（Philip Murray）宣布馬上實施全國罷工，最壞的結果即將發生。工人們收到指示後不再到工廠上班，原本要交付到前線的鋼鐵也再次被拖延。

杜魯門為了挽救最後的機會，在當天早晨向聯邦巡迴法院提交上訴，要求駁回地方法院的裁定。巡迴法院決定在當天下午舉行庭辯。經過了三小時庭辯後，巡迴法院暫時解除了潘尼法官發布的禁止令，並表示自己對這個案子無能為力，希望最高法院介入本案；若最高法院不接受，潘尼法官的判決將重新生效。

一九五二年五月二號，聯邦最高法院受理了訴狀。

戴維斯律師大顯神通

綜觀整場楊斯敦鐵工廠案，由於這與這場事件的急迫性及對國家的影響之大密切相關，整個上訴程序和審理程序快得驚人。與之相反的是鋼鐵廠的接管速度，此時各地鋼鐵廠的交接都產生了問題：對許多工廠主來說，工廠是他們美國夢的象徵，是憑藉自身奮鬥而換來的結果，而現在政府就要毫無緣故奪取他們的勞動果實，因此眾人紛紛奮起抵抗，以各種方式阻止商務部，鋼鐵廠的產量比原先罷工的時候還更雪上加霜。國防部長洛維特氣得大罵：「我們現在是以彈藥、而不是以我們

4 Thomas E. Woods/ Kevin R. C. Gutzman , Who Killed the Constitution?（2009）

約翰・戴維斯

珀爾曼司法部長

杜魯門總統

軍隊的生命來守住前線的，鋼鐵生產量的任何縮減都會危及軍人的生命！」

與此同時，最高法院首席大法官弗雷德・文森（Fred M. Vinson）緩緩拿起法槌，重重敲下。楊斯敦鐵工廠訴索耶案的庭審於五月十二日正式開始。隨著事件迅速發酵，此案的核心爭議也從勞資糾紛轉變成憲法問題：美國總統是否有權剝奪第五修正案所保護的私人財產？人民是否有權不遵守違憲的總統命令？

此時九位大法官有五位是羅斯福總統所任命，首席大法官文森則由杜魯門親自任命，對杜魯門政府很有利。但有了先前輕敵大敗的經驗，聯邦政府派出著名的司法部長珀爾曼（Philip B. Perlman）領銜作戰。鋼鐵廠則集結了七個全美最大的鋼鐵企業聯合訴訟，代表全美五十個鋼鐵廠，聘請的都是頂尖律師。其中最具威望的當屬約翰・戴維斯（John William Davis），他曾於一九二四年代表民主黨競選美國總統，卻因公開支持黑人投票權得罪了許多保守派人士，最終慘敗給柯立芝。做為一個自由保守的擁護者，他在二戰後曾多次挑戰羅斯福新政的合憲性，並廢除了新政時代許多不合理的法律。

司法部長珀爾曼打算以歷史判例來壓制對方。他拿出了長達一百七十五頁的證據與案例，證明美國政府在歷史上曾多次以國家緊急名義將民營企業挪為己用，這並不是特例。特別是林肯，他直接用總統行政命令解放黑奴，沒收民營電報公司與鐵路局，甚至將支持蓄奴的北方官員關入大牢，可是「未曾有任何司法機構認為那是非法行為」。既然歷史上曾多次這樣做，就代表這並沒有危害到美國憲政。

不過，最高法院並沒有領情，珀爾曼的說辭也多次被駁回。以前的對外戰爭都是由國會通過而對外宣戰，唯獨韓戰沒有通過此項程序，無法相提並論；南北內戰時期的徵收問題是因涉嫌通敵才被政府強制接管，但鋼鐵工廠主並非國家的敵人，他們只是想爭取自己的權利而已。

相比之下，戴維斯律師就顯得氣勢蓬勃。此時的他已經高齡七十八歲，在最高法院擔任辯護律師的次數已將近一百四十次，比在座任何一名大法官都要資深。只見他緩緩站起身，便開始了演說。法庭的庭辯時限五小時，戴維斯一人就占了一個半小時，其間僅被打斷一次，九名大法官都仔細聆聽戴維斯以清晰法理直指杜魯門總統「對權力的篡奪，在美國歷史上絕無僅有」。

戴維斯指出，不同的地域邦國，對法理或許會有不同認知，但基本常識應該是一樣的。「沒有國哪有家」只是一種價值判斷，「先有家後有國」才是文明發展史常識。我們時常被國家社會利益大於個人利益的價值判斷所誤導，但私人財產神聖不可侵犯，並不是在國家權力下就能任意犧牲，此項法理早在《獨立宣言》就已經申明，美國的立國原則正是為了保障人民生命權、自由權和追求幸福的權利不可被剝奪，並避免「政府濫用職權和強取豪奪的行為，把人民置於專制暴政之下」。因此「為了保障這些權力，人類才在他們之間建立政府，而政府之正當權力，是經被治理者的同意而產生的。當任何形式的政府對這些目標具破壞作用時，人民便有權力改變或廢除它，以建立一個新的政府。」而杜魯門的總統行政命令，正是踐踏人民權利的危險一步。戴維斯律師在最後提醒法官：本案內核是總統以權力凌駕憲法，它對國家的意義，遠比一場戰爭的勝敗重要得多。

兩週後（六月二日），最高法院以六比三裁定總統令違憲，禁止商務部接管鋼鐵廠。多數派意見的雨果．布萊克（Hugo Lafayette Black）大法官在判詞中寫道：

> 美國沒有任何法律允許總統剝奪民營企業。國會也沒有支持或暗示總統可以如此操作。沒有任何國會立法允許用政府接管來解決勞資糾紛。在憲法的框架下，總統如此行事，等同自行立法。政府提出幾件戰爭期間的案例，最高法院不予採信。三軍統帥沒有為了防止勞工爭端停止生產，進而侵占私人財產這等至高無上的權力。這是國家立法者，而不是國家軍事當局的權限。

布萊克大法官表示，總統的權力是一個受限的權力，權力源自於憲法與國會授權。憲法雖然授予總統三軍統帥職權，但三軍統帥的職權只可對外管理戰事，並不能將總統的權力伸回國內。雖然杜魯門總統宣稱得到國會的授權，但他所主張的權力來源《國防生產法》（*Defense Production Act*）內容模糊不清，我們不能讓總統賦予如此模糊而可趁之機的指揮權限。因此，布萊克大法官得出結論：總統的行為雖是國會授權，但他顯然逾越了國會所授權的範圍。沒有按照程序執行的授權，就是沒有授權，杜魯門接管鋼鐵廠的行為實屬無效。

最高法院在中午作出裁定後，商務部派駐各大鋼鐵廠的政府人員撤出，並歸還已接管的鋼鐵廠。鋼鐵廠和工會的僵持依舊，工會主導的罷工持續了五十餘天，軍工產量削減三分之一，成為美國歷史上損失最大的鋼鐵業罷工事件。杜魯門最終受不了輿論壓力，親自召集鋼鐵業勞資雙方到白宮的橢圓辦公室進行調解，最終以工人每小時工資增加二十一美分，鋼鐵價格每噸增加五點二美元，結束了這場鬧劇。

▼傑克遜大法官的意見書

布萊克大法官雖然代表多數意見裁定總統令違憲，但真正讓這份判決成為經典判決、甚至是美國法學院的必讀教材，原因並非是布萊克大法官的判詞，而是羅伯特·傑克遜（Robert H. Jackson）大法官的意見書。他為後世「國會對總統授權」的問題確立了「框架式分析」的概念。

傑克遜大法官曾在二戰結束後應杜魯門總統之邀，出任紐倫堡審判的美方首席檢察官。納粹首腦在二戰中的暴行，使他進一步覺察到必須對戰時總統的權力作出明確的規定。在他的意見書中，首先同意了布萊克大法官的判決結果，再花費大量篇幅建立出分析美國總統權力的框架。傑克遜大法官認為，總統在某個特定事務上的權力，應該分成三種情況討論：

第一，如果總統和國會一致，那麼總統的權力達最高峰，他的權力是國會權力加上總統權力。

第二，如果國會在總統的問題上沉默，那麼總統的權力在一個微妙的區域，需要具體分析。

第三，如果國會和總統的意見不一致，那麼總統的權力最小。

當總統和國會意見相同時，總統的行為往往意味著符合授權，最高法院應該默認總統行為合憲，除非該行為有明顯違憲之特徵。反之，在總統與國會產生分歧的情況下，最高法院必須推定總統的行為違憲，只有當總統證明自身明確得到憲法授權，並且憲法沒有把這部分權力同時賦予國會的情況下，最高法院才能支持總統的行為。

在楊斯敦鋼鐵廠案中，國會本來就有制定關於私人財產收歸國有的程序，雖然杜魯門可以繞過國會監督，但不代表他能完全繞過這些程序進行，於是這種行為就落入了第三分類。緊急狀態不能創造任何新的權力，總統只是暫時拿到了原本屬於國會的權力。如果緊急狀態能拿到憲法規定之外的權力，隨意損害個人的自由與權利，那豈不是太可怕了？

結語

任何權力都具有天然的擴張性，即使是再高尚的執政者也不例外。歷屆美國總統幾乎都認為在戰爭狀態下不僅僅意味著派遣軍隊，還應包括管理與戰爭相關的民政事務權力。但在這一次的訴訟案中，聯邦最高法院選擇終結自羅斯福以來不斷擴張的總統權力，除了再度重申三權分立的重要性外，也彰顯美國獨有的財產精神：私人財產是所有權利的根基，任何人不得用國家、信仰或任何崇高的名義去剝奪私人財產。人們透過勤奮、勇氣、創意和決心累積財富，這是美國夢的象徵；若將它剝奪，美國也不再是美國。[5]

訴訟案落敗後，杜魯門一直耿耿於懷，感嘆道：「當你把一個人放進最高法院，他就不再是你的朋友了。」此事件之後，杜魯門的行為引起國會忌憚，國會不再提供任何授權予杜魯門，他的施政計畫幾乎全部流產。卸任前夕，杜魯門總統的支持率跌到百分之二十二，比後來被迫辭職的尼克森更低。

鋼鐵廠充公案是杜魯門人生中最大的失敗。人們明白，如果杜魯門接管了鋼鐵廠，短時間大可確保工人的福利，維持前方戰事的安定；可這個先例一開，就意味著總統可以無視國會強行徵收私

---

5 相較起來，中華民國的總統於撤退來台後僅頒布四次緊急命令，且多半無爭議，相關釋字五四三號「緊急命令再授權為補充規定案」僅泛泛規定緊急命令不得再為授權而已。因此，對於緊急命令是否得以凍結或體度憲法規範，有正反兩派之爭，未有實務解釋產出。

人財產。權力擴張是極度危險的，尤其是這些冠冕堂皇的擴權。人類總會期盼強而有力的英雄出現，能帶領著他們走出瓶頸，然而當人民賦予他足夠強大的權力後，英雄卻可以很快做出越權的事情，二戰時期德國、日本、義大利的前車之鑑都是如此提醒著我們。英雄確實存在，但我們不能去賭一位總統是否是英雄，這樣的代價太大了。

篤信國家利益大於一切的權力者並不由杜魯門開始，也不在他這裡終止。他們都曾嘗試掙脫法律韁繩，卻也不得不在憲法框架中老老實實過完任期。鋼鐵廠案不只保護了資方企業的財產權，也為最高法院奪回了獨立的審判權，並由此發揚光大。保守派首席大法官文森逝世後，最高法院迎來了自由進步的華倫時代。

有趣的事實：

這次違憲讓杜魯門心灰意冷，他放棄參選下一屆美國總統。由於當時的總統薪資保障並不周全，杜魯門卸任總統後的唯一經濟來源是陸軍退役時，每月一百一十二元的退休金。他不得不向銀行貸款勉強度日。直到一九五八年國會通過法案，每年補貼卸任總統兩萬五千元生活費，杜魯門才終於能過個有尊嚴的後半生，這項法案也被戲稱為「杜魯門薪水條款」。

06

CHAPTER

戰後民主意識萌芽與華倫時代大幅進步的人權

1953 ～ 1969

越南戰爭的抗議者在佛羅里達遊行，1970 年

該期間重大事件

1953 艾森豪就任總統，厄爾・華倫就任首席大法官

1954 「布朗訴托皮卡教育局案」，宣示「隔離但平等」原則就此消亡，黑人學生與白人學生終於能在同一間學校上學

1957 小岩城事件爆發，艾森豪以軍隊干預，使黑人學生順利入學

1958 「庫珀訴亞倫案」結束，判決種族融合政策與學生重大權益相關，阿肯色州學校董事會無權推遲

「特羅普訴杜勒斯案」，一名美國陸軍逃兵被以軍事法庭懲罰取消公民權，但最高法院認為該懲罰是「一種比酷刑更原始的懲罰形式」，從此公民權不得受法院裁判剝奪

1960 《第二十三修正案》生效，規定華盛頓特區選舉人團中指派代表方法

1962 《第二十四修正案》生效，禁止因為沒有支付人頭稅而撤銷投票權

「恩格爾訴維塔萊案」，在公立學校由政府部門撰寫基督教祈禱文，並鼓勵在校內朗誦，此舉違反宗教自由，因而違憲

「貝克訴卡爾案」，1960 年代美國城市人口急劇膨脹，部分選舉議員的選區劃分卻基本維持不變，該案推翻田納西州六十年未變的《議席分配法》，判決田納西州議會按照 1960 年的最新人口統計

1963 馬丁・路德・金恩博士發表〈我有一個夢想〉演說，黑人民權運動到達高峰

「吉迪恩訴溫賴特案」，法院從此有義務提供貧困者免費辯護人

1964 校園反戰（對越戰爭）運動開始，逐漸演變為全國性運動

1965 《第二十五修正案》生效，將泰勒的先例編纂成法，決定總統繼任程序

1966 「米蘭達訴亞利桑那州案」，警察在逮捕嫌疑犯前必須提供告誡義務

1969 「布蘭登伯格訴俄亥俄州案」，3K 黨團體在集會辱罵黑人與猶太人而遭逮捕，法院最終判決政府不得懲罰發表煽動性言論的人，除非該人發表的言論「煽動他人立即實施違法行為」

導言

第二次世界大戰對美國的國際地位和國內社會都產生了巨大的影響。在國際上，英、法、德等歐洲國家再次遭受戰爭帶來的經濟重創，美國也在戰後一躍成為西方陣營中的龍頭老大。為了與蘇聯為首的東歐集團爭奪世界主導地位，雙方爆發了長達四十五年的冷戰。美國代表的是資本主義和自由民主，蘇聯則代表共產主義和計畫經濟。在冷戰架構下，雙方以意識形態對抗、軍事力量對峙、社會制度競賽，逐漸確立起全球霸主的地位。

至於國內，戰後美國經濟平穩發展，但在物質生活顯著提升的同時，政治上的平等卻沒有實現，法律保護更像是一種理想而非現實，這一點尤其表現在種族隔離制度大行其道的南方。在經濟繁榮的狀態下，人們的生理與安全需求受到滿足後，便開始追求更高層次的尊嚴與自我實現，連綿不斷的民權運動於是開始爆發。

為了與蘇聯抗衡，爭奪世界輿論，美國在國際上處處宣揚民主自由的理念，但是美國國內存在著歧視黑人的種族隔離制度，這削弱了與蘇聯進行宣傳戰的號召力。在國內運動不斷與國際冷戰威脅的環境下，美國的民權步伐加快許多。杜魯門總統就在任內組織了「總統民權委員會」，工作重點在於擬定具體措施，消弭種族隔離。

一九五三年九月八日，聯邦最高法院首席大法官弗雷德．文森因心臟病突發去世，經艾森豪（Dwight David Eisenhower）總統提名，加州前州長厄爾．華倫（Earl Warren）成為最高法院的第十四任首席大法官。至此，最高法院進入了以憲政改革與自由民主著稱的華倫法院時期。

華倫大法官與很多美國政治家和大法官的家庭背景不同，他生長在加利福尼亞的一處偏僻城鎮，父母親都是普通的鐵路工人。華倫就讀於該州著名的放牛學校，為了讀書，華倫只得於暑假打工賺取學費，種種經歷使他對社會底層的困境有較深的同情。華倫終其一生都是忠實的共和黨人，但他堅信進步主義，注重公正獨立，深受人民的愛戴。

在華倫執掌法院的十六年當中（一九五三至一九六九年），自由派大法官逐漸占據多數，最高法院發生了脫胎換骨式的變化。在人權保護和社會改革等領域，華倫法院一改過去最高法院的保守做法，相關司法審判體現出鮮明的自由主義色彩。

整體上來看，華倫法院時期的大法官不再單純受制於法律文本和司法判例，而是靈活地解釋和運用憲法，主張法律必須因應美國社會發展的需要。同時，華倫法院的自由派大法官也不再認同最高法院傳統的司法克制觀，而是倡導司法能動主義，積極參與甚至主導美國當代的社會和政治變革。憑藉著自由主義的司法理念，華倫法院塑造了一場自南北戰爭以來對美國影響最為深遠的革命，成為繼馬歇爾法院之後第二個極富創造性的最高法院。史學家將這段時代稱為「司法英雄主義時代」。

在華倫領導下，美國的民權運動迎來了陣陣春風。最高法院的大法官們推翻了以往的法律架構。在「布朗訴托皮卡教育局案」（Brown v. Board of Education of Topeka），最高法院宣布學校的種族隔離違法；在「洛文訴維吉尼亞州案」（Loving v. Virginia）推翻了禁止異族通婚的法律，使反異族通婚法在美國徹底消失。在「紐約時報公司訴蘇利文案」（New York Times Co. v. Sullivan）制定了大名鼎鼎的真實惡意原則，使言論自由保護變得更為有力；在「格里斯沃爾德訴康乃狄克州案」（Griswold v. Connecticut）判決人民有權使用避孕產品，生育權首次獲得了憲法承認；在「貝克訴卡爾案」（Baker v. Carr）重申一人一票原則，州政府必須定期人口普查，以免鄉村人口嚴重外流，卻擁有凌駕城市選區的政治影響力；州議會充斥鄉村選出之議員，城市代表則幾乎無法發聲。

被指控犯罪的美國人也獲得了一系列新的權利。譬如，即使負擔不起費用也能聘請律師、得排除檢警透過非法程序獲得的證據[1]，以及可獲得警方掌握任何開脫罪責的證據等等。一七八九年公布的美國憲法《第六修正案》確立被告人享有快速審判的權

1 排除非法扣押之犯罪證據雖在一九二〇年代即有規定，惟規定仍有疏漏。一九六三年的「王松訴美國案」（Wong Sun v. United States）所揭示的「毒樹果實理論」補足了缺失，在這場緝毒人員未取得搜索令即進入店家非法搜索毒品的案件中，明確表示除開非法取證所獲得之證詞外，依循該線索所找出的更多線索亦不得做為證據使用。

利，而華倫通過系列個案的司法審查，使得快速審判權具有可操作的檢驗標準，並成為可救濟的權利。一九七一年的「美國訴馬里恩案」（United States v. Marion）中，最高法院便將快速審判權的適用範圍擴展到審判前的監禁階段，使得該權利在司法領域的應用範圍大大拓展。

華倫法院也時常對宗教問題開刀。在一九六二年的「恩格爾訴瓦伊塔爾案」（Engel v.Vitale），最高法院秉持「政教分離」原則，判決公立學校規定學生必須頌念禱文屬於違憲，並禁止政府公務員在校內進行宗教儀式。最高法院因為該案遭到美國社會輿論的普遍抨擊，但該判例也在隨後一直為最高法院所堅持。[2] 在後繼的伯格法院年代，最高法院更於一九七一年的「萊蒙訴庫茲曼案」（Lemon v. Kurtzman）制定了一項嚴格的檢驗標準「萊蒙測試法」，以確定政府參與宗教事務是否違反憲法，它迄今仍是美國「政教分離」原則的代表：

一、其章程（或執行）是否出於世俗目的。

二、其制定原因或目的不會推動或抑制特定宗教發展。

三、其結果不會導致政府與宗教糾纏過多。[3]

總體來說，華倫法院時代與多數「學者型法院」時代不同。華倫對法律的認識更多是來自實踐而非理論分析，他對最高法院的塑造令人驚嘆。司法權被擴張到前所未有的程度，任期內的案例鑄成了美國公民權的半壁江山，無論是大陸法系或英美法系，任何想要了解基本權議題的學子，都必將接觸到華倫法院的判決。[4] 華倫法院也讓人重新思考最高法院獨立性的問題：法院不能僅針對憲法制定者的原意進行解讀，而是必須具備一定的政治智慧，才能讓憲法靈活變革，繼續朝公平正義邁進。

在二次世界大戰結束乃至華倫首席大法官退休前夕，共有第二十三、二十四、二十五修正案通過並實行。

《第二十三修正案》旨在給予華盛頓特區公民參與美國總統和副總統投票選舉的權力。在此之前，由於華盛頓特區不被認為是州，公民沒有權利參與四年一度的總統選

2 可惜的是，美國目前對於宗教中立之判斷方式相當不統一，有認以一九四七年「艾弗森訴教育局案」（Everson v. Board of Education）為準，提及上帝之目的是在服務於宗教目的還是出於世俗目的，如果是後者，則與第一修正案禁止設立國教的規定無關。亦有認以一九六二年的恩格爾訴維塔萊案（Engel v. Vitale）判斷是否違反第一修正案，認定政府是否直接、間接強制民眾參與某種宗教活動。亦有認應以歷史文化視之，如「阿羅諾訴美國案」（Aronow v. United States）中認為貨幣上印製的「我們信仰上帝」（In God We Trust）帶有傳統基督教文化的口號，承載的更多是一種鼓舞人心的愛國價值，而不是產生某種神學領域或者宗教儀式方面的影響。在二〇〇三年的「格拉諾訴摩爾案」（grassnoth v. moore），則認公立學校在課前朗讀的忠貞誓詞，「上帝之下的國家」違反憲法中立。總而言之，這些判準方式邏輯不同，往往在不同案件會得出完全不同的結果。

3 然而，這項著名的標準在二〇二二年的「肯尼迪教練祈禱案」（Coach Kennedy prayer case）中遭到推翻。法院認為，政教分離應當參考「歷史實踐和理解」來斷定是否違法，這種利用美國古老基督教文化來背書的方法，勢必會影響華倫法院所確立的政教分離原則。

4 其中最著名的代表當屬於中華民國刑事訴訟法第九十五條所規定訊問被告知事項，法理源於米蘭達案。

厄爾・華倫

舉，此案通過後，他們才在一九六四年首度行使這一政治權利。不過遺憾的是，華盛頓特區至今仍不被賦予正式的眾議員和參議員制度，在國會僅有無投票權的列席代表。

《第二十四修正案》與平等權及投票權息息相關。南方各州為了避免黑人參政，專門訂立了人頭稅法案（poll tax），規定未繳清人頭稅的公民無投票權與選舉權。在甘迺迪（John F. Kennedy）總統的推動下，修正案明確規定，無論是在聯邦還是其他選舉，都不得因未繳稅而限制公民行使投票。

《第二十五修正案》則是為了填補總統的任免漏洞。憲法第二條第一款對於總統繼任程序的用字並不明確，如果總統被免職、死亡、辭職或不能處理政務時，副總統究竟應該成為新任總統，還是代理總統呢？憲法並沒有說明。一八四一年四月四日，威廉・亨利・哈瑞森（William Henry Harrison）總統於任內去世。眾議院建議如果總統逝世，副總統應代理總統。副總統約翰・泰勒（John Tyler）卻否認自己是「代理總統」，而是新任總統。泰勒的行為在當時引起不小爭議，但也為後世做了標竿，副總統繼任為新總統的先例也就這樣建立起來，之後被稱為「泰勒先例」。林登・詹森（Lyndon B.

Johnson）總統時代推出的《第二十五修正案》，即是為了將該先例明文化，確保國家元首能無間斷持續運作。

13

種族隔離的本質就是不平等——布朗訴托皮卡教育局案

美國內戰解放黑奴後，為了鞏固戰爭的勝利果實，也為了爭取南方自由黑人的選票，共和黨占絕對多數的聯邦國會藉軍事勝利的餘威，一鼓作氣通過了三項憲法修正案。這三項憲法修正案，特別是第十四修正案，在美國歷史上產生了極大影響，甚至有「第二次制憲」之稱。

憑藉這些修正案及衍生出來的相關聯邦法律，依靠駐紮在南方各州聯邦軍隊的保護，南方的黑人建立了政治組織，利用手中的選票，在一些事關自身利益的重要問題上發揮影響和作用。戰後很短的時間內，部分南方黑人就進入了各州議會和國會，試圖將種族混合的公立教育制度向南方推廣。

不幸的是，黑人這樣的地位和影響是短暫的。林肯逝世後，繼任的安德魯·詹森總統想儘快消除隔閡，使南方州重新融入聯邦，因此對黑人的平權法令並不熱衷執行。再者，南方舊有的奴隸主勢力依舊龐大，當戰後重建時期（一八六六至一八七七年）結束，聯邦軍隊撤出南方後，奴隸主便開始嘗試以地方立法奪回權力，由白人主導的南方立法機關紛紛推出對黑人種族歧視的法規。

剛剛擺脫奴隸地位的黑人，對政治、法律的了解程度有限，社會職業地位也不如白人，因此往往在政治上處於被動地位。

南北戰爭結束後，法律上規定黑人和白人一樣都擁有選舉權；然而實際上，幾乎所有州都設立了一些條文來框限黑人投票。比如規定若黑人要去投票，就必須繳交額外的人頭稅；這項法律表面上白人黑人皆適用，實際上卻是在暗中打擊黑人，因為剛獲得解放的奴隸根本就繳交不起。路易斯安那州更明目張膽地推出歧視法規，規定凡是一八六六年之後獲得選舉權的人都要通過文化考試，但當時大部分黑人都是大字不識幾個的文盲，此舉等於間接剝奪了黑人選舉權。因此，直到一九一〇年，在黑人占絕大部分人口的路易斯安那州，有資格的黑人選民才七百多人，僅占該州黑人人口的百分之零點五。

除了選舉權，許多州也頒布所謂的「隔離法案」，目的是為了在公共設施分隔出黑人和白人。按照推動這些法案的議員說法，隔離是為了黑人好，因為多數白人對黑人都抱持反感，讓黑人使用白人的公共設施會讓雙方族群碰撞，從而使黑人「持續承受不舒服的感覺和評論」，也就是說，他們完全是為了避免黑人產生「不舒服」的感覺而立法的。這樣道貌岸然的言論，竟也堂而皇之地出現在立法機構。

一八七五年，美國國會頒布著名的《一八七五年民權法案》（*Civil Rights Act of 1875*），規定每個人不論種族，都可以在公共場所享有同等權利。但是幾乎沒有任何一個場所執行這條法律，隔離設施與標語仍然盛行於南方各處。後來一名黑人打算進入「僅限白人」設施的劇院，之後遭到拒絕，他便依這項法律起訴戲院，案件也打入了最高法院，但出人意料的是，最高法院竟然宣布直接廢除這部《一八七五年民權法案》！根據一八八三年聯邦最高法院法官的解釋，這部法案企圖控制私人及私人公司；既然戲院是商人所開設的，那麼他自然能為戲院定下種種規則。最高法院就以這樣的理由，犧牲掉屬於黑人的平等權。

「隔離但平等」原則

一八八〇年代以後，黑人在重建時期所獲得的各項權利逐步喪失，重新陷入次等地位，始終無法得到他們的權利。在所有歧視法案中，最惡名昭彰的當屬一八九六年「普萊西訴弗格森案」（Plessy v. Ferguson）所揭示的「隔離但平等」原則。

荷馬．普萊西（Homer A. Plessy）是個只有八分之一黑人血統的混血兒，外表上看起來與白人沒有區別。他在路易斯安那州買了張頭等座車票，上車後他告訴列車員自己有黑人血統，而按照當時的鐵路法律規定，黑人是不能坐頭等座的。隨後列車員告訴他必須離開座位，普萊西拒絕後立即被警察逮捕。這個官司一直打到了最高法院。一八九六年，法院宣判普萊西敗訴，並解釋道：白人和黑人根據憲法處於平等地位，鐵路公司的作法雖然隔離了黑人與白人，卻保障了他們都能搭車的權利，這是一種「隔離但平等」的情況，完全合乎憲法規定。

這是最高法院第一次有人提出「隔離但平等」的概念。有了最高法院背書，南方各州開始明文推行種族隔離制度。到一次世界大戰前夕，在整個南方幾乎所有的公共場所，餐廳、公園、電影院、火車、游泳池、學校，甚至飲水台都設下種族區隔。統稱《吉姆．克勞法》（*Jim Crow Laws*）

對黑人的歧視遍布美國社會的各個角落，到處都是「僅限白人」的標誌。

部分黑人默認隔離政策的存在，而更多的黑人則以獻身國家的方式來證明：這個國家並非由白人主導，黑人同樣也有貢獻，我們都應擁有相同的權利。二次世界大戰期間一千六百萬參戰的美國士兵中，大約有一百萬的非裔美國士兵。這些非裔美國士兵有的在濕熱的太平洋地區作戰，有的在寒冷的冬天突進柏林，他們用自己的生命，讓戰事出現轉機。一九四八年，杜魯門頒布了著名的第九九八一號總統令，在軍隊裡解除種族隔離政策，這代表黑人士兵在軍營裡可以和白人士兵共用一間廁所了。到了艾森豪任職總統的一九五四年，最高法院更在著名的「布朗訴托皮卡教育局案」中，藉著黑人和白人的受教育權問題，最終推翻了六十年前「隔離但平等」的荒謬說法。

二次世界大戰期間的塔斯克基飛行員（Tuskegee Airmen），意指非裔美國籍飛行員。1945 年

▼牧師布朗與女兒琳達

兒童是國家未來的主人翁，世界各國對兒童的教育和保護一向是首要目標。但在一九五〇年代的美國南方地區，這樣的兒童教育顯然不是每個人都能獲得。

南方地區長久實行「隔離但平等」原則。為了使黑人與白人間能夠盡量不交流、不見面，政府將專供黑人使用的公共設施侷限在某些特定地區，久而久之就形成黑人社區，而專供黑人受教育的學校也因方便全數集中於此。可是這樣一來，黑人與白人便待在各自的社區，雙方無法融合與溝通，歧視便無法彌合，而意圖離開黑人社區闖蕩的中產階級黑人也被多數僅供白人使用的公共設施處處受限，甚至打退堂鼓。

黑人初中等教育學校往往離白人社區遙遠，師資配備也是天壤之別，遭到許多人的非議。一名愛女心切的鐵路工人奧利弗．布朗（Oliver Brown）就這樣站上了歷史舞台，進而改變了美國憲政史。

父親奧利弗．布朗（堪薩斯州歷史學會藏）與琳達．布朗（攝於 1963 年）

布朗住在堪薩斯州首府托皮卡，該州位於美國的正中央。雖然當地也設有種族隔離制度，但布朗本人在當地威望很高，在鐵路上班的同時，他也在當地的教堂裡擔任助理牧師，因此在白人與黑人的交友圈中都十分吃得開。布朗所居住的社區以白人居民為主，女兒琳達（Linda Brown）也一直和白人鄰居的孩子相處很好。可是當琳達八歲要上小學時，卻被教育局告知不能進入鄰近的薩姆小學，而是要到離家八公里遠的門羅小學。

門羅小學是當地的次等學校，想當然耳，布朗自然認為這樣的隔離法案不公平：我在當地社區風評良好，大家也都接納我，為什麼只因為膚色，政府就要強制我們進入特定學校呢？布朗牧師決定尋求「全國有色人種協進會」（NAACP）幫助，靠法律打破現狀。

有色人種協進會是美國的一個非裔美國民權組織，創立於一九〇九年，由黑人知識份子組織而成，旨在利用社會運動與法律尋求黑人平等社會地位。當時人種協進會正好在調查黑人的教育權利，他們指出「隔離但平等」已經破壞了黑人的受教育權。在全美十九個實施隔離政策的州中，白人學童平均每人的教育經費是黑人學童的二點五倍，白人教師的薪水是黑人教師的兩倍。而且，其中有十七個州甚至沒有為黑人提供研究生名額，亦即倘若他們要留在家鄉學習，最高學歷就只能是大學；而美國的教育制度並沒有法學士的概念，僅有法碩士和博士，也就代表當地黑人們甚至沒有辦法進入法學院就讀，考取律師或公務員來捍衛自己的權利。

有色人種協進會將廢除分校政策做為推翻種族隔離制的第一槍，支持布朗向當地公立學校的主管機構「托皮卡教育局」提起訴訟。一九五一年六月二十五日，堪薩斯州地方法院開庭審理布朗案。地方法院的三個法官雖然在判決書中流露出對黑人學生的同情，卻拒絕推翻「隔離但平等」原則，因為依照地方法律，雖然黑人小學的教學水平不如白人小學，但教學水平並沒有辦法具體衡量，法院也不能任意訂定標準，而那些可以具體衡量的教學課本、師生比、課堂數量等，兩方則未有差別，沒有違反「實質平等原則」。況且，雖然居住在白人社區的黑人要去很遠的地方上學，但黑人社區的白人也可能要走很遠才能上學。堪薩斯州地方法院便這樣草率結束了本案。

▼瑟古德·馬歇爾與他的心理學訴訟策略

當時在爭取廢除黑白分校的民眾不只布朗一人，在全國各地有好幾個類似案子，但他們都沒能勝訴。因此，有色人種協進會決定將同一時期五個涉及教育隔離問題的案子合併，向最高法院提起集體訴訟，它們分別來自南卡羅萊納、維吉尼亞、德拉瓦州和首都華盛頓。該決定得到了黑人及其他少數族裔的廣泛支持，一時成為各大報紙的頭條新聞。全國有色人種協進會也請來了著名黑人律師瑟古德·馬歇爾（Thurgood Marshall），他曾以第一名的成績畢業於著名傳統黑人院校霍華德大學法學院，終生致力於黑人民權事業，後來在一九六七年成為美國歷史上第一位黑人大法官。

一九五二年十二月九日，最高法院在萬眾矚目下開庭審理這組案子。馬歇爾在持續三天的庭辯中並沒有以憲政法理來辯護，而是大膽地使用了社會學者和心理學者對種族隔離問題所作的社會調查結果，藉此推理隔離制度嚴重危害了黑人學童的身心健康。

馬歇爾指出，種族隔離教育制度大大傷害了黑人學生的自尊心。在以白人為主流的社會體制下，教學水平與升學率較佳的學校多半為白人學校，黑人學生就像是外人一樣被拒於門外，使他們感到無論再怎麼努力學習，命運都沒有辦法改變。隔離制度的結果剝奪了黑人學童與主流社會的交流，使他們處於次等地位，這種自卑心理將影響他們的未來的健康心理發展，也將加深白人對於黑人的偏見。黑人學童無法從教育中獲得等同白人的心理狀態，就可以證明隔離永遠不會帶來平等，因為隔離的本質就是一種不平等。他表示，普萊西的判例違反了第十四修正案規定的平等保護原則，應予以廢除。

此時，輪到對造方的律師約翰．戴維斯進行辯護。戴維斯曾在前述的鋼鐵廠案大顯身手，為公民財產權爭取權利，但在此案中卻擔任了保守者的角色。戴維斯此時已經八十歲了，或許是因為年老而無法接受新穎學說的關係，他漸漸從一名進步者轉向保守。他在前半生支持黑人擁有與白人相同的投票權，此時卻反對破壞「隔離但平等」原則，選擇重披戰袍。這也成為他在最高法院的最後一戰。

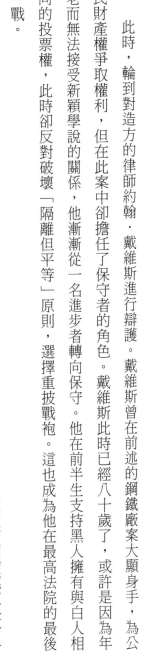

戴維斯以州權與聯邦的權力劃分問題巧妙將重點轉移，聲稱學校實行何種教育制度應取決於各州地方施政，聯邦政府只能指出大略方向，無權介入。退一萬步言，強行結束黑白分校的種族隔離制度，必然讓原本「君子和而不同」的兩方再度衝突，造成社會動盪。除此之外，戴維斯對馬歇爾所利用的社會調查結果表示質疑，認為心理學是一種不斷被時代推翻的學科，如今的見解不一定代表是絕對正確的見解。

約翰．戴維斯

此時最高法院仍由弗雷德．文森所領導。這位曾在杜魯門時代大展拳腳的首席大法官，面對人權問題時較為保守，同時也無法在該問題上讓其他大法官取得一致共識。九名大法官中主張取消和保留種族隔離的法官各占一半，剩下的一位大法官是費利克斯．法蘭克福特（Flex Frankfurter）則處在猶豫中。他是支持廢除「隔離但平等」原則的，憲法第十四修正案並無意禁止公立教育的種族隔離，最高法院一直都錯誤解釋了憲法；然而若是他倉促投下同意票，讓那麼重大的釋憲判決以五比四的些微差距通過的話，勢必會損害法院判決的權威性，為雙方抵制法院判決提供可乘之機。鑒於種族隔離制度在美國社會中根深蒂固，影響廣泛，如果最高法院要推翻它，最好全體一致。

為此，法蘭克福特建議宣布將該案暫時推遲一段期間，並要求對造雙方在下次庭辯時必須使用歷史證據說明，憲法第十四修正案是否包含在公立學校中禁止種族隔離，以及國會的其他法律是否有過明確禁止種族隔離教育的內容。文森院長接受了法蘭克福特的建議。

▼華倫法官的上任

最高法院休會期間，為了尋找文森院長所指定的歷史證據，馬歇爾組織了數名優秀的歷史學家試圖尋找對黑人權利有利的歷史判決，但成效並不好。歷史是冷酷的，從未因為涉及黑人教育而網開一面，相關的隔離政策也從未在法院有過漏網之魚。於是馬歇爾決定放棄依賴歷史文獻，繼續研究種族隔離教育對黑人學生造成的嚴重心理傷害。

馬歇爾的決策是非常大膽的。在第一次庭辯中，大法官們對於心理學的見解多半不理睬，當時首席大法官文森已是六十三歲高齡，主張延續「隔離但平等」原則，在討論中也著重延續長久以來的判例。然而歷史有時巧妙得令人訝異，在第二次庭辯舉行前夕，文森因心臟病突發去世。艾森豪總統提名厄爾．華倫（Earl Warren）繼任首席大法官，使得原本五比四的差距擴大成了六比三。

相比於前任院長文森依循判例和憲法真意，華倫則是個「司法實用主義者」。貧寒的出身，長期的基層司法工作經驗，造就他不同以往的獨特見解。華倫不拘泥於狹隘的法律技術性問題，而是著眼於更為廣泛的法律及道德原則，加上支持種族平等和社會正義，使此案出現了轉機。

一九五三年十二月八日，最高法院再次審理布朗案。庭辯中，馬歇爾的對手仍是戴維斯。戴維斯按照文森先前的指示，以歷史法理下手，指出當年第三十九屆國會通過第十四修正案後不久，又批准在首都華盛頓實行種族隔離的公立學校制度，由此可以間接證明，當時憲法修正案的法理並沒有涵蓋到教育平等。

馬歇爾則反駁，該立法只是因為政治問題要盡快融合南方而被迫做出的權宜之計。第十四修正案的目的，就是要徹底剷除種族等級制度的所有殘餘，因此應該立即廢除黑白分校的制度，讓黑人獲得平等的憲法權利。他繼續提出黑白分校對黑人學童的身心傷害詳細資料，並引用了著名的「克拉克娃娃實驗」（Clark Doll Experiment）。該心理測驗是美國社會心理學家克拉克夫婦（Kenneth & Mamie Clark）於一九三九年展開的一系列實驗，他們用娃娃來分析孩童對自我的認知與種族的關係。

這個實驗的內容為，將兩個形狀一模一樣，但一個膚色黑、另一個膚色白外加金頭髮的娃娃放在小孩子面前，然後問孩子們，哪個娃娃是乖娃娃？哪個娃娃比較漂亮？他們分別調查了不同地區的三百名幼童，結果有百分之六十七的黑人小孩選擇了白娃娃。這種狀況在隔離制度嚴重的州域尤其明顯，當他們詢問來自南方鄉下的黑人男孩，哪一個娃娃最像他時，男孩會指著那個膚色很深的娃娃說：「那個黑鬼。我也是個黑鬼。」這樣的結果讓克拉克夫婦發現，種族自卑感早就在孩子的心底扎根了；隔離制度確實對黑人孩童帶來了不平等與厭惡自我的傾向。

馬歇爾認為，如果一個人從小在冰天雪地的阿拉斯加長大，也沒接觸過別的文化，他便只能成為一名漁夫；如果一個人出生在納粹執政的德國，從小耳濡目染都是亞利安崇拜，他便會成為一名忠實的納粹黨徒。人類是群居動物，我們將在成長中逐漸適應生長環境，並成為社會環境所塑造出的理想狀態。我們不需要因為文化問題而隔離彼此。當一個群體被教導要去排斥某個族群，但多元文化才是這個群體的日常狀態，這樣只會讓社會無法溝通，並產生出更大的問題。沒有人一出生就會歧視和仇恨；這些人會這麼做，是因為在狹隘的文化中長大所致。而我們的解決方法就是融合群體，讓大家明白，基於不了解而產生的恐懼，其實沒甚麼大不了，所有人都可以經由交流而發生改變。既然都是在憲法上享受同等權利的公民，那麼各自的文化又有何優劣之分呢？

▼華倫院長的判決書

對華倫院長來說，馬歇爾的心理學依據有理有據，也更貼近時代需求，他心中的天秤也漸漸有了方向。此時憲法制定者的動機已不再重要，黑人學童所受不公正對待的殘酷現實才是亟需矚目的焦點。在庭辯結束後的大法官會議上，華倫認為不應該再糾纏於第十四修正案制定者的「本意」，而是應該即刻廢除「隔離但平等」政策。但此時仍有三名保守派大法官表示反對。

華倫是政治家背景出身，他尤其擅長與其他同伴取得共識。一般而言，雖然華倫時代的大法官們很少全票通過某項裁決，但基本上都能達成單一共識，讓一場判決能夠以較懸殊的正反比例順利通過。華倫明白，如果以低空飛過的方式通過某項爭議法案，將給予南方政府藉機反對的可乘之機，屆時除了法案難以推行外，也會讓最高法院的權威顏面掃地。為了做到這一點，華倫利用本身的談判技巧開始了長達數月的勸諫，最終說服了所有反對派大法官。

一九五四年五月十七日，最高法院宣布了布朗案的判決。為了顯示團結，幾乎所有大法官都來到了法庭，就連因心臟問題住院的傑克遜大法官也抱病前來了。華倫院長親自站上講台，發表判決結果。他指出，不論是雙方律師所引用的證據，還是法院本身的歷史判決，都不能成為判決隔離制度是否有理的依據，因為歷史的價值觀一直在更動，「我們不能將時針倒轉回一八六八年第十四修正案被通過的時刻；也不能倒轉回一八九六年普萊西案裁定的時刻」，時至今日，公共教育已成為政府最重要的一項服務，是所有人都應該平等享有的權利。它的目的不是為了方便統治者統治，而是為了使孩子能夠適應整個社會，並使他能夠接受隨後一系列進入社會的訓練。我們都明白，孩童未來在社會上的發展如何，很大程度取決於他所受的基礎教育。既然政府承攬了這等重責大任，就必然有義務提供教育服務，而且此種提供必須是平等的。

種族隔離的教育措施是否剝奪了黑人學童的權利，因而違反第十四修正案呢？華倫在判決書寫道，儘管種族隔離表面上的可見因素是平等的，他們都接受同樣的教育體系，然而有許多無形因素（intangible factors）卻是不平等的，例如師資教育能力、與他人討論並交換意見的機會等等；此外在中小學裡，更重要的是「僅因種族不同，而使少數族裔學童與其他年齡相仿、學力相當的兒童隔

瑟古德．馬歇爾向媒體解釋隔離規定。1955 年，美國國會圖書館

離，勢將使其痛感社會地位低賤，進而摧折其身心以至於無法彌補」。法院在此引用了馬歇爾在庭辯期間所揭示的心理學研究，認同了身心傷害的重要性。「因此本庭的結論是：公共教育事業決不容許隔離但平等原則存在。」

華倫更過人一等的本事在於，在他執筆的布朗案判決書中並沒有以道德下手，從而流露出道德感優於南方的痕跡，因為這樣將引起南北兩方的重新對立；他重申了心理學的概念，以便取得兩方的共識。這比一時口快更有利於美國的團結和進步。

▼「布朗第二案」與「小岩城事件」

公立學校種族隔離違憲的裁決公布後，北方輿論給予毫無保留的讚揚，包括《時代週刊》等媒體均將之視為里程碑事件。但南方各界則充滿震驚和憤怒，不少地方議員公開發表言論，誓言反對最高法院的「立法性判決」，部分國會議員及參議員更是共同簽署並發表了《南方宣言》，試圖聯合州政府建立一系列阻止廢除種族隔離措施的法案。

這讓最高法院意識到，即便已將公立學校教育種族隔離宣告違憲，但是並沒有規定日後應當以

華倫法院裁定後，以前全是白人的華盛頓特區巴納德小學迅速推行學校融合。然而中學跟高中的融合之路更加漫長。攝於 1955 年，美國國會圖書館。

何種方式修復矯正。因此，最高法院在布朗案做成決定的隔年邀請各州的司法部長以及聯邦的司法部長，討論如何執行矯正的問題，史稱布朗第二案（BrownII）。華倫法院最終以九比〇裁定，將執行最高法院消除公立學校種族隔離制度的權力交給聯邦地區法院，由它們根據各州的具體情況，逐步結束公立學校的種族隔離制度。

然而，強大的地方勢力組織了反對活動。他們為了避免種族隔離政策被廢止，乾脆選擇關閉學校，並聯合當地議員建立一系列阻止廢除種族隔離措施的法案，最嚴重的一起衝突事件發生在阿肯色州的首府小岩城（Little Rock）。一九五七年夏，該地教育局允許九名黑人學生進入小岩城中央高中就讀，沒想到該州民主黨州長福布斯（Orval Faubus）動用國民警衛隊封鎖學校，禁止黑人學生入學。聯邦地區法院無計可施，艾森豪總統不得不動用美國陸軍一〇一空降師。在全副武裝的美國大兵保護下，九名黑人學生順利入學。

布朗案對社會的影響相當巨大。從此之後，有許多黑人都對不公平的種族隔離措施提起訴訟，並引用本案做為理由獲得勝訴。例如在一九五五年，羅莎．帕克斯（Rosa Parks）為了抗議阿拉巴馬州蒙哥馬利市關於公共汽車必須依種族不同隔離乘坐的法律規定，她自己因拒絕在種族隔離的公共汽車上讓位給白人而被逮捕，後來在全國有色人種促進協會的協助下引用布朗案為辯護理由，最後獲得勝訴。

自本案結束後，原本根深柢固的美國白人至上主義發生動搖，國內開展了一場場驚天地的民權運動。他們的抗議聲浪，與聯邦最高法院的司法判決和聯邦政府行政部門的強硬執法交相呼應，聲勢浩大，獲得美國主要新聞媒體的同情和積極聲援。一九六三年，馬丁．路德．金恩（Martin Luther King, Jr.）博士發起了「向華盛頓進軍」（March on Washington）行動，並在林肯紀念堂前發表了著名的〈我有一個夢想〉（I Have a Dream），是美國歷史上最具名望的演說之一，而他本人也成為整個美國黑人運動的代名詞。民權運動以非暴力的公民抗議方式爭取權利，包括罷坐公共汽車、集體杯葛的群眾運動，這樣的精神也推廣到了世界各處。

在黑人不斷抗爭下，美國國會於一九六四年和一九六五年相繼通過了一部《民權法案》與《選舉權法案》，規定美國境內不得再採取任何隔離法案限制黑人權利，也不能通過任何法案限制公民的投票權。從這時候開始，美國所有公民才真正有了受法律保護的基本權。[5]

聯邦軍隊護送的非裔美國學生，小岩城中央高中，1957 年

1965年8月6日，時任美國總統林登．詹森（左）將簽署1965年《選舉權法案》時使用的筆致贈給馬丁．路德．金恩博士（右）。美國國會圖書館藏。

5 目前美國國內在涉及平等權問題上，對於孤立隔絕之少數（discrete and insular minority）採用嚴格的審查標準，用以保障在政治上弱勢無法發聲的群體。美國法院提供了以下判斷標準，包括：（一）該群體歷來受到歷史或社會性的歧視；（二）他們擁有不可改變之不利特徵；（三）他們無力通過政治程序來保護自己。可見，相比於德國派認為每個人應在同個起跑線奔跑，以「等者等之，不等者不等之」著重實質平等，美國派的法理基礎則更加重視反歧視與分配正義。

14

法律面前，貧富一律平等
——開啟公設辯護律師制度的吉迪恩案

現代各國的法律中，幾乎都規定了刑事案件的被告人有獲得辯護人幫助的權利。公設辯護人做為國家指派的公務員，工作內容不是聽從國家，而是全然支持與幫助被告，他們對司法權力行使的公平性來說至關重要。有經驗的辯護人更是司法系統中不可缺少的一環，有助於原告與被告了解複雜的司法程序。

然而在很長一段時間以來，被告的受辯護權是一項比較奢侈的權利，如果一個人沒有經濟能力聘請律師，他的權利就很難得到保障。在「吉迪恩案」作成判決之前，各地法院都採用「貝茨訴布雷迪案」（Betts v. Brady）的判例[1]；那時的法院認為，只有當被告存在「特殊情形」時，法院才有義務給被告免費指派律師。這個特殊情形包括未成年[2]、不識字、有精神疾患等等。

至於沒錢聘請律師呢？按照貝茨訴布雷迪案的見解，貧困不屬於特殊情形之一。假如被告無力聘請律師，就得代替律師的地位，在法庭上為自己辯護，自己撰寫聲請書、自己審問證人，自己向法官答辯。美國的犯罪者往往都是貧困且沒有學識的底層人民，他們並不懂得複雜的司法程序，在法庭上顯然無法替自己辯解，甚至讓自己陷於被誤認栽贓的境遇中。

直到一九六三年的「吉迪恩訴溫賴特案」（Gideon v. Wainwright）後，美國法律才發生翻天覆地的改變，從此所有被控犯有重罪的被告都獲得了請求法院為其指定辯護人的權利。不管是有錢到不行的富商，抑或是窮得一蹋糊塗的貧民，在對簿公堂時都能獲得平等的辯護權利。

有趣的是，與美國憲政史上一些著名的大案一樣，本案的主角只是一位不起眼的小人物，甚至只有國中學歷；但就是這樣的人，憑著一己之力改變了美國法律史的進程。

流浪漢吉迪恩

克拉倫斯·厄爾·吉迪恩（Clarence Earl Gideon）並非我們刻板印象中的罪犯，他更像是一個在大時代下無力改變命運的失敗者。一九一〇年，吉迪恩出生在一個殘缺的家庭，三歲時父親就去世了，母親帶著他改嫁給一個在鞋廠工作的男人。吉迪恩和他的繼父長期不和，長大後叛逆的吉迪恩無法接受自己的窮苦命運，他將破敗與貧窮歸咎於這位與他沒有血緣關係的父親，在十四歲那年獨自提著行李離家出走了。流浪過程中，吉迪恩一路向西，靠著雙腿走到了加利福尼亞州，由於身上沒帶什麼錢，加上教育程度低，他的前半生基本上離不開偷盜搶，這也導致他都是在牢獄中渡過

1　一九四一年，貝茨被馬里蘭州的一家法院起訴犯有搶劫罪。貝茨經濟貧困，無力支付律師費，他要求法院為他指派一名免費律師，然而最高法院判定，貧困並非申請免費辯護人之正當理由。

2　該項判例保障未成年，是因為在一九三一年「斯科茨伯勒男孩訴阿拉巴馬州」（Scottsboro Boys v. the state of Alabama）中，九名黑人男孩被誣告強姦兩名白人女孩，最終被判處死刑。這是那個年代最具爭議的巨大悲劇。

青春：

十五歲，因盜竊商場的衣服以抵禦寒冬判刑入獄，判刑一年。

十八歲，因經濟大蕭條失業而盜竊，再次入獄並判刑十年，獲得假釋。

二十二歲，因盜竊政府軍械庫入獄。

二十九歲，因盜竊被捕，越獄後繼續偷竊而被捕。

後來，吉迪恩又因一些小罪再度入獄。就他自己所述，他後來經歷的大部分審判都快得如同兒戲，好像是法官看過他的紀錄就已經對他「有罪推論」了。有一次審判，從開庭到作出有罪判決，只花了十五分鐘，席間還有兩名陪審員離開法庭。這明顯不符合訴訟程序，但吉迪恩並沒有說什麼。大部分的庭審期間吉迪恩都很認命，他不會提出對自己有利的證據，也不會對法院不公正的待遇表示怨言；一個前科累累的被告，再怎麼辯駁也辯不清。

一九五五年十月，吉迪恩已經四十五歲，此時體衰的他已無法再像前半生那樣做苟且偷生、不負責任的事情了。他認識了露絲・巴比諾（Ruth Ada Babineaux），兩人很快就結婚成家。回顧前半生，吉迪恩覺得相當後悔，他希望痛改前非，至少可以像父母親那樣，過著信仰上帝的清貧生活，並發誓要做個負責任的丈夫和父親，讓家人吃飽飯。

不過，命運似乎沒有想讓吉迪恩遠離牢獄之災。

開庭前的答覆

一九六一年八月四日，倒霉的吉迪恩又一次步入法庭。某位警官巡邏時發現一間桌球室有被強行闖入的痕跡，他和一名叫亨利．庫克（Henry Cook）的街頭混混勘查了現場，發現窗戶被打破，兩台自動售貨機被撬開，總額共六十五美元的硬幣被竊走了，另外酒櫃也遺失了十幾瓶罐裝飲料、啤酒和葡萄酒。證人庫克表示，凌晨時從自家窗戶瞥見吉迪恩在桌球室，手中拿著一瓶酒走出來，之後坐上一輛計程車離開。警察很快逮捕吉迪恩，檢察官代表佛羅里達州把他送上了法庭。

佛州地方法院開庭審理吉迪恩案，主審法官是麥克拉瑞（Robert L. McCrary, Jr.）。開庭時吉迪恩已經五十三歲，前半生奔波勞碌的他臉上布滿皺紋，頭髮花白，嗓音微微顫抖，語調憂傷而頹廢，「看上去就像個頻繁遭遇不幸，因而所有希望和恐懼都破滅的人」。根據在場人士回憶，當他艱難地站起身來的時候，雙手都控制不住地在顫抖。

按照常例，佛羅里達州法官在開庭前都會先詢問被告是否做好開庭的準備。原本這句話就是個禮貌性的提醒，是要被告提起精神，應付接下來的訴訟流程，沒想到吉迪恩卻回答：沒有律師，所以沒有準備好。我沒有錢請律師，希望法庭為我指派一名律師，替我辯護。

吉迪恩之所以這樣唱反調，大概是對司法程序的不滿。法官還有在場的司法人員都愣住了，這種情況在以前都沒發生過。當時的司法制度認為，人一到成年，假如沒有什麼心理疾病，就應該能為自己負責了，法律沒有規定要為被告指派律師，因此吉迪恩的請求被毫不猶豫地駁回：「依照佛

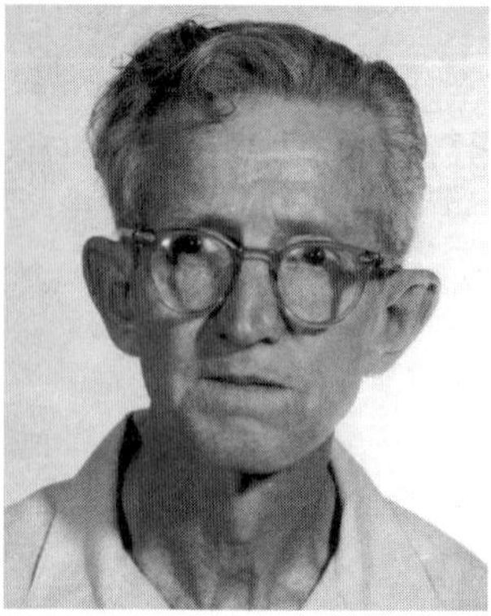

克拉倫斯．厄爾．吉迪恩，
佛羅里達州立檔案館，1961 年

羅里達州法律，法院唯有在被告被控可判處死刑的罪名時，始可指派辯護人代表被告。很抱歉，但我必須否決你要求指派律師為本案辯護的請求。」

吉迪恩鼓起勇氣對法官說：「美國聯邦最高法院說，我有權讓辯護人代表我。」

吉迪恩這話說得並不算錯。聯邦憲法確實賦予窮人在被司法機構指控有罪時有權獲得律師免費幫助，然而吉迪恩並不曉得，聯邦法院與州法院是兩套系統，並不互通。[3] 麥克拉瑞法官原本打算向他解釋一九三八年「約翰遜訴澤伯斯特案」（Johnson v. Zerbst）判例中，聯邦法院開創了被告有權由律師代理、卻明定「未擴展至受州管轄的審判中被告」的先例。但法官轉念一想，即使說了也是對牛彈琴，因此僅在法庭紀錄上草草寫下吉迪恩提出的問題，之後便將法槌重重敲下，宣布審判正式開始。

▼陪審團制度與交叉詰問

按照美國地方法院審理方式，決定被告是否有罪的是陪審團，負責量刑的是法官。陪審團是英美法系中非常重要的審判制度，而挑選陪審團又是關鍵中的關鍵。依照美國的陪審團制度，陪審團成員從該州公民裡隨機選出，但這些隨機公民必然有少部分偏激分子或是怠惰不堪的人存在，因此在陪審團參加庭審前，法院會打電話通知他們，請他們先到法院與雙方檢察官和律師進行談話。此時檢察官和律師可以對他們提出一些問題，藉此了解他們是否會秉持公正審判，比如在吉迪恩的案子中若有律師存在，他可能會詢問：「你對於社會底層的貧窮者抱持何種態度？」、「你是否認同貧窮者都是個性偷懶，喜歡便宜行事呢？」如果候選陪審員的答覆不盡人意，檢察官或律師便可以將他們剔除，直到留下控辯雙方都認可的十二名陪審員為止。

這些陪審員將全程參與控辯雙方的訴訟流程，於庭辯結束後舉行閉門會議，對被告是否有罪進行表決。如果一致裁決有罪，即由法官依法量刑判決；如果一致裁決無罪，被告則可當庭釋放。陪審團的裁決必須全票通過，假設有陪審員表示意見相左，即使是一個人反對，案件也會被視為尚未完結，直到全數達成共識為止。

挑選陪審員是控辯雙方在訴訟程序的第一步。在挑選陪審員時，兩方都有權利以「合理理由」將可能對他不利的陪審員踢出陪審團，而且還擁有一定次數的「無理由排除權」，排除他不喜歡的陪審員。

可是，吉迪恩不知道自身的這些權利，法官也沒有告訴他，以至於在整個程序中未使用過任何

3 中華民國民事訴訟法亦有類似規定。譬如最高法院有訴訟救助，可以免繳訴訟費用，但是地方法院與高等法院就沒有此項規定。

一次排除權。倒是哈里斯檢察官費盡心機挑選出的陪審員，不是親朋好友曾被犯罪者襲擾之人，就是對社會底層有偏見的人；他們內心帶有偏見，自然很容易支持檢察官的指控。吉迪恩照單全收了檢察官提出的陪審團名單，而這些人也完全站在控方一邊，絲毫不同情吉迪恩。結果官司尚未開始，吉迪恩就先輸了一半，處於絕對劣勢地位。

開庭之後，沒有律師的吉迪恩只能挺起腰桿，為自己做無罪辯護。代表州政府起訴吉迪恩的是助理檢察官威廉・哈里斯（William E・Harris），此人法學博士出身，擁有良好的訴訟經驗。相比之下，吉迪恩只有國中學歷，沒受過任何法律專業教育和律師訓練，完全不知道刑事審判的程序和規矩，對法官和檢察官所說的法律術語更是暈頭轉向。

法庭的主要證人亨利・庫克向陪審團講述了自己的經歷：「當天清晨，我看到撞球廳的窗戶已被人砸破，我透過窗戶看見吉迪恩在撞球廳裡。吉迪恩拿著一瓶酒出來，隨後走到附近的電話亭打了個電話，不一會兒，來了一輛計程車，接走了吉迪恩。」

吉迪恩感到十分不解，他的直覺告訴他庫克不懷好意。輪到他發言時，他反問道：「庫克先生，那天清晨五時，你在撞球室外面做什麼？」庫克則一派輕鬆地回應：他剛剛從舞廳回來，他在外面度過了一夜。而吉迪恩隨即回問：「你是否曾有犯罪前科？」此時庫克明顯緊張了起來，但他很快回復平靜，並含含糊糊地回答「沒有」。

在美國的刑事審判程序中，律師可以用揭露證人誠信能力不佳的方式，使證詞的證據能力大打折扣，不過通常律師要獲悉這一切必須有幫手，這也是一般律師都有專職調查員或聘請私人偵探的原因。不過，吉迪恩被警察逮捕後即被羈押，也無錢辦理保釋手續，自然也不可能自行調查取證。事實上庫克確實有前科，他所說的這份虛偽陳述是讓他的證詞打折扣、甚至作廢的好機會。只可惜吉迪恩沒有訴訟經驗，不懂得如何追根究柢。

在法庭詰問證人時，英美法系往往會採用「交互詰問」的方式[4]，讓被告與原告對證人直接進行訊問，使證人講出對自己一方有利的證據。這是非常需要技術的訴訟手法，因為進行問話時必須遵守一定順序，一方問完才輪到另一方發問。許多律師會趁著詰問空隙思考在下一次詰問中提出更複雜刁鑽的問題，讓證詞虛偽的證人最終自相矛盾，不攻自破。

吉迪恩對庫克的證詞進行交互詰問時，由於缺乏邏輯經驗，提出的問題幾乎沒有一個問到點上，基本上想到什麼就說什麼。當庫克在陳述證詞時，吉迪恩居然回應：「你確定我當時出來的時候，手裡拿著一瓶酒嗎？」這句話任誰看來，都會覺得他是在默認自己曾經從撞球室出入。

後來，吉迪恩又請來了八位證人出庭作證，但在這些人中，大部分只是講述一些無關緊要的小事，沒有一個人的證詞起到「不在場證據」或「存在合理懷疑」的作用。而在詢問自己的司機時，司機還不小心暴露了吉迪恩的一個祕密，那就是在當天，吉迪恩在上車時告訴他：「如果有人問我到哪裡下車，你就說不知道，就當從來沒有見過我。」

4 這種詰問制度也規定於中華民國刑事訴訟法第一六六條。

這樣的證詞讓全體陪審團成員留下這樣一個印象：吉迪恩肯定是幹了什麼壞事，才這樣交代司機的。但吉迪恩並沒有澄清，他每次離開前都會這樣和那位司機說話；之所以這樣，是因為司機認識他的妻子巴比諾，妻子有時會詢問司機吉迪恩是否酗酒。

所有證據都指向了吉迪恩，他百口莫辯。最後陳述時，他已經陷入了恐慌，反覆述說自己的無辜，連書記官都有些不耐煩，因為法庭紀錄只寫了一句話：「他對陪審團講了約莫十幾分鐘，全都在強調他是無辜的。」

最後，陪審團判決吉迪恩有罪，麥克拉瑞法官對吉迪恩判處量刑範圍內最重的刑罰——五年監禁。因為沒有律師，吉迪恩並不知道判決結束後還可以上訴，於是二十天的上訴時效結束後，他就被抓進了大牢關押。

▼充滿錯字的申訴書

吉迪恩其實也是個敢做敢當的人，他的前半生雖然離不開偷盜搶，然而一旦被警察抓獲，總是能坦白自己的行為。但這次事情確實不是他幹的，他覺得法院冤枉了自己，想像妻子在家中是何等傷心，他便內疚得坐立難安。吉迪恩下定決心，無論如何也要證明自己的清白。

入監服刑之後，吉迪恩利用獄中的圖書館沒日沒夜地刻苦自學法律，終於對聯邦與州法院之間的複雜關係以及上訴程序略有所知。吉迪恩發現，自己耿耿於懷、在法庭上與法官爭論的「公設辯護人」問題，源自於美國憲法第六修正案中規定的「在所有的刑事指控中，被告人都有獲得律師幫助辯護的權利」。而憲法第十四修正案，又規定了正當程序原則：無論審判結果是否與客觀事實相符合，若有證據證明審判過程中存在違反程序的事由，那結果也會不正義；一旦不符合程序正義，這種審判都是不被允許的。

於是，當時部分法學家就指出，憲法第十四修正案已經重申和吸收了第六修正案的精神，由此可以推斷出：「每個被告人都有獲得律師幫助辯護的權利，沒有律師辯護的審判應視為程序不正當。」

吉迪恩首先打算向佛羅里達州最高法院申請人身保護令，認為法院的不正當程序剝奪了他應有的權利，可是法院拒絕對他提供任何救濟。[56] 吉迪恩接著又利用法律規定的窮人免費申訴特權，在獄中用鉛筆給最高法院大法官寫了一份申訴書。吉迪恩的申訴書中充斥著錯誤的拼寫和語法，甚至將不定冠詞的「an」和「a」搞混在一塊，全文更夾雜了東補西湊的法律術語，讓人有種故作老成的感覺。雖說如此，內容卻相當具有專業氣息，吉迪恩沒有向大法官解釋自己冤案的細節，而是緊緊抓住與州政府有關的憲法第十四修正案不放，並聲稱自己因貧困而被州法院無理剝奪了請求

5 人身保護令於第三章的米利根案已有提及。中華民國憲法亦有明文採用人身保護令，但其適用範圍僅限於羈押程序不合法，或者偵查所運用的強制執行程序有問題才會使用。但依美國法律，吉迪恩在宣判完畢仍能適用人身保護令提供救濟。

6 在被佛州法院一路駁回後，吉迪恩於半年內上訴到最高法院，所以程序上並無問題。有趣的是，吉迪恩在牢裡也時常幫助獄友撰寫人身保護令的申請書。

律師辯護的憲法權利。

要知道，在塔虎脫法院時代之後，最高法院不再受理「事實審」，不就事實經過進行判斷；它專門處理「法律審」，也就是判斷原審所適用的法律有沒有問題，或者是原審所適用的法律是否有違憲等不恰當之處。由於法律審勢必會對憲法解釋及立法部門的權力造成重大影響，因此歷年來最高法院都是謹慎選取案件，當時每年開庭審理的案件只有一百四十到一百七十件左右。而不經律師代理自行向最高法院提出申訴，更是只有百分之三的機率才會被法院受理。

很幸運的是，吉迪恩所處的年代正值首席大法官華倫任職期間，華倫明白窮人在美國司法審判程序當中是何等勢單力薄，多年來他一直在尋找適宜的機會修正這項不完善的判例。可是根據「不告不理原則」，一條法律再怎麼不恰當，除非被告將訴訟上訴到最高法院，否則最高法院不

艾畢・福塔斯

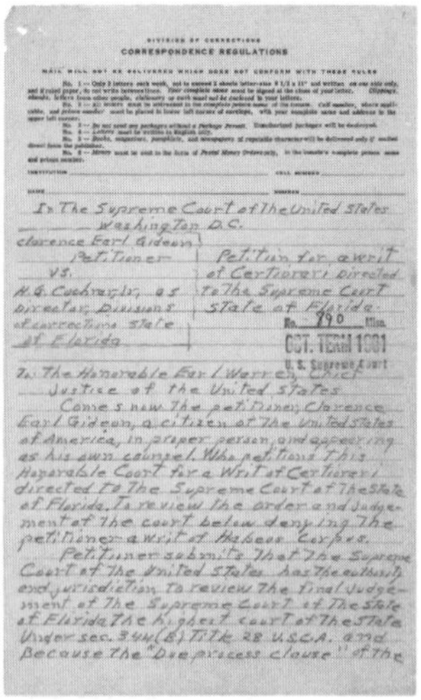
DIVISION OF CORRECTIONS
CORRESPONDENCE REGULATIONS
MAIL WILL NOT BE DELIVERED WHICH DOES NOT CONFORM WITH THESE RULES

In The Supreme Court of The United States
Washington D.C.
clarence Earl Gideon
Petitioner
vs.
H.G. Cochran, Jr., as director, Divisions of corrections State of Florida

Petition for a writ of Certiorari directed to The Supreme Court State of Florida.

No. 890 Misc.
OCT. TERM 1961
U.S. Supreme Court

To: The Honorable Earl Warren, Chief Justice of the United States

Comes now the petitioner, Clarence Earl Gideon, a citizen of The United States of America, in proper person, and appearing as his own counsel. Who petitions This Honorable Court for a Writ of Certiorari directed to The Supreme Court of The State of Florida. To review the order and Judgement of the court below denying The petitioner a writ of Habeas Corpus.

Petitioner submits That The Supreme Court of The United States has The authority and jurisdiction to review The final Judgement of The Supreme Court of The State of Florida The highest court of The State Under sec. 344(B) Title 28 U.S.C.A. and Because The "Due process clause" of The

吉迪恩手寫的最高法院申訴書，1962 年

能夠扳倒這部法律。7 可惜的是，美國底層百姓在面對這些歧視情況時，往往不會選擇上訴到最高法院，以至於如此惡性循環，讓問題繼續存在下去。

吉迪恩發出的申訴書，讓華倫法官眼前一亮，最高法院很快決定立案審理，案子稱為「吉迪恩訴溫賴特案」（溫賴特是佛羅里達州監獄的監獄長）。為了確保能夠打贏這場意義重大的案子，華倫大法官推薦艾畢．福塔斯（Abe Fortas）出任吉迪恩的免費律師，他曾擔任過內政部副部長，是一位能言善辯的著名大律師，後來也靠著本案聲名大噪，成了華倫時代後期的最高法院大法官。

檢察長助理杰卡布與法庭之友意見書

當然，吉迪恩的案子在最高法院並非受到所有人的認可，也有很多人不同意這種觀點。理由之一是，美國憲法第六修正案的本意並不是要求每個案件的被告人都必須有律師為其辯護。

從歷史的角度來看，美國的法律體系沿襲自英國的普通法，但英國早年對待律師辯護權的體系並不完善，英國王室為了保護自己的地位，不允許受叛國罪等重罪控訴的被告擁有律師辯護。美國在制定《權利法案》時，為了與保障不周的英國普通法劃清界線，遂有了憲法第六修正案。所以從

7 這項見解是為了防止司法部門取代立法部門，以平衡三權分立。

法理而言，第六修正案並不是要求公民在受到刑事指控時都能有律師辯護，而只是規定國會不能制定限制刑事訴訟程序中被告辯護權的相關立法。

除此之外，大法官更擔憂，如果貿然推翻過去的判例，賦予所有請不起律師的人得到免費辯護律師協助的權利，會不會導致各州敞開監獄大門，讓所有之前沒有辯護律師的犯人都以審判程序不合法為由，要求重審？這樣豈不是天下大亂了？

儘管帶著許多疑問和爭議，最高法院還是受理了此案。吉迪恩在聯邦最高法院的對手，也換成了佛羅里達州總檢察長的助理布魯斯．杰卡布（Bruce Jacob）。這位年僅二十七歲的助理從來沒有在聯邦最高法院出庭的經驗，做為站在吉迪恩對立面的敵手，他幫了吉迪恩非常大的忙。

在一九六〇年代，查詢判例遠不像現今能在網路資料庫搜尋，而是需要到專門的圖書館翻閱每年彙編的法院判決書。福塔斯團隊精英雲集，除了擁有許多專業律師，自己的律師事務所甚至有專門的圖書館；但杰卡布的團隊只有兩人，必須在周末開車到兩百五十英里外的佛羅里達高等法院，以及六十英里外的法學院，借用裡面的圖書館摘抄判例[8]，他的新婚太太則在晚上幫忙用打字機將抄錄字敲打出來，編成備忘錄。

後來，杰卡布也承認吉迪恩的律師團隊來勢洶洶，自己肯定沒有辦法在正式開庭時成功抵擋；因此，他要善用在開庭前製造對自己有利的輿論或風氣。照他自己所想，應該發函給其他四十九州總檢察長，要求他們使用「法庭之友意見書」一起向最高法院施壓，表明他們願意共同維護不強制為貧窮被告人指派律師的司法先例。

「法庭之友」是由權威的第三方向法院提交意見，從而幫助法院進行決斷，法律畢竟是相當專業的學科，如果鑽研的太深，容易「逸脫於人民法感情」，導致「恐龍法官」的出現，美國法院深按此理，因此法庭之友的目的就是為了讓法院聽取社會的聲音，讓法院作出合理適當的判決。[9]不過實務運行中，法庭之友時常遭到濫用，成為兩造依靠人脈進行輿論壓制，從而牽制對造的訴訟策略。

可是，杰卡布誤判了局勢。四十九州總檢察長的回函總共有二十五件，只有阿拉巴馬州和北卡羅萊納州回信表示明確支持佛州，其餘二十三個州在知道了這份案件的來龍去脈後，紛紛發函表示支持吉迪恩，明尼蘇達州檢察長更是說到：「我信奉州權，但我同時也信奉權利法案。我堅信任何被控重罪的被告都應該獲得律師的幫助。對於這一點，沒有任何人比一名總檢察長體會得更深。」[10]很快地，各州的總檢察長聯合倒戈，一起向聯邦最高法院提交了意見書，他們共同寫道「鄭重期望聯邦最高法院能推翻先例」。

杰卡布萬萬沒有想到，自己打的如意算盤，反倒讓自己陷入了重重困難。輿論一開始就倒向了

8 那時候杰卡布已經離開政府，轉去一家律師事務所（Holland & Knight）工作，事務所同意他可以先把吉迪恩案打完，只是杰卡布覺得不太好意思，因為他必須在處理其他律師公務的同時應付這件案子。

9 「法庭之友（Amicus Curiae）」制度亦規定於中華民國憲法訴訟法第二十條，使第三人「得聲請憲法法庭裁定許可，於所定期間內提出具參考價值之專業意見或資料，以供憲法法庭參考」。

10 後來該名檢察長成了卡特的副總統，即華特·孟代爾（Walter Mondale）。他也曾於一九八四年代表民主黨擔任總統候選人，最終敗給雷根。

對造的吉迪恩。

福塔斯與杰卡布的混戰

一九六三年一月，法庭召開庭審辯論。福塔斯組成的律師團，以及以杰卡布為首的檢方，很快就陷入了激戰。依照原告先行，一開始由福塔斯發言，他將核心問題直指為是否應推翻貝茨案，向大法官鏗鏘有力地表示：「我們這個文明的國家怎麼能夠假裝認為，在沒有控方律師於合理範圍內盡其所能地進行攻擊防禦的情況下，一場公平的審判能最終發現案件真相？」

輪到杰卡布言詞辯論時，杰卡布提出不一樣的見解：吉迪恩是一位智商正常的人，足以在案情簡單的審判中維護自己的利益，這也確實在這次上訴過程中取得了積極作用。而且吉迪恩曾多次因竊盜受審，對於刑事程序更是有所了解。

福塔斯律師反駁道：美國的法律極度複雜，連律師打官司都需要請律師或律師團出庭辯護，吉迪恩曾有多次前科，但這樣富有刑事經驗的正常人，在辯護中也錯誤百出，這恰好說明辯護律師的重要性。何況吉迪恩主動要求在聯邦刑事案件中一律為被告指派律師，證明他確實有這種需求。

福塔斯從容不迫，繼續講述：如果在法庭之上，只允許有資歷聘請律師的人擁有辯護權，那麼憲法規定的律師權條款就淪為只有富人才能享有的法律特權，這顯然違反了憲法第十四修正案中對公民提供平等法律保護的條款。

杰卡布不同意福塔斯的觀點，他試圖將爭論點從貧富差距抬升到聯邦與州的權力劃分問題。各州有權決定自己的刑事訴訟程序，涉及違反各州法律的刑事案件理應由各州決定如何審判。該給予被告人怎樣的一套審理程序，聯邦政府既然沒有憲法的授權，就沒有資格插手地方事務。

杰卡布認為，依照福塔斯的見解，同意為貧窮被告提供律師，就是觸動了危險的多米諾骨牌。如果同意援助貧窮被告，那麼以後是否還得提供免費的精神心理醫生評估他的精神狀態？或者是免費的經濟學家來證明他沒有從事經濟犯罪？如果聯邦最高法院硬性規定各州法院應向窮人免費提供律師，將會給各州納稅人造成巨大負擔。

可是，杰卡布這句話有個漏洞。早在一九四二年貝茨訴布雷迪案前，全美已有三十個州規定，即使被告是受到一般的刑事重罪指控，法院也應向請不起律師的被告提供律師服務，而這些州也未如杰卡布所擔憂的那樣瀕臨破產。直到吉迪恩案前夕，採用這項制度的州已經來到三十七個之多，倒是南部某些較保守的州一直沒有這樣做，佛羅里達州就是其中之一。[11]

相比之下，福塔斯對此一問題的回應堪稱精妙。他認為如果沿用過去的標準，針對是否派遣辯護人而個別考慮被告人的文化水平、身體和精神狀況，將對各州司法權造成更大的侵犯：

11 有趣的是，佛羅里達州雖未規定如此，但該州內有三座較富裕的城市設有為貧困者免費辯護之制度，可見佛州本身對公設辯護人的見解也莫衷一是。

要考慮案件的複雜程度，以及其他各種由各州法院依據自身判例而規定的因素，那麼聯邦最高法院就得頻繁應對上訴案件，逐個審查這些案件的過程是否符合憲法要求。這邊某個州有一個新的要素就審查一下，那邊某個州有一個分析方式就審查一下，到頭來，九名聯邦大法官將會頻繁窺探各州法院的辦案過程。難道這種對個案的窺視過程，不是對各州司法權力更加嚴重的侵蝕嗎？

福塔斯的回應點中了事情的核心。一方面，在全國實行統一標準固然是侵蝕了各州的自主權，但另一方面，如果各州執行標準不明確，勢必會導致最高法院在一起又一起的上訴案件中不斷去矯正各種有問題的標準。福塔斯等同是在抓著理想的程序正義的同時，又將現實的實務運作一擒到手。最後福塔斯再度聲明：律師權應該是放諸四海而皆準的普世價值，而不應以聯邦和各州權利劃分為藉口。

一九六三年三月十八日，最高法院九位大法官全體一致裁決：律師權屬於公平審判的最基本內容，應當納入憲法第十四修正案中「正當法律程序」的保護之列。雨果·布萊克大法官在判決書中指出：「理智和思維讓我們認識到，在我們對抗式的刑事訴訟體系中，任何一個被指控的人如果因貧窮請不起律師，就不會受到公正的審判，除非法院給他指派一個律師。對我們來說，這是顯而易見的真理」，因此「在刑事法院，律師是必需而非奢侈」。

最高法院同時宣布，目前正在被關押的犯人，如果之前是在沒有律師的情況下被定罪，也可以得到重新審判的機會，部分州法庭甚至可從律師名冊中輪流指定律師免費為窮困被告人辯護。當然，辯護人產生的費用全由政府買單。在福塔斯律師的幫助下，吉迪恩終於在最高法院為窮人打贏了一場爭取律師權的戰役。[12]

重返佛羅里達法院解決問題

最高法院在裁判中撤銷了州地方法院的判決，並責令重新審理吉迪恩案。這一次，佛州法院老老實實地為吉迪恩免費提供了一位名叫溫頓．弗萊德．特納（W. Fred Turner）辯護律師。在審理過程中，特納律師首先揭示主要證人庫克的證詞不當，他從法院調閱到庫克的前科紀錄，指責庫克曾在法院審理期間聲稱自己無犯罪前科，事實卻不然，這種撒謊者所說出的證詞根本不該具有證據能力。其次，特納律師專程來到案發當地勘查，依照庫克所說的證詞，他是透過窗戶看到撞球室裡面的吉迪恩在從事犯罪行為，但那扇窗戶距離撞球室非常遠，中間還有廣告牌遮擋，一般人根本沒有辦法在這種情況辨認裡面究竟是何人。

12 此處涉及到一個問題，「貝茨訴布雷迪案」是由九位大法官的「釋憲」，理論上應當具有拘束力，那麼後世的大法官是否可以以相同位階的「釋憲」來推翻過去的見解呢？有學者提出「持續性的憲法對話」之見解，現實時空環境會進行變動，因此當經過相當時間、社會氛圍變更後，立法部門可以評估提出經宣告違憲之法律內容相同之法律，司法部門亦得推翻過去之見解。

在特納的炮火猛攻下，庫克幾乎無法抵擋，被迫承認自己的確無法辨識那人是否為吉迪恩。特納律師也找到了庫克在證詞中提到的那位計程車司機，這位司機出庭駁斥了庫克的證詞。吉迪恩在揮手示意搭車時他看得一清二楚，吉迪恩手上沒有拿著葡萄酒，而且他相當輕便，口袋裡看起來空無一物，不可能裝著六十五美元的硬幣，不然會重得影響行走。[13]

特納律師又向計程車司機詢問，吉迪恩是否真的說過那些「不要告訴任何人你曾經開車接過我」之類的神祕話語。司機表示確實說過，但在特納詢問下，也澄清原來司機與庫克一家都熟識，那只不過是日常對話罷了。當特納律師詢問「你覺得為什麼要這樣說？」司機則認真回答：「我想吉迪恩肯定招惹了那個女人。」特納馬上走向陪審團，眨著眼睛說：「好的，這個問題我們都心知肚明了。」

最後，特納律師在與吉迪恩詢問中，得知吉迪恩以前曾在這間撞球室工作過一段時間，也不知為什麼在解雇之後，撞球室並沒有請他返還公司大門的鑰匙。吉迪恩如果真的要作案，為什麼不直接使用鑰匙開門就好，而要大動作破窗行竊呢？

就這樣，在律師幫助下，吉迪恩原本無法應付的種種問題都被輕易化解了。庭辯結束後，陪審團宣布對吉迪恩的所有指控均不成立，吉迪恩被當場釋放。警方後來發現，這起盜竊案的真正案犯就是庫克，之後以竊盜與偽證等罪嫌將其逮捕入獄。

重獲自由的吉迪恩成了美國司法界的英雄，他的案例成為法學院學生的必修，名字被鐫刻在各大美國判例學的教材當中。吉迪恩的生活並沒有多大的改善，他仍然在貧困與病痛間掙扎，但後半生與妻兒老實度日，再也沒有犯罪。案件後九年，吉迪恩離開人世，葬禮當天沒有新聞媒體關注，排場十分冷清。他的墓碑沒有任何裝飾，只有美國公民自由聯盟在墓碑上刻的一行字，這是他在監獄期間寫給聯邦最高法院的一段話：

> 每個時代，法律都在為人類的幸福而進步。

▼結語

在龐大的國家機器面前，個人的力量是很微弱的。警察與檢察官擁有以國家為後盾的起訴權，而律師是嫌犯或刑事被告人唯一可以指望的盾牌。本案證明，讓一名未受過法律訓練、可能已經被限制人身自由的被告人為自己辯護，就如同讓一名未受過醫學訓練的人為自己動手術一樣。

司法是對民主政治的一種制衡，它能夠保護在少數決定多數的民主政治中，那些難以發出的聲音可以被彰顯。如果沒有對窮人在司法和其他方面施予援助，身為社會的弱勢群體，他們的權益將永遠無法得到良好保障。

13 美國硬幣的最大幣值僅為一美元，六十五個一美元的重量非常重。

可以說，美國司法正義的核心便是「寧可濫放一萬，也不能錯殺一人」，這項思想從副總統伯爾叛國案到吉迪恩案都貫徹始終地發光發熱。此前的美國認為律師的存在既正義且符合國情需要，他能讓司法權力公正透明；但另一方面又認為，窮人在沒有辯護人的情況下能更容易交代案情細節，從而讓一場刑事案件變得更容易結案，這種邏輯顯然是相互衝突。吉迪恩案後眾人更願意相信，無論貧富，無論是否曾有過犯罪事實，都應該秉持著兩造平等原則，為貧困者提供辯護。即使這樣在某些時候會與實質正義脫離，但倘若一項法律能讓不正義者脫離罪刑而逍遙法外，那麼這項法律或當前的刑事偵辦方式肯定有待改善，而不能歸責於為其辯護的辯護人——畢竟無論好壞，每一個人都有證明自己清白的機會，這是人們與生俱來的權利。

15

你有權保持沉默
——開啟警方告知嫌犯權利制度的米蘭達訴亞利桑那州案

你有權保持沉默，否則你所說的一切都能、而且將會在法庭上做為指控你的不利證據；審問之前，你有權與律師談話、得到律師的幫助和建議；接受審問時你有權讓律師在場；如果你想聘請律師但負擔不起，法庭將為你指定一位律師。

——米蘭達警告

看過美國電視連續劇的人們可能都知道，警察歷盡千難萬險擒獲嫌犯時，並不會向嫌犯交待一番「坦白從寬，抗拒從嚴」之類的攻心話語，反倒是不厭其煩地告訴嫌犯他所擁有的各項權利，這段台詞對許多觀眾來說實在令人費解：落入法網的嫌犯竟然還有權拒絕回答警察的審問，那麼如此費盡心力捉捕歸案，豈不是功虧一簣了？

正好相反。如果犯罪嫌疑人的供詞是在不知道自身憲法權利的情況下被自證其罪，那麼這種供詞在法庭上是不能做為犯罪證據的。這項權利告誡的程序與誕生和美國憲法第五和第六修正案所規定的刑事程序直接相關，而它的制定又源於一九六六年最高法院對「米蘭達訴亞利桑那州」一案作出的裁決。

為了確保程序無誤，如今各州執法單位在受訓後，索性會將「米蘭達警告」印成卡片，分派給每一位執法人員令其熟記。不過做為代價，讓被告了解自己的權利，也就意味著警方逮捕嫌犯後的訊問效率大大降低，如果被告不發一語，警方也無可奈何。米蘭達警告推出後，至今仍有不少警政官員對其怨言不斷。

不過，這項判例自然也有它的歷史緣由與法理依據。在此之前，由於一些被警察逮捕的嫌犯並不清楚自己擁有的權利，當他們被押送至警局做筆錄時，常遭受警察不正當的欺凌，例如拒絕嫌犯與外界聯絡並尋求協助，或在警察的威逼利誘之下感到惶恐，將所有事情全盤托出，更甚者為了盡早息事寧人而將不屬於自己的罪行攬下來。米蘭達警告的出現改變了一直以來不對等的審訊方式，讓被告先了解自己的權利，才能有效應對之後的防禦和救濟。

▼米蘭達案與「米蘭達警告」

相比於前案主角吉迪恩以一己之力改變了美國憲政，完成了人生救贖，本案的被告埃內斯托．米蘭達（Ernesto Miranda）的一生顯得十分可笑。他的一生充滿了暴力和犯罪，他雖然改變了美國的司法體制，卻得不到社會的任何尊重與肯定。

米蘭達生於窮困家庭，本人患有嚴重的窺視症[1]，十五歲那年就因為在外面遊蕩時看見鄰居婦女睡在床上，便闖入民宅強行摟住婦女，連她丈夫趕來了米蘭達仍不放手。為此他被送入亞利桑那州立特別改造教育學校一年。

米蘭達成年後選擇加入美國陸軍，但只在部隊待了短短不到兩年。他因為窺視症連連發作，經常到軍營附近民宅騷擾良家婦女，影響了部隊榮譽，米蘭達的長官希望他接受心理醫生輔導，但米蘭達不承認自己有心理問題，拒絕看病，陸軍只得因不符軍紀為由，將他逐出軍隊。

離開重視紀律的美國陸軍後，米蘭達並不適應這個過度自由的社會，索性開始放飛自我。他來到遙遠炎熱的亞利桑那州，四處打工流浪，窺視症也漸漸惡化。一九六三年三月二日這天，正是經典電影《碧血長天》（*The Longest Day*）上市的日子，由於電影長達將近三個小時，位於亞利桑那州鳳凰城的派拉蒙大戲院要求所有員工們加班，其中也包含一名十七歲的白人少女工讀生露易絲．詹姆森（Lois Jameson），她先天腦部缺陷，智商只有十二歲程度，但外表與常人無異。

詹姆森下班離開戲院時，已經是深夜十一點。她獨自一人步行回家，街道空空蕩蕩，此時米蘭達開車路過，眼見四下無人，竟色心大起。他將車子停在一旁，下車拿著刀一邊威脅詹姆森，一邊強迫她上車，然後將她的雙手用繩子綑住，開車到亞利桑那州的沙漠對她進行性侵，並搶走她身上僅有的四塊錢。之後又用外套蒙住她的頭，在距離市中心半英里之處將她推下車，然後加緊油門迅速落跑。

---

1 窺視症（voyeurism），又稱窺淫癖，意指一個人喜歡藉由窺視他人性行為或更衣，從而獲得性快感的心理疾病。

詹姆森帶著滿身的汙穢，一邊哭一邊走，凌晨兩點才返回家門口，她的家人擔心她擔心得睡不著。當詹姆森向哭訴遭遇後，他們果斷報警處理。由於詹姆森的先天缺陷，她無法完整描述米蘭達的長相特徵，只知道他開著亮綠色的福特轎車，警方索性將詹姆森載到醫院檢查，取得她體內的精液樣本存證。鳳凰城刑事警察也根據調查結果，鎖定了嫌犯的特徵：年齡約二十七歲，身高一七七公分，短黑捲髮，體重約八十公斤左右，貌似墨西哥裔的男性。

福特原廠的轎車並沒有提供綠色款式，因此犯案者的轎車一定是自行塗裝上去的，而大部分的人都不會使用這種張揚炫耀的顏色，因此找起來很容易。警察們不費吹灰之力，很快就將嫌犯指向了前科累累的米蘭達。一九六三年三月十三日，他們找到了米蘭達的住處，在屋後找到那部 DFL-312 的綠色福特轎車，並發現後座仍放著先前捆綁詹姆森的繩子。米蘭達被以嫌犯的身分逮捕歸案。並於鳳凰城警察局二號審問室裡進行審問。或許是因為犯罪證據實在太充足，在場審訊的兩名警察庫利、楊格都沒有提醒米蘭達的緘默權，也沒有告訴他有權尋求律師在場協助，更沒有告訴他為什麼會被拘捕。兩名警察一坐下來就直截了當，開始向米蘭達詢問有關他強姦詹姆森的細節。

米蘭達文化程度不高，並不清楚法律賦予他的權利，經過兩小時的審訊，便與警察達成了認罪協商：米蘭達同意承認強姦詹姆森的罪行，檢方同意不使用搶奪罪的追訴權。警察向米蘭達遞上認罪書，他們沒有告知其證詞將會被用於指控自己，只是讓他在上面簽字，後來這份供詞也成了法庭的重要證據之一：

我謹宣誓自己完全是出於自願而作出此陳述，沒有受到任何威脅、強迫或是為得到任何豁免權的交換。並且，我已充分了解自己的合法權益，知曉我的任何陳述都可能對自己不利。

亞利桑那州法院及退休律師摩爾

一九六三年六月，米蘭達被控強姦罪，步入了亞利桑那州馬里科帕法院法庭。米蘭達前半生荒唐度日，把在美國陸軍所儲蓄的錢都花光了，不過依照一九六三年著名的吉迪恩案先例，法院有義務為被控刑事重罪的貧窮被告免費提供律師。法院為他找了一位叫做阿爾文．摩爾（Alvin Moore）的法庭指派律師，替他辯護。

美國的公設辯護人制度比較寬鬆，律師可以兼職辯護人，不需另外考取證照。由於公設辯護人的起薪相當低，年收入僅六萬美元，且薪資漲幅乏善可陳，因此擔任公設辯護人的人大多數都是沒有客戶而無法獨立創業、業務能

米蘭達用來綁架受害者的汽車，鳳凰城警察博物館藏

埃內斯托．米蘭達

力較不佳的律師。

可是阿爾文・摩爾是個例外。他是軍事檢察官出身，當年已經七十三歲，資歷過人，是當地小有名氣的律師，之所以想擔任辯護人，完全是為了貢獻司法。摩爾律師一接觸案件，就決定要以米蘭達的心理疾病做為無罪辯護，可是這個願望很快就被心理醫生的評估報告打破了：米蘭達雖然有精神疾病，但並不嚴重，這種狀態顯然可以自我克制。

在此之前，摩爾已經有一段時間不再過問司法行業，刑案辯護的經驗基本都已模糊。但是他知道，二十世紀六〇年代是美國法律逐漸鬆動轉型的時刻，許多影響美國司法進程的人權案件都是在這個時間點發生。摩爾律師更明白，如果依照普通訴訟程序進行辯護，這場判決必定以失敗告終，畢竟人證物證俱在，任誰都不會相信米蘭達是無罪之人，於是他抬高了層級，在出庭辯護時聲稱涉案警官在進行職務時違反憲法第五及第六修正案，因此無效。

在初審庭中，摩爾首先將審問米蘭達的警員庫利（Carroll Cooley）傳到證人台上，單刀直入地問：

「在拘捕和審問前，你有沒有依法向我的代理人提出他有關憲法權利的警告？」

「有的。在他簽署前，我曾經大聲向他宣讀過一次。」

「在你拘捕嫌疑人和要嫌疑人簽署任何認罪書之前，你從不在事前警告其憲法保障權利的，對吧？」

庫利沉默不語。

摩爾質疑，由警員輔助紀錄完成的認罪書並不符合司法程序。他拿出最高法院的吉迪恩案判例，內文指出刑事嫌疑人在被拘捕時，有權邀請自己的律師在現場協助，以及保持沉默（即緘默權）。按照摩爾對吉迪恩案的見解，警方應該先詢問米蘭達是否要聘請律師：如果要，就應該停止審訊等律師前來；如果不，才應該繼續訊問。但警官連問都沒有，便直接開始審訊，這種方式顯然違反了正當程序原則。因此，米蘭達的供詞屬於被迫自證其罪，這種供詞實屬無效。

憲法第五修正案與第六修正案，在刑事訴訟中時常做為人權保護的法理依據，目的是以法定程序來防止政府權力的濫用。第五修正案規定「任何人不得在任何刑事案件中被迫自證其罪」，憲法第六修正案則保證被告人在所有刑事案件中有權提出進入訴訟時應具備的權利，其中包括「取得律師幫助為其辯護」。

嚴格來說，摩爾律師的辯護雖看似超前，實際上卻有問題。在吉迪恩案當中，最高法院只是泛泛地規定各州法院應提供律師，但律師該在什麼時間點出現，或者該以甚麼樣子的狀態輔助，憲法沒有規定，其他法律也沒有寫到，因此大部分人都默認是在正式開庭之後，憲法才會保障律師為其辯護的權利。而且依照法院的一貫見解，不得被迫自證其罪的適用範圍僅限於法庭內，在警局是沒有效力的。

摩爾宣稱警方並未在審問前告知被告的憲法權利，因此這些證據「理應被排除」。然而法庭沒有接受該意見，他們認為莫爾律師只是在過度擴張人民權利，況且程序問題只不過是案件當中的旁枝末節；人證物證俱在，米蘭達再怎麼辯解，也難逃其罪。

陪審團很快就一致達成了米蘭達強姦罪成立的結論，至於米蘭達搶奪詹姆森的四塊錢則構成搶奪罪。米蘭達曾和警方達成犯罪協商，可是犯罪協商只能拘束檢方，不能拘束法院，如果法院執意要讓被告定罪，那麼被告的犯罪協商將成為犯案的最佳證據。米蘭達最終因強姦罪與搶奪罪被判處二十至三十年的有期徒刑。

摩爾律師並不滿意結果，他隨即向亞利桑那州最高法院提起上訴，可是亞利桑那州最高法院在經過審理後，卻依然維持原判，米蘭達也被關入大牢。

聯邦最高法院的華倫大法官

在自由派當權的時代，大量民權運動蓬勃發展，美國的民權意識日漸上升，各地紛紛出現專門平反冤情的地方司法援助機構。米蘭達被關入監獄後，知道自己的案子是有辦法引起憲法爭議的，遂寫信給全美最大的法律社團——美國公民自由聯盟（American Civil Liberties Union），希望能借助他們的力量，使自己重返自由。

美國公民自由聯盟類似於臺灣的法律扶助基金會，負責認定並提供公民權利受威脅的案件法律援助，也幫助經濟弱勢者支付訴訟費用及律師報酬。當然，除了弱勢輔助外，該會也經常參與司法改革，此時他們正為了全美各州對吉迪恩案判決後尚未補齊的各種混亂司法解釋而煩惱。憲法第六修正案當中讓嫌犯得到律師協助的權利雖然已經普遍化了，但律師該在什麼時間點出現，卻是個尚未釐清的灰色地帶，他們極欲找尋另一起突出的案件，讓法院能作出更清楚明確的裁決。

針對這起案件，基本上美國公民自由聯盟的所有成員都不相信米蘭達是無辜的。米蘭達確實人品不佳，他也的確與詹姆森發生非合意的性行為，不過這無關重要；因為在個案的背後擁有更大、更值得討論的東西，那就是做為一個人應有的權利。這種權利不應該由於案件當事人陰險狡詐、喪心病狂，而有意無意地將它剝奪。為此，美國公民自由聯盟亞利桑那州分部成功找到了鳳凰城的兩大法律名人——約翰．福林（John Flynn）及約翰．法蘭克（John Paul Frank）聯手辦案，將米蘭達案件上訴到聯邦最高法院。

福林曾擔任檢察官，知己知彼，擅長洞察對方的邏輯缺陷並予以擊破。法蘭克則是位著名的民權律師，從一九五〇年代開始就活躍於美國司法界；他擅長憲法，曾在著名的「布朗訴托皮卡教育局案」中擔任法律顧問，制定辯護策略成功打贏官司，徹底終結了美國長久以來的「隔離但平等」原則。

福林和法蘭克兩個人的最高法院上訴請願書只用了兩千五百個字。這份上訴書除了說明鳳凰城警察違反了第五、第六、第十四修正案的天賦權利外，還整理出了整個案件最為重要的兩大疑問：

一、刑事嫌疑人有否知道自己有保持沉默，以及允許律師在旁協助審訊的憲法權利嗎？

二、警察是否有義務要在審訊前通知刑事嫌疑人其應有的保持沉默和律師協助的憲法權利？

很快地，訴狀送出幾個星期後，他們便接到最高法院祕書處的上訴立案通知書，並於隔年二月二十八日早上開庭。福林表示，亞利桑那州鳳凰城警察審訊室在對米蘭達審訊前，並沒有主動告知他擁有保持沉默、和要求律師在場協助的憲法權利，這違反了憲法賦予的保障權利。

不過，福林的話引起了在場的波特．斯圖爾特（Potter Stewart）大法官的不耐煩，他是九位大法官中最保守的一位，也是傳統道德的擁護者。他突然打斷道：「您是根據哪條憲法條款來推定刑事嫌犯可以在審訊時有權保持沉默，和可以要求有律師在場協助的權利？」[2]

福林舉出幾條憲法修正案條文來支持自身理論，可是斯圖爾特並不領情，諷刺地道：「您的意思不是在告訴我說，刑事嫌疑犯在警察局審訊室裡被司法人員審訊時，有權要求設立一個陪審團來旁聽吧？律師在那種情況下，能夠有什麼作用呢？」

「不是的，我們沒有必要在警察局審訊室設立陪審團。」福林繼續說道，「但是如果米蘭達在被拘捕和被審訊時，知道了自己有保持沉默權利和要求律師在旁協助的話，他就不會被強逼簽署下那份認罪書，也就不會被法庭根據他的認罪書而判決罪名成立了，像米蘭達這種情況，他既不富有，也沒有文化背景，更缺乏明確的法律意識，尤其是在那種情緒化的環境下，如果亞利桑那州鳳凰城治安當局在事前預先通知了他的憲法保障權利，那就不可能會發生那種簽署認罪書的狀況了。」

此時，一直以來沉默不語的民主派大法官布萊克開口了：「根據你的說法，米蘭達的認罪書是被強迫寫出來的，不會是有人用手槍頂住他腦袋，命令他簽字吧？」布萊克顯然對福林的說詞也不買帳，似乎還帶點揶揄意味。

福林回應道：「認罪書不是暴力威脅出來的。他是被要求交出一些本來屬於他、但他自己卻對之一無所知的憲法權利。這個難題最為明顯不過了。」福林本想繼續補充關於認罪書的意見，卻被首席大法官華倫打斷了思路：

「福林先生，您的意思是否為，假設在警察審問這位年輕人時，警察對他說『你是一位很棒的年輕人，我們不想傷害你，我們是你的朋友，你只要承認了這件罪行，我們就會放你回家』，這種取證形式違反了第五修正案的權利保證條款呢？技術上來說，這種在文件上看不到的行為，算不算是強迫？」

「是的，這正是被廢而不用的第五修正案權利保證條款範圍之內的事情。」華倫給了福林借題發揮的機會。他再度重申，米蘭達是一位未受過完整教育的貧窮人士，完全不明白任何司法與行政秩序，而這種人在美國比比皆是，他的一生大多只侷限在自己的生活與工作上。若是我們不告知他們應得的權利，那憲法修正案將不適用於美國，而只局限於那些「有錢的、受過教育和堅強的美國人」，這不但涉及程序問題，更是一種不平等，因此「最高法院必須盡快採取必要行動來保護美國

2 以下庭辯翻譯資料源自任東來，《美國憲政歷程》，第二十章，中國法制出版社，二〇一五年。

人民的憲法權利」。

福林結束了自己的言詞辯論發言，輪到對造方代表、亞利桑那州司法部的納爾遜（Gary K. Nelson）站起身來開始演說。他首先向九位法官提出三大主張，試圖將福林在演講時所抬高的層級拉回現實：

一、鳳凰城的警察並沒有使用暴力去取得認罪書，這確實是不爭之事實。

二、此項案件無關憲法問題，只是一件簡單而普通的強姦和搶劫案件，米蘭達的長期犯罪紀錄就是最好的證明。

三、如果要預先通知嫌疑犯其憲法權利的話，那麼，不但為執法人員在執行公務上帶來困擾，還將對公共安全造成嚴重的威脅。

不過這些說辭立即受到曾在吉迪恩案擔任辯護人的自由派大法官艾畢．福塔斯質疑：美國的部分警察都會在逮捕嫌犯後告知他們有律師辯護的權利，假設這些全是無關緊要的程序，那麼以後是否應該限制他們說出這些告誡呢？

或許是因為不常出入最高法院的關係，代表亞利桑那州司法部的納爾遜聽聞福塔斯的反駁，竟也一時無言以對。他和其他律師接著說出了一連串幾近混雜無章的辯護演說，惹得在場的諸位大法官連連搖頭。納爾遜的不黯事務，使天秤逐漸由傾向自己轉而遠離，原本機會渺茫的訴訟案出現了轉機。九位大法官各自有了想法，但按照最高法院的傳統規矩，他們不會立即作出決定，一切都得在閉門數日後公布判決。

米蘭達警告的誕生

米蘭達案是近代美國歷史上最最受爭議的判決之一。其實在言詞辯論後，許多大法官都相當猶豫。他們明白如果提前告訴被告權利，將會讓之後檢方辦案變得極度困難，警察審訊的效率將大大降低，某方面來說甚至還得「看被告的臉色」行事，他們不清楚這樣做是否正確。不過在閉門進行分析和討論案情時，華倫大力疾呼支持米蘭達勝訴，並耐心說服其他幾位大法官同意他的觀點。他根據自己長期擔任基層檢察官的經歷，堅持認為只有告知被告他應有的權利，才能有效約束和限制警方權力。警方之所以膽敢胡作非為，就是因為嫌犯不知道自己擁有權利，而不知道自己的權利，便不知道如何防禦他們的威逼利誘，更不知道在這些非法程序之後要如何進行救濟。華倫法官提出，逮捕和審訊嫌犯時，警方應及時宣讀下列提醒和告誡事項：

第一，告訴嫌犯，他們有權保持沉默。

第二，告訴嫌犯，他們的供詞將會在日後起訴和審判時所採用。

第三，告訴嫌犯，在受審時有權請律師在場。

第四，告訴嫌犯，如果無資力聘請律師，法庭將無償為其指定一名辯護人。

在華倫大法官再三強調下，布萊克、道格拉斯、布倫南和福塔斯大法官從猶豫不決改為傾向同意，正如福塔斯大法官後來回憶：「米蘭達裁決完全是華倫的決定。」米蘭達警告可說是華倫靠著自己在最高法院的地位推動而成。

一九六六年六月十三日，最高法院就米蘭達案作出五票同意、四票反對的裁決：米蘭達勝訴，亞利桑那州敗訴。不自證其罪的公民權利不僅適用於正式法庭審判，也同樣適用於法庭外的任何程序和場合。由於涉案警官在審訊米蘭達之前沒有預先告訴他應享有的憲法權利，而強制性關押和審訊環境對嫌犯形成了巨大的壓力，所以米蘭達的供詞屬於「非自願供詞」，這種供詞在法院審判時一概無效。

米蘭達案投票結果

	大法官名稱	英文原名	立場	任命總統
同意票	厄爾・華倫	Earl Warren	進步派	艾森豪
	雨果・布萊克	Hugo L. Black	進步派	羅斯福
	威廉・道格拉斯	William O. Douglas	進步派	羅斯福
	威廉・小布倫南	William Brennan, Jr.	進步派	艾森豪
	艾畢・福塔斯	Abe Fortas	進步派	詹森
反對票	湯姆・克拉克	Tom C. Clark	進步派	杜魯門
	約翰・哈倫二世	John M. Harlan II	保守派	艾森豪
	波特・斯圖爾特	Potter Stewart	溫和保守派	艾森豪
	拜倫・懷特	Byron White	溫和保守派	甘迺迪

聯邦最高法院一般都是對憲法的抽象解釋，以大框架為主，內容則由立法機關和政府訂定。可是在米蘭達一案中，華倫卻詳細規定了告知義務的內容，確保警方無誤地執行憲法賦予美國人民的基本權利，以供全國執法人員採用。任何執法人員在拘捕和審訊刑事嫌疑犯之前，必須向他們大聲宣讀這項聲明，否則證據將淪為無效。這也便是本文開頭所抄錄的米蘭達警告。

判決發布後，最高法院內部出現了很大爭議。哈蘭大法官和懷特大法官都各自寫了意見書，表示華倫正在過度干預警察公務，此舉將導致警方審訊機制淪為花瓶。況且華倫的判決書既然宣布違憲，那就意味這項規定將溯及既往，許多涉及程序問題而提供證詞的刑事案件將淪為無效，這些惡貫滿盈的罪犯將獲得重新審理的機會；而鑒於某些案件已經過了很久，已難再尋得更多證據，他們很有可能就此逃脫法網，在同一個時間點回歸社會的這群人，將讓整個社會陷入一片混亂。除此之外，他們也認為倘若沒有華倫大法官的一再提倡，米蘭達判決將輕而易舉地被判駁回，華倫實際上是在干擾法官的獨立審判權。

「一個看得見的正義」

華倫院長對米蘭達的判決，至今仍有爭議存在，每年都有保守派議員試圖訂定相關法律來顛覆此項判例，不過這些企圖總是被法官判決違憲而失效。華倫是一個司法的實務者，基層經驗是他引以為傲的資歷。他知道法律是審時度勢的，判決中必須依照不同樣的法益進行取捨，保留最大的法益，放開較小的法益。它不完美，很難面面俱到，卻是一種實用的正義。

時至今日，仍有許多人不能理解米蘭達警告的背後目的。假使將目光放遠，從單看一案轉為俯視美國近三百年法律史的變遷，我們就可以發現，米蘭達規則的產生其實並非是誤打誤撞；歷史上的任何大型轉變，其背後都有必然性。

早在一八八四年「霍普特訴猶他州案」（Hopt v. Utah）中，聯邦最高法院就揭示了「自白任意性規則」（Voluntary confession），認為「口供如果是自由、自願作出的，就具有最好的證據能力」。但聯邦最高法院也同時警告，如果自白的取得是「因為政府的威脅或非法允諾，被告人因此產生了恐懼或期望……其意志自由或自我控制在本質上被剝奪，則在法律的意義上，該自白是非任意的」。

然而，這項判決並未講述「非任意自白」的證據效果，以至於實際運行受到重重阻礙。美國並不是人人都懂法律，因此警方往往不依循最高法院的見解逼出口供，而地方法院通常會默認警方的行為。到了二十世紀初期，由於犯罪率攀升及移民文化造成國內動盪，法務部門更傾向嚴厲打擊。當時刑訊逼供問題嚴重，一九三六年布朗訴密西西比州（Brown v. Mississippi）一案中，嫌犯被執法人員剝光衣服，吊在樹上用皮鞭抽打後取得的證言，竟被密西西比州法院做為定罪依據；一直到該判例作成後，才正式確立了警察通過刑訊逼供所獲取的口供違反正當程序，不能做為訴訟證據。

二十世紀四〇至五〇年代，隨著訊問制度逐漸完善，警察如果再以肢體暴力、言語脅迫的方式取得證言，將面臨刑事責任甚至吊銷執照，但道高一尺魔高一丈，警方轉而採用潛在方式給嫌犯施加壓力，較資深的警察甚至會教導菜鳥警察如何以「一人扮黑臉一人扮白臉」的審訊策略來瓦解心房。

五〇及六〇年代初期，聯邦最高法院意識到，那些表現上看似合法、實際上卻在施加壓力的審訊方式，將對貧窮或教育程度不高的嫌犯造成不平等的影響，因此法官開始對那些受到不公正訊問的被告抱持更多的同情。在一九六四年「艾斯考波多訴伊利諾斯州案」（Escobedo v. Illinois）的裁決中，警方和檢察官對被告進行了長達十四個半小時的審訊，並多次拒絕被告提出在律師到來前保持緘默的請求。聯邦最高法院再度重申，無論如何當事人皆有絕對的保持緘默權，並強調警方必須正確給予告知，在被告已經放棄了緘默權後才得以審問。

但是，實務與理想是有差距的。撰寫一部法律很簡單，要大家遵守卻很難。如果聯邦最高法院想真正對被告提供保護，就必須做出更大的動作，以撼動根深柢固的警察審問文化。當然，這劑良方就是米蘭達案。可以說，一九六六年誕生的米蘭達警告，是歷史發展的必然及當時社會現實的結果。

在刑事訴訟中，「程序正義」與「實體正義」的取捨一直是法學者爭論不休的問題，兩者就像是天秤兩端的砝碼，一端下垂，一端就必然上升。究竟在哪一個平衡點上，才能抓住正義的節奏？實質正義的支持者認為，應該適時無視規則，才能讓真正犯罪之人受到審判，使正義受到伸張；然而，法官和平民都不是上帝，我們何德何能，可以明白事情的真相呢？人類理性的有限性，在決定法律所追尋的正義時，有時執著於追求最優解反而事與願違，甚至適得其反。

程序正義的支持者認為，推論被告有罪無罪，必須有堅實的證據和適當的辯證程序，亦即唯有透過「程序正義」才能得到正確的判決。程序雖然有機會讓犯罪者逍遙法外，但我們可以藉由科技的進步，以及立法者的不斷彌補，來讓法網「疏而不漏」；公權力雖然強大，但它往往也是主觀臆斷，一旦我們放開公權力的界線，人民權益便容易受到濫用權力的官員無端侵害，到時候更遑論人權保障了。

米蘭達警告可以視為是程序正義的勝利。此後美國警方逐漸將工作重點從攻心策略轉移為刑事勘查和高科技收集罪證，以確鑿證據來提升破案率和定罪率。這不但促進了執法工作科學化，比較有效遏制了刑訊逼供等違法亂紀現象，更大大減輕了警方的工作負擔。

雖然我們無法知道真正的正義是何物，但我們確信正義是存在的，我們透過正確的手段不斷找尋它、試圖接近它。人無法透過不正義的手段來實現正確的目標；只有看得見的正義才是可以感受得到的，也只有感受得到的正義才能夠讓人們信服。

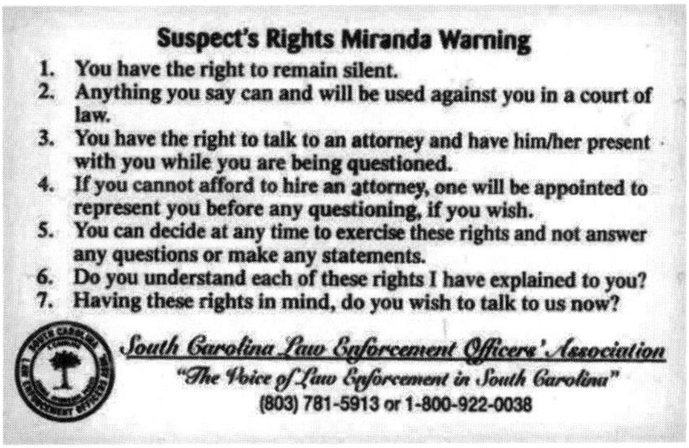

Suspect's Rights Miranda Warning

1. You have the right to remain silent.
2. Anything you say can and will be used against you in a court of law.
3. You have the right to talk to an attorney and have him/her present with you while you are being questioned.
4. If you cannot afford to hire an attorney, one will be appointed to represent you before any questioning, if you wish.
5. You can decide at any time to exercise these rights and not answer any questions or make any statements.
6. Do you understand each of these rights I have explained to you?
7. Having these rights in mind, do you wish to talk to us now?

South Carolina Law Enforcement Officers' Association
"The Voice of Law Enforcement in South Carolina"
(803) 781-5913 or 1-800-922-0038

南卡羅萊納州執法部門所印製的米蘭達警告紙條，用以提供執法警官背誦

有趣的事實：

與吉迪恩的改過自新不同，被判無罪後的米蘭達依舊保持頑劣作風。一九七六年一月三十一日，米蘭達和家人吵了一架後，獨自來到市中心的一家酒吧發洩苦悶，之後與人發生鬥毆，被人持菜刀捅了數次，最後死在救護車上。有意思的是，聞訊趕來的警方，在米蘭達的褲子裡找到了兩張鮮血淋漓的「米蘭達警告」簽名小卡片，這是他用來販售的小玩意。

當天深夜，經現場目擊者幫助指認，一名涉嫌向凶手提供菜刀的共犯被捉拿歸案，警方依法向他宣讀了「米蘭達警告」，共犯也依循「米蘭達警告」所賦予他的權利裝聾作啞。到了羈押期限，警方沒證據，只得無罪釋放共犯，凶手則溜之大吉。直到現在，我們還是不知道到底是誰殺死了米蘭達。

16

真實惡意原則與言論自由的保障
——紐約時報公司訴蘇利文案

「社會秩序不能僅靠懲罰來維持，禁錮思想和想像會引發更多危險，恐懼會滋生更多壓迫，壓迫會招致更多仇恨……保障安全的萬全之策，在於保證人們能自由討論各種困境及解決方案。糾正壞主意的最好辦法，就是提出一個好主意。」

——大法官路易斯．布蘭迪斯

拜美國影視文化強盛與公眾人物誹聞不斷所賜，美國的司法程序與誹謗罪一直以來都為人津津樂道。二〇二二年強尼．戴普（Johnny Depp）就前妻安柏．赫德（Amber Heard）控訴的「戴普訴赫德案」，更讓美國的「真實惡意原則」（Actual malice）重新躍上了檯面。

所謂真實惡意原則，是指官員或公眾人物指控某人涉嫌誹謗或侵害名譽時，必須證明被告「明知其言論不實」，或「對於其言論真實與否毫不在意」，被告才能成立該罪行。這是一個相當寬鬆的審核機制，基本上可以理解成除非是故意想讓特定人的名譽受到貶抑，否則不會承擔民刑事責任。

二〇〇〇年七月七日，中華民國大法官會議作成釋字五〇九號解釋，該解釋以美國的真實惡意原則為基礎，修改裡面的內容，創設了自己的「合理查證原則」。[1]可以說，這項原則不只影響了美國之後對言論自由的審核邏輯，更影響到東亞的臺灣、日本、韓國等地，成了如今言論自由審核的基準。

做為真實惡意原則的法理，美國憲法第一修正案為出版自由提供了明文保護。媒體是監督政府的重要力量，讓人們獲得知的權利的最佳管道。然而，由於種種主客觀因素的局限，新聞媒體對政府的輿論監督不可能做到百分之百準確無誤，偶爾也會不小心採用錯誤訊息，並引發涉及巨額求償金額的訴訟。一九六四年的「紐約時報公司訴蘇利文案」一案，就是因政府官員控告《紐約時報》捏造事實而引發的一個重大訴訟案，這則案件曾一度讓《紐約時報》瀕臨破產邊緣，卻又在最後反轉，並制定出了適用至今的真實惡意原則，使媒體自由獲得了極大的拓展。

▼南方學生運動與聲援新聞

當聯邦最高法院作出著名的布朗案判決，宣布南方公立學校的種族隔離制度違憲之時，美國各地也正如火如荼地推動種族平等的民權運動。一九六〇年三月爆發了著名的「北卡羅萊納州格陵斯堡事件」，四名黑人大學生在南方一家餐廳用餐遭到拒絕，他們就地靜坐，抗議店家歧視。聲援他們的抗議活動很快在整個南方地區蔓延開來，黑人大學生們紛紛仿效，在公共場合遊行抗議。

為了擴大影響力，爭取社會支持，「聲援馬丁．路德．金恩和在南方爭自由委員會」的一名激進的平權主義者約翰．莫里（John Murray）也打算在《紐約時報》刊登廣告響應，他在這篇名為〈關注他們的吶喊〉（Heed Their Rising Voice）的廣告中寫道：

今天，全世界都知道了。美國南方數以千計的黑人學生，正在發起一次和平示威遊行，宣布黑人同樣受美國憲法和『權利法案』保護，並享有人格尊嚴和生存權利。他們遭遇了前所未有的粗暴對待，施暴者正是蔑視並踐踏憲法的人們。[2]

文章同時列舉了一些事實做為佐證，其中一段寫道：

在阿拉巴馬州蒙哥馬利市的州議會廳前，當學生們唱完〈我的國家，也是你的〉這首歌後，學生領袖隨即被校方開除。一大批荷槍實彈的警察……保衛了阿拉巴馬州立學院。……警察封鎖了學校食堂，試圖用飢餓迫使他們就範。

1 大致意思為，「行為人雖不能證明言論內容為真實，但依其所提證據資料，認為行為人有相當理由確信其為真實者」，也可以不判定為違法。

2 本段譯文援引自：安東尼．劉易斯（Anthony Louis）著，何帆譯，《批評官員的尺度：紐約時報訴警察局長沙利文案》（*Make No Law: the Sullivan Case and the First Amendment*），北京大學出版社，二〇一一年。

廣告中間呼籲各界捐款給「聲援金和在南方爭自由委員會」，下面則是一份陣容堅強的連署名單，包括前任總統羅斯福夫人愛蓮娜．羅斯福（Anna Eleanor Roosevelt）以及二十位南方的著名黑人牧師。

其實，這則廣告有一半都是約翰．莫里自己想像出來的。首先，廣告稱黑人學生是因為發起和平示威遊行遭到警方逮捕，但實際上這群學生闖入了一間僅供白人就餐的餐廳前靜坐抗議，餐廳座位都被他們坐滿了，根本無法正常營業，阿拉巴馬州的警察才依《種族隔離法》將他們全部驅逐出去。再者，廣告稱警察「荷槍實彈」包圍了學校食堂，但實際上當時警察只是零星駐守在學校附近維持秩序，整場事件相當和平。廣告在最後批評警方為「南方的違憲者」，然而警方客觀上只是依法行政，不應該被冠上那麼刺耳的綽號。

此外要澄清一點，聯邦最高法院在一九五四年的布朗案中，只是判決公立學校的種族隔離制度違憲，尚未涉及其他領域的種族隔離制度，因此警察的所作所為完全合乎當地州法。

不僅如此，約翰．莫里更誇大處理事件前後的事實。廣告稱阿拉巴馬州立學院的「全體學生」都抗議警察的這一行動，但實際上參與者並不是全部，有少部分的學生抱持相反看法。廣告稱在整場民權運動前後，馬丁路德曾有七次被捕，事實上僅有四次。這份廣告最嚴重的錯誤在於，他們未知會就使用了四名黑人牧師的名字在結尾署名支持行動，而這四名黑人牧師根本未曾對民運表達過任何看法，甚至不知道這場學生民運發生了什麼事。

依照《紐約時報》的投稿規定，如果投稿內容不實，或有涉及誹謗等毀損名譽內容的廣告，一概不受理。不過報社的廣告審查部主管在審核廣告文案時，由於廣告內容都很具體，看起來不像假的，而且所有批評都沒有針對特定個體，而是針對整體政府部門，因此上頭很快就核可了。

六天後，該篇廣告在這份美國最有影響力的報紙上刊出。他們可能都沒想到，這則廣告竟會危及到報社的生存，以及全體媒體的報導自由；更始料未及的是，這場衝突將改變人們對於新聞自由的理解，造就出新聞自由的一大里程碑。

▼蘇利文憤而提告紐約時報

廣告發布後不久，一些人發現了這則廣告背後的虛假事實，大肆抨擊《紐約時報》怠於審查事實經過，等著看熱鬧。美國阿拉巴馬州蒙哥馬利市專員蘇利文（L.B. Sullivan）也看到了這則廣告，他當時負責處理當地警察局事務，雖然廣告並沒有明確指涉人名，但警局事務畢竟是由他主管，他認為其中涉及的失實內容將會影響他的公眾形象，是間接誹謗他與警方的名譽。

刊出的第二天，蘇利文便要求報社儘快發布聲明，撤回之前那些不實言論，但《紐約時報》並沒有直接撤除該文，而是發信回問：「不解您為何認為廣告是在說您……請告知我們，您是依據什麼認為這個廣告是在影射您的。」蘇利文覺得《紐約時報》是在打官腔，因此沒有再回信，而是憤而提告，將訴狀一紙送上阿拉巴馬地方法院，要求賠償金五十萬美元。

有了蘇利文開了第一槍，阿拉巴馬州的大小官員也紛紛響應，對報社提起誹謗訴訟。其中包含時任該州州長的約翰．帕特森與蒙哥馬利市的三位地方官員。由於人數眾多，紐約時報遭索償的總金額一度達到三百一十五萬美元，這放到現在仍是一筆驚人數字。

蘇利文提告後耍了個小花招，迫使《紐約時報》還沒開始應戰，官司就已經輸了大半。美國的司法體系有「以原就被」的傳統，若要提起告訴，就得跑到被告所在地打官司，不能命令他人大費周章跑到原告的所在地出庭。[3] 但蘇利文的律師團隊認為阿拉巴馬州的法庭更為保守，將訴訟留在南方解決，才能夠獲得更加同情自己的陪審團成員。

為了達到這一目的，蘇利文團隊盯上了《紐約時報》駐蒙哥馬利市特約記者唐．麥基（Don McKee）。他是報社在阿拉巴馬分部聘用的臨時員工，案發時他僅從紐時總部領取區區九十美元的薪水，但畢竟此人是報社法律意義上的「代理人」，應當代表《紐約時報》接受訴狀。蘇利文團隊將起訴書塞到唐．麥基的手中，這樣一來，根據阿拉巴馬州訴訟程序，《紐約時報》也只能奔赴阿拉巴馬州應訴。

阿拉巴馬當地民風保守，對誹謗採用古老的「錯誤責任原則」，亦即凡發表不屬事實的出版品，造成名譽上的損害，就必須承擔誹謗責任。被告主觀上被推定有惡意，且原告不需提供任何證據證明自己金錢上的損失，即得提出民事賠償要求，種種法律顯然對原告人更加有利。據此，蒙哥馬利市地方法院判決被告《紐約時報》應付蘇利文五十萬美元名譽損失費，這是美國建國以來最高的誹謗名譽求償，報社也根據要求發表了致歉聲明。

抵制新聞自由的後果

《紐約時報》在判決結束後陷入混亂，巨大的賠償金幾乎抽空了公司可以調動的資金。另有四位南方的官員還想置《紐約時報》於死地，繼續發起訴訟，打算把報社告到破產。他們總共索求超過三百萬美元的賠償金，訴訟正如火如荼地進行，《紐約時報》的法務部門為了應付當前訴訟，已然分身乏術。

比巨額賠償更惡劣的影響是，當《紐約時報》的敗訴判決出來後，也就代表即使報導或廣告中沒有指名道姓批評，人們也都可以輕易聲稱自己受到誹謗。一些官員遂動起了歪腦筋，開始狀告「暗中批評」他們的媒體，在一九六〇到一九六四年間，南方各州的地方官員足足向各家媒體提出了索賠總額高達三億美元的誹謗訴訟。[4]譬如哥倫比亞廣播公司，只因為報導黑人在阿拉巴馬州難以獲得選舉權，就被索賠一百五十萬美元。

媒體受到了前所未見的打擊，各家媒體變得保守起來，只撰寫一些符合政府利益的報導。美國公民早上起來看到的報紙，都是一片欣欣向榮的好消息，他們「知的權利」就這樣在保護名譽權的理由下受到擠壓。

---

3 此項原則是為保護被告利益，防止原告濫訴。

4 請見：安東尼・劉易斯著，何帆譯，《批評官員的尺度：紐約時報訴警察局長沙利文案》，第五章。

所謂一朝被蛇咬，十年怕草繩。出版界與新聞界並不是賺錢的工作，相比於那時代的生產業與重工業，一份報紙頂多一美元，屬於薄利多銷，若再受到綁手綁腳，各家媒體不知道要如何找尋「絕對真實的資料」，最終將人云亦云，只撰寫平庸且早已為大眾所知的資訊，媒體業也將走向衰落。這對一個國家的運行自然是不利的。

一九六一年，《紐約時報》開始向阿拉巴馬州最高法院提起上訴。在上訴聲請中，報社提出蘇利文的指控侵犯了美國憲法第一修正案所保障的出版自由，但州最高法院駁回了他們的上訴。在判決書中，法院重申《紐約時報》「對相關團隊的讚美或批評，將直接影響到人們對領導者（即蘇利文）的評價」，因此，誹謗並不在憲法第一修正案的保護範圍內。

一九六二年，報社再度向聯邦最高法院提起上訴，他們聘請了著名的哥倫比亞大學法學院教授赫伯特．韋克斯勒（Herbert Wechsler）擔任律師並撰寫上訴聲請書。韋克斯勒專門長年從事憲法研究，擅長找尋各種歷史性的傑出判例，他在文中援引三十年前布萊克大法官的判決意見：「憲法第一修正案的基本目的之一，正是讓人民有權批評『任何一個政府部門』。」另外又援引了小奧利弗．霍姆斯[5]大法官的著名判詞：「思想自由，不是讓我們所贊同的思想有自由，而是讓我們所痛恨的思想有自由。」試圖將誹謗案件提升到憲法層級的高度。

一九六三年一月，最高法院同意受理蘇利文案，並訂下了開庭審理的日期。

讓人民有權批評「任何一個政府部門」

這場訴訟不僅對《紐約時報》來說是一場生死戰，也成為全國媒體關注的焦點。開庭之前，與《紐約時報》長久處於競爭關係的兩家媒體《芝加哥論壇報》和《華盛頓郵報》也向最高法院提交了意見書。《華盛頓郵報》在意見書中這樣寫道：

如果用誹謗訴訟來威脅那些真誠相信錯誤事實而批判官員的人，或者要求批評官員的出版品必須證明自己每一處細節都絕對真實，這必將扼殺所有對政府或官員的批評。[6]

一九六四年一月六日，蘇利文案正式開庭。紐約時報的律師韋克斯勒將焦點聚集於誹謗訴訟中「兩者所需提供的證據不對等」的關係。他提出，如果政府官員提誹謗起訴時，法院只要認定被告的言論會影響政府官員的名譽，或者他的言論在「暗指」政府官員，他就可以獲得賠償金；反觀被告唯一可以提出的抗議，就只有言論是否屬實，這種方式等同是放寬了誹謗的認定標準，讓被告在提供證據上面臨極大不利，這是不合乎邏輯的。

5 小奧利弗·霍姆斯由老羅斯福提名任職大法官，這位著名的司法改革者，留有一句名言：「法律的生命不是邏輯，而是經驗。」

6 頗有意味的是，也正是這個亦敵亦友的《華盛頓郵報》，在九年後調察未經證實的白宮「謠言」，最終揭發了水門事件醜聞。

他強調「我們現在的立場，正是麥迪遜和傑佛遜當年質疑一七九八年《防治煽動法》時所抱持的立場」。美國建國之初，聯邦黨人與共和黨人很快掀起激烈黨爭，兩黨黨同伐異，擊摶挽裂。一七九八年約翰．亞當斯就任總統期間，聯邦黨人把持國會，通過了《防治煽動法》，意在打壓批判政府的聲音，尤其是壓制民主共和黨人的言論。很顯然地，這是美國政治史上的一次倒車；它藉愛國之名行黨爭之實，導致許多人因該法鋃鐺入獄。

在韋克斯勒發言過程中，大法官們多次打斷並提出問題。他們多數並未直接反對韋克斯勒的見解，只是以提問的方式來補齊韋克斯勒的論點，其實已經隱隱透露出他們在該案中的立場。譬如大法官亞瑟．戈德堡（Arthur Goldberg）曾試探性地問道：

「你的意思是，批評官員的自由不僅適用於報紙，而是任何人均有此自由？」

韋克斯勒回答：「當然，的確如此。」

「依照您的見解，就算《紐約時報》或其他人誣陷官員受賄，也受第一修正案保護？」亞瑟．戈德堡繼續追問。

「的確，這類出版自由也包含在第一修正案中。」

「也就是說，一個公民有權扭曲真相，攻擊自己的市長收受百萬賄款，而市長卻不能提告他誹謗？」

「市長可以運用他的特權，以演講來回應指控。在類似情況下，多數市長也是這麼做的。」

韋克斯勒與九位大法官應對自如，以歷史上各種限制言論自由所導致的悲劇事件做為辯護。相比之下，蘇利文的代理律師長年攻讀刑法，對憲法並不在行，發言時還是堅持原來的理由，在詮釋憲法時也只泛泛地稱《紐約時報》的廣告構成該州法律的誹謗要件，而誹謗言論不受第一修正案保護。

一九六四年三月九日，庭辯結束兩個月後，最高法院以九票對〇票一致通過裁決，撤銷原判。相比於同一時期同樣關乎政府權力、卻以五比四些微差距通過的米蘭達案，此案的大法官們對於案件結果槍口出奇地一致。

當年由於華倫大法官銜命負責調查甘迺迪總統遇刺事件，忙得不可開交。撰寫判決書的任務交給他最信任的同事小威廉·布倫南（William J. Brennan）。他與華倫大法官的法學思想相似，都以自由主義思想聞名於世，某方面來說布倫南走得更遠，他甚至主張當時社會難以接受的廢死和女性墮胎權。

在蘇利文案的判決意見中，布倫南首先指出了問題的重要性：如果阿拉巴馬州的作法「適用於公職人員起訴那些評判其執行公務行為的批評者的話，那麼，由第一和第十四修正案保護的言論自由和新聞自由，是否會因此受到損害」？布倫南的回答是肯定的，他在判決書說道：

> 官員履行職務時，享有言論免責權……那批評官員的公民也應當享有同等特權……我國曾對一項原則作出深遠承諾，那就是對於公眾事務的辯論，應當是毫無拘束、富有活力和廣泛公開

的。它可以是針對政府和公職官員的一些言詞激烈、語調尖刻，有時甚至令人極不愉快的尖銳抨擊。

在布倫南看來，在自由爭論中錯誤意見不可避免，如果自由表達要找到賴以生存的呼吸空間，就必須保護錯誤意見的表達。某種意義上來說，發掘真理就是一個吹盡狂沙始得金的經歷，要透過不斷討論來剔除雜質，尋得真金。可是，布倫南大法官寫到此處又話鋒一轉，在判決中強調媒體言論並不享有絕對豁免權，如果超過一定範圍仍有責任。他將圍繞該案的兩大爭論點拿出來探討，一是「紐約時報是否持有惡意」，二是「該廣告與蘇利文關係是否密切」。

在發布廣告前，紐約時報並未意識到內容有所錯誤，代表其相信廣告的真實性。但蘇利文一方反駁道，自己在要求撤回廣告後，紐約時報仍然不肯，因此擁有惡意之嫌疑。對此聯邦法院表示，紐約時報在接到撤回聲明後，有嘗試理解廣告與被上訴人的關係，且紐約時報更有回信請求解釋。然而，被上訴人卻不理會此回應，而是一味要求上訴方將廣告撤銷。此番無理的舉動，無法證明紐約時報持有惡意。

值得注意的是，布倫南提出，當政府官員因處理公眾事務遭受批評和指責，使個人的名譽可能受到損害時，官員依然能提出證據，證明這種指責是出於真實惡意。如果像警察局長蘇利文這樣的政府官員能夠證明媒體在張貼廣告時，明知道是假新聞仍故意為之，或者根本不在乎事情真假就直接張貼廣告了，那麼依然可以透過訴訟來要求對方賠償。

至於第二項爭論點，也就是「廣告與蘇利文是否有直接關係」，其實是有疑問的。廣告內容完全未提及蘇利文，他與廣告的連結完全是出於自己的推論。這樣的做法無非就是把對政府的「非人格化」批評轉換成對政府官員的「人格化」誹謗。這樣的判例若存在，以後官員們就能以莫須有的方式來狀告他人；這對往後人民的福祉，以及第一修正案所保障的言論自由，將會是個莫大的威脅。

況且，廣告中這些與事實有所出入的言辭，包括「警察是巡邏而非封鎖校園」、「馬丁路德被逮捕四次，而非七次」等，它們是否有這麼大的影響力，能夠傷害被上訴人的名譽呢？有鑑於此，最高法院認為證據不足以將廣告與蘇利文關係聯繫在一起。

真實惡意原則的突變

隨著法槌的重重落下，《紐約時報》的誹謗罪名不成立，訴訟費用全部由蘇利文一方承擔。其他南方官員的求償失去了理由，為了躲避龐大的敗訴成本，紛紛趕在判決結束前撤回訴訟，全國媒體同行們歡欣鼓舞，言論自由再度回歸美利堅。針對當時全美各州屢見不鮮的官員狀告媒體問題，最高法院所申明的「真實惡意原則」，為新聞媒體批評政府和公職官員的權利和自由提供了進一步的法律保障，容許新聞報導存在犯錯空間，這對新聞界是一種莫大的激勵。媒體再度恢復活躍，記者再度開始透過非官方途徑探求幕後真相。

說來有趣，在被譽為美國歷史上最大政治醜聞的「水門事件」中，記者們的消息來源就是那些並非「絕對真實」的匿名來源。如果按照「蘇利文案」一審判決的界定，批評官員的言論必須證明自己提到的每一處細節絕對真實，那麼這些報導就根本不會出現。謠言雖止於智者，卻又常始於出人意料的智慧，這是論證蘇利文案合理性的最佳例子。

不過，在隨後的發展中，這一判決的負面效應也逐步顯現。此項判例推出後，實際上使得政府官員幾乎無法打贏這類官司。聯邦最高法院後來又通過了其他幾個判決，將真實惡意原則的適用範圍從執行公務的政府官員擴大到「公眾人物」（public figure），此舉也遭到許多學者的非議。

什麼樣的人才算公眾人物呢？這是一個相當模糊的概念。是要以登上媒體專欄的次數為標準？還是以國內知曉他的人數比例為標準？法院並沒有辦法像區分政府官員那樣，做出明確界定。在「柯蒂斯出版公司訴巴茨案」（Curtis Publishing Co. v. Butts）中，《星期六晚報》聲稱喬治亞州立大學教練威利・巴茨（Wally Butts）試圖合謀操縱比賽來賺取額外收益，引起輿論譁然，教練旋即提告了報紙公司誹謗，然而最高法院卻將教練視為公眾人物，認為應當沿用蘇利文案的規則。依照他們的見解，教練本不該是公眾人物，但他曾經帶領球隊拿過世界冠軍，得獎無數，因此就算他為人低調，不常上鏡頭，也符合公眾人物的要件。

真實惡意原則適用於公務員，這點毫無疑問；但面對一介公民，對於「真實惡意」的界定範圍難免過於嚴苛。另一起著名大案「時代週刊訴希爾案」（Time, Inc. v. Hill）亦可充分表明這點。

一九五二年，三名越獄犯闖進了賓夕法尼亞州的詹姆斯・希爾家，當時屋內除了希爾夫妻外還有五個孩子，他們在自己的房子裡被扣為人質長達十九個小時。三名罪犯最終被捕，但事件引起了媒體廣泛關注，為了躲避焦點，希爾一家為此搬到了康乃狄克州，可是媒體卻絲毫沒有放過他們的意思。一九五五年二月，《時代週刊》旗下的雜誌在介紹一部電視劇《絕望時刻》時，指稱該劇是以真實事件改編，而該事件便是希爾一家所發生的遭遇。這完全是子虛無有，就連編劇都跳出來澄清，劇中情節和希爾一家被劫持的真實情況不同：逃犯們極度兇殘，不僅毒打了父親還強姦了女兒，但希爾一家完全沒有發生過此事。

希爾憤而對《生活雜誌》提起侵犯隱私權的訴訟，並在歷時多年後被判勝訴，獲得了三萬美元的賠償。然而，當官司打進最高法院時，正值蘇利文案剛結束，為了避免再次對媒體產生嚇阻作用，最高法院竟認為之前的判決侵犯了媒體出版自由，以五票對四票宣判希爾敗訴。同樣由布倫南大法官主筆的判決意見寫道：「如果沒有證據證明被告明知陳述虛假而故意為之，就不得根據有關保護隱私的法律，對那些公眾關注事件的不實報導判處損害賠償。」該案結束後不久，希爾夫人在巨大的精神壓力下選擇自殺。人們開始擔心，在批評官員的自由得到強化的同時，普通人的生活也面臨被媒體侵犯的危險。[7]

蘇利文案最大的負面影響，就是讓媒體誹謗訴訟的成本大幅增加，演變成雙方以財力投入來決

7 希爾一案中的辯護律師，成為日後美國總統尼克森，曾在判決宣布後曾憤怒地表示：公眾人物若要打贏誹謗訴訟「簡直他媽的不可能」。

定勝負。蘇利文案所確立的判斷標準需要證明對造存在「真實惡意」，這就勢必要在證據收集上耗費大量精力。以著名的「赫伯特訴蘭度案」（Herbert v. Lando）[8]為例，在這起訴訟中，為了證明被告哥倫比亞廣播公司疏忽職守發布不實報導，就必須全面檢驗節目的製作過程，結果整場訴訟竟一共開庭二十八次，檢驗了兩百四十份物證，為了應對這一系列開庭和取證過程，花費了至少三百萬美元的律師費。

在美國，在訴訟結果公布前，各方原則上都要為自己的訴訟費用負責，直到勝負已分再由敗者負擔。對於家大業大的行業巨頭來說，幾百萬律師費可能算不上什麼大數目，但做為對造一方的平民百姓，他們大多財力有限，難以在證據蒐集階段占得優勢，更可能因為打一場官司而傾家蕩產。在追由自由的同時，不平等的陰霾又再度籠罩了美國司法。

▼結語

如果新聞媒體對政府的批評稍有失實，馬上就招來巨額索賠，那麼美國便談不上是言論自由的國家。但如果能以言論自由為名進行毫無限度的批評，那麼我們的社會將重新倒回古希臘時代的愚民政治。或許我們應該這麼說，真實惡意原則是個兩面刃，它能揭發藏在政治黑幕下的不法勾當，但它也能因為「顧全大局」而犧牲市井小民的利益。

美國新聞界最得意的一點是它受憲法第一修正案的保護，但這也為人所嫉恨和詬病。它雖然享有這份特權，但並沒有附加特別的責任，美國希望能給予它最大限度的自由，並用市場淘汰機制來打敗虛假惡質的媒體。可是事情卻並沒有那麼簡單，新聞可以監督政府，但誰又能監督新聞界的所作所為呢？

法律界原本以為蘇利文一案後，美國人民從此可以縱論時事，對公共事務暢所欲言，不必顧忌巨額誹謗賠償的威脅。然而這種一廂情願的奢望很快落空。由於有法律替媒體報導背書，一些媒體遂擴大報刊發行量，像脫韁的野馬到處衝撞，使用脫序手段大肆散播未經證實的謠言，導致不少誹謗訴訟如雨後春筍般冒出。

紐約時報訴蘇利文案的時代，是一個風雲際會的革命年代，九名大法官或多或少也被理想主義所感召，願意嘗試取捨法益的輕重利益，讓美國的整體社會更加自由。但大法官們也許沒有料到，經過反覆的解釋與變質，真實惡意原則竟變成了完全不一樣的東西，應當承受批評的範圍變得如此之廣。當然，言論自由是個人權利的一部分，公權力不能以維護公共利益為由肆意侵犯個人言論自由，這是絕無疑問的真理。但在保護言論自由的同時，如何在公共利益和個人利益之間保持平衡取捨，還有很長的一段路要走。

---

8 赫伯特是一名陸軍軍官，他曾公開指責其他軍官掩蓋越戰罪行。哥倫比亞廣播公司節目對他的一些說法提出質疑，赫伯特認為自己被錯誤且惡意地描繪了性格，對他造成了經濟損失，因此提起告訴。赫伯特最終以敗訴告終。

07

CHAPTER

保守派的反撲，伯格法院與芮恩奎斯特法院時代

1969～2005

1982 年的伯格法院。
前排左起為：瑟古德．馬歇爾、小威廉．布倫南、首席大法官華倫．厄爾．伯格、拜倫．懷特、哈利．布萊克蒙。
後排左起為：約翰．史蒂文斯、路易斯．鮑威爾、威廉．芮恩奎斯特、珊德拉．戴．歐康諾。

該期間重大事件

- 1969 華倫退休，柏格繼任首席大法官
- 石牆暴動，同性戀者開始大規模組織要求合法地位
- 1971 《第二十六修正案》生效，確立十八歲以上的人民擁有投票權
- 「紐約時報訴美國案」，揭示對於言論的事前審查限制，必須達到「嚴重和不可彌補」的危險
- 「羅訴韋德案」，墮胎權受到承認
- 1973 「米勒訴加利福尼亞州案」，放寬色情內容的違法標準
- 1974 「美國訴尼克森案」，總統特權仍受法院審查並限制
- 1980 羅納德·雷根就任第四十任總統，在任期間主張自由保守主義，以減少扣稅、縮小政府規模、減少商業管制，使國家成功復甦，史稱「雷根革命」
- 1985 「華萊士訴賈弗里案」，判決公立學校規定默禱的措施違反宗教中立。此前法院認為祈禱是靜態行為，並無違憲
- 1986 伯格退休，芮恩奎斯特繼任首席大法官
- 1991 蘇聯解體，冷戰時代結束
- 1992 《第二十七修正案》生效，參眾兩院薪資須待下一屆眾議員被選出後始生效
- 洛杉磯暴動，四名被控「使用過當武力」的警察無罪釋放，導致非裔與拉丁裔不滿暴動，造成國內巨大財產損失
- 1993 比爾·柯林頓就任第四十二任總統
- 1995 「辛普森殺妻案」，明星橄欖球員被指控謀殺罪，最終因證據採集問題被判無罪。此案被譽為美國式證據排除法則之代表作品
- 「美國訴洛佩茲案」，國會並無權利以控制州際經濟活動為名，立法限制不得在學校一定範圍內持槍。無槍校區法被修改為僅適用於透過州際或外國貿易所轉移的槍支
- 2000 「美國童軍訴戴爾案」，美國童軍有權依憲法提供的結社自由權，規定同性戀不得進入該會
- 2001 小布希就任第四十三任總統

導言

一九六九年五月，七十八歲的華倫院長因健康問題退任首席大法官，司法能動主義的年代最終迎來了日落的一天。理查・尼克森（Richard Nixon）總統提名哥倫比亞特區聯邦上訴法院法官、共和黨籍的伯格（Warren Earl Burger）接任首席大法官一職。

華倫退休的時代，正值越戰將美國拖入內外交困中無法自拔的時代。自二次世界大戰結束以來，沒有一場戰爭為美國帶來像越戰這樣大的文化衝擊，曠日持久與師出無名的問題始終伴隨著這場戰爭，年輕人不再像過去那樣慷慨奔赴前線作戰，而是在大學發起聲勢浩大的反戰運動，並以嬉皮文化包裝，踏上顛覆傳統價值的不歸路。

在內外動盪下，平民百姓迫切希望回歸原本傳統平穩的舊時代，也因為越戰是由民主黨人所挑起，共和黨保守派的尼克森在一九六八年大選期間以「法律和秩序」做為競選口號，最終擊敗了民主黨，浮上政治舞台。

尼克森的上任象徵二十世紀後半葉美國轉向右派保守，且範圍不僅牽涉政治，司法亦然。柏格被提名為首席大法官時，曾被尼克森政府寄予厚望，期盼他能推翻華倫法院時代具爭議的進步判例，然而柏格法院大多延續華倫法院的學說。

相比於過去呼風喚雨的華倫，新上任的伯格在為期十七年的大法官生涯中並不受同行的擁護。他為人作風不佳，常被批評個性「冷酷無情，漠視同事的感受，為人處事誇大不實[1]」，且在重大司法案件中無自身見解，懼怕站錯隊伍，庭辯結束後常要先打聽多數派在哪以後才選定陣營[2]；並在自身立場屬於少數派時指定主筆，以影響判決。[3]童年時期與他相處緊密、曾在一九三三年伯格結婚時出任伴郎的大法官哈利·布萊克蒙（Harry Andrew Blackmun），後來也因工作上的種種紛爭和其決裂。

不過，撇開伯格本人的私德來看，伯格法院所發生的案件仍是相當精彩的。它位於從華倫司法自由主義轉向芮恩奎斯特司法保守主義的過渡期，既肯定了華倫法院在公眾自由和公民權利領域確立的基本原則，也對這些權利的適用範圍及權利保護的強度設下一定程度的限制。

對於言論自由部分，伯格法院承襲了華倫時代的寬鬆標準，在「米勒訴加利福尼亞州案」（Miller v. California）中雖仍認「淫穢內容」不受憲法保護，卻放寬了內容的判定標準。[4]在「紐約時報訴美國案」（New York Times Co. v. U.S）中，《紐約時報》在未經政府檢查的情況下公開發布了當時仍是機密的「五角大樓文件」，法院則以六比三作出判決：除非政府能以證據證明該內容之出版將造成「嚴重和不可彌補」的危險，否則不得對出版進行事前審查。

對於三權分立架構，一九八三年的「移民局訴查達案」（Immigration and Naturalization Service v. Chadha）中，伯格以多數觀點認為國會有權制定法律，而行政部門有權制定規則，兩者屬於上下位階關係，但國會並沒有裁撤行政規則的「立法否決權」。而在一九八六年的「鮑威爾斯訴哈德維克案」（Bowers v. Hardwick）中，伯格支持喬治亞州法律將雞姦罪定罪，並以歷史觀點認定將同性戀行為視為犯罪是古老且合理的。[5]

某方面來說，華倫的時代已經過去，但仍舊深深影響著伯格法院。布倫南、道格拉斯、斯圖爾特、懷特、馬歇爾依然在伯格時代擔任大法官[6]，因此某些時候，判決會出現與伯格意見完全相反的判斷。如在涉及刑法和訴訟程序的問題上，柏格在一九七二年「弗曼訴喬治亞案」（Furman v. Georgia）以多數同意恢復死刑，但在自由派大法官占多數的情況下，法院宣布美國所有當時存在的死刑法律解釋一概無效。[7]

1 Bob Woodward, Scott Armstrong, "The Brethren: inside the Supreme Court." Simon & Schuster(1981), p.231.
2 羅訴韋德案即是最佳例子。
3 通常依照最高法院的傳統慣習，如果首席同多數意見，將由首席指定特定法官撰寫意見。如果首席為少數意見，則由年資最長的多數派指定多數意見。伯格顛覆了這項不成文的規矩。
4 此即「三交叉淫穢測試法」（Three Prong Obscenity Test），只有同時達成下述三類標準，政府始能監管該作品：一個普通人依照時下的社區標準，是否認為該作品整體而論有色情傾向性；該作品是否以不雅的方式確切描繪了州法律中定義的性行為；該作品就整體而論，缺乏文學、藝術、政治或科學價值。
5 二〇〇三年的「勞倫斯訴德克薩斯州案」（Lawrence v. Texas）推翻了該判決，宣布同性戀在美國全面正式非刑事化。
6 除了懷特與斯圖爾特兩名大法官外，其餘皆為自由派大法官。
7 但該項判決在四年後的「雷格訴喬治亞州」（Greg v. Georgia）被推翻，死刑目前仍為合憲。

自一九八〇年代開始，美國經歷了堅信自由經濟與小政府主義的「雷根革命」，經濟重新復甦，國際地位日漸恢復。相對地，自由派的「精英治國論」與「大政府主義」越來越不得人心，許多選民逐漸右傾。柏格於一九八六年九月二十六日退休後，最高法院迎來了芮恩奎斯特時代，相較於伯格法院顯得更加保守。在這段期間，共和黨一共獲得了九次任命大法官的機會，而民主黨人只有柯林頓有兩次任命的機會。

芮恩奎斯特可說是最具史學家性格的首席大法官。他對於美國的憲政史有著深刻的洞察，判決書的法理依據時常追溯到古老的《聯邦黨人文集》，以及約翰・馬歇爾時代最高法院的重要判決，從而建構了相當有意思的思想體系。做為一位歷史底蘊深厚的院長，芮恩奎斯特同時以古老的榮譽心著稱：有次庭辯，律師稱他為「芮恩奎斯特大法官」，他當即從法官席上探出身來，搖著手指喊道：「是首席大法官！」並要求書記員停下紀錄，當庭向律師介紹他的正確頭銜。8

芮恩奎斯特時代的特徵是利用保守的判例，來修正華倫時代「走得太遠」的判決。他堅定倡導司法克制主義，反對法院超出合理界限來干預立法和行政事務，同時也對模糊的州權問題作出更加明確的界定，維護地方的既有權力。至於民權方面，芮恩奎斯特法院顯示了前所未有的保守趨向，例如在「李訴魏斯曼案」（Lee v. Weisman）等國內一系列涉及政府資助宗教色彩的活動案件中，最高法院默認並判決州政府的行為合憲；對於墮胎權是否包含在隱私權中，法院也在「計畫生育聯盟訴凱西案」（Planned

Parenthood v. Casey）中同意各州立法對墮胎所施加的種種限制。

邁入九〇年代，持續了近四十年的美蘇爭霸，最終以蘇聯解體而告終，也標誌著由美國主導的經濟、政治和文化等意識形態成為這個世界上最核心的價值。[9]但在獲得這項至高無上尊榮的同時，美國也必然承受相應的負擔。為了維持對世界的影響力，巨額軍費和失控的社會福利開支使得國家債台高築，對國防工業的偏重也嚴重削弱了美國經濟的國際競爭力，繼而導致巨額貿易逆差。

冷戰結束後，美國的媒體焦點不再一致對外，國際上的強勁對手已經消失，人們傾向於關注國內問題，以及國內人民在各方面所受到的不公平對待。這種不公平包含貧富差距、性別平權、身心障礙、移工權益等等，但這些問題往往不是「政治歸政治、法律歸法律」，而是令人難以捉摸的混合物。國內的價值判斷越來越難找到共識，而社會激化也不可避免地波及政治。芮恩奎斯特在執掌最高法院後期的態度逐漸軟化，在人

8 相關敘述可見 David A. Kaplan, *The Most Dangerous Branch: Inside the Supreme Court's Assault on the Constitution*. Crown, 2018.

9 當然，相較於國內人權法治的逐漸完善，美國在成為霸權國家的同時，對國際法的不重視也常引人詬病。如在一九八四年「尼加拉瓜訴美國案」（Nicaragua v. United States）中，在同意接受國際法院管轄後，面對法院作出的不利裁判卻宣布拒絕履行，甚至以安理會否決強制執行國際法院之判決。除此之外，還有拒絕加入《聯合國海洋法公約》、在《聯合國憲章》否認「預防性戰爭」正當性的狀態下仍貿然進攻伊拉克等，使美國在近世國際公法教科書中多以負面案例出現於他人視野。

權保障議題上略為開放，但仍不能阻止美國社會意識形態逐漸二極化的趨勢。這也為二十一世紀美國政壇的混亂，以及羅伯茲法院期間司法見解越來越難達成共識埋下了伏筆。

從伯格法院開始至芮恩奎斯特法院結束，共有第二十六、二十七修正案通過並實行，這也是截至目前美國最後一批憲法修正案。

《第二十六修正案》保障了十八歲公民權，它是戰爭的產物。最初憲法中並沒有明確規定多大年齡的美國公民可以擁有選舉權，而是交由各州決定。直至憲法第十四修正案，才明確規定年滿二十一歲的男性擁有選舉權。

第二次世界大戰期間，小羅斯福總統通過法案，將徵兵年齡降低到十八歲，然而這些為國家浴血奮戰的年輕人，卻連投票表明立場的權利都沒有，這引起了法學家們的擔憂：青年負擔相對義務的同時，卻沒有相應的權利。

改變國內局勢的仍是戰爭。越戰陷入僵局後，年輕人再度投入戰場，國內反戰意識甚為濃厚，許多青年對於國家將自己送入戰場皆抱持反感，他們紛紛表示「有資格打仗，有資格投票」，要求所有聯邦、州和地方選舉的投票年齡為十八歲。本項法案從送往國會至參眾院審核通過，僅花了短短一百天時間。一九七一年，修正案迅速得到了三十八個州的批准，正式生效。

《第二十七修正案》則是歷史的遺存。美國建國國父之一的詹姆斯·麥迪遜原本在

《權利法案》也提出了一項有關議員薪水的「防自肥條款」，該法規定「參議員和眾議員的津貼應予法律明文規定，另任何有關眾議員利益的修改只在接下來一次選舉後生效」，然而該案因為一些旁枝末節的政治理由而被否決了。一九八二年，德州大學的一位學生格雷戈里・沃森在學習美國政府課程時偶然發現了本修正案，並向政府寫信請求重視，號召各州同意。最終法案於一九九二年達到法定足夠數量的州[10]批准而生效，成了歷時最久才獲批准的憲法修正案。

10 憲法修正案在生效之前，須經國會參眾兩院的三分之二表決通過，或是由三分之二的州會議的要求，而後才能提呈給各州，並經過四分之三州議會的批准。

17

墮胎是不是一種權利
——在生命與選擇中較量的羅訴韋德案

在法學界裡，有司法能動主義（Judicial activism）與司法克制主義（judicial restraint）兩大司法哲學派系。前者指法官為適應當下的社會趨勢，可以不遵循舊有的成文法和判例進行判決，以免造成不良的社會後果。後者則主張法官應該嚴格遵守舊有的成文法和判例進行判決。

司法動能主義依賴於實體性正當程序原則（substantive due process），此一原則在美國憲法中處於一種補強的角色。憲法不可能保障所有的基本權利，所以客觀上需要保護但未被憲法列舉出來的基本權可以通過「承認」來獲得保障。舉個實例，第十四修正案完全沒有提及關於同性婚姻的權利，但藉由正當程序條款，憲法保障人民在未經正當法律程序時不得被剝奪生命、自由或財產，而同性伴侶間的私密活動當然是他們的自由。因此在二〇〇三年的「勞倫斯訴德克薩斯州案」中，大法官承認即使憲法並沒有明文提及同性婚姻，同性伴侶也擁有結婚的權利。

司法能動主義於二十世紀的美國開始茁壯，逐漸受到法學家推崇，而該理論也成功鼓勵最高法院擺脫對司法判例的嚴格遵從，並透過判決來保護或擴展與先例或立法意圖不符的個人權利。其中最有名的例子當屬「羅訴韋德案」（Roe v. Wade），這是司法能動主義最有力的體現。美國最高法院認為存在著一個未被列舉出來的權利，叫做「隱私權」，而墮胎權是「隱私權」的一部分。

▼諾瑪．麥考維以身試法

美國在一八二〇年代就已經出現對墮胎相關的限制，該項法案禁止在懷孕第四個月後墮胎。這與美國建國初期的基督教教義密不可分，依照基督教的傳統見解，胎動處於孩子賦靈的階段，在此之前墮胎都不算犯罪，女人胎動前也不算懷有孩子；不過，若有了胎動還去墮胎就天理不容了。他們認為人類的生命是神所賜予的，只有神才有權取回生命。

直到二十世紀七十年代，隨著美國女權意識的抬頭，墮胎權才再度被拿上檯面探討。反對墮胎的人認為胎兒也有生命權，生命權至高無上，任何人都無法剝奪。但支持墮胎的學者則認為這本身忽視了孕婦本身的自由選擇權，很多孕婦懷孕並不是自己願意的，有可能是意外懷孕，也有可能是被強姦之後被迫懷孕。而且究竟什麼是生命，法學界有不同樣的看法，主流看法認為必須有心智活動才能有生命，那麼胎兒是否就不算是一個真正的人呢？退一萬步言，若要限制墮胎行為，是要在受精卵形成時就不許墮胎，還是胎兒在母體內成長到一定階段才須保障生命呢？有關這些問題，一九七三年的羅訴韋德案為我們提供了解答。

本案的主角「簡．羅」原名諾瑪．麥考維（Norma McCorvey），出生於路易斯安那州。她的家庭並不幸福，從小父母離異，負責照顧她的母親是個酒鬼，經常對諾瑪施暴。諾瑪從小便沒有受到良好教育，十歲即與朋友搶劫加油站的收銀機被捕，法院判她為州政府監護對象，並將她送到天主教寄宿學校。她在那裡經常受到性虐待，接著又被送到感化學校，然而因故未能畢業。

離開學校後，諾瑪已經十五歲了，她曾和自己的表舅住過一陣子，期間遭到他多次強姦。當諾瑪想把事情告訴別人時，表舅總是能巧妙地辯解脫罪。十五歲時，諾瑪在一家漢堡店打工，一名開著昂貴轎車的男子胡迪．麥考維（Woody McCorvey）搖下車窗搭訕諾瑪。或許是前半生的種種經歷實在太過坎坷，尋求依賴的諾瑪選擇與他談戀愛，並於隔年迅速結婚。但諾瑪並不知道，胡迪只是一名裝闊的無賴，且有嚴重酒癮和毒癮，婚後經常對諾瑪施暴。

十八歲時，諾瑪生下了自己第一個孩子，想當然耳，讓她這樣一個自顧不暇的女孩養育孩子，顯然不太現實。諾瑪在壓力之下開始酗酒乃至嗑藥，不久後這個孩子交由諾瑪的母親撫養。十九歲時，諾瑪再次懷孕並生下了一個嬰兒，並被政府安排收養。

一九六九年，二十一歲的諾瑪第三次懷孕，連自己都養不活的諾瑪實在不想再生了，於是轉而尋求墮胎。但德州的法律認為「生命始於受孕」，婦女墮胎本質上是以非法程序剝奪胎兒生命；除非出於拯救母親的生命，否則墮胎均為非法。因此一開始，諾瑪謊稱自己是被一群黑人侵犯後才懷了孕，不過由於未能提供證據，警方沒有採信她的說法。

走投無路的諾瑪經人介紹，認識了兩名年輕的女權主義律師——琳達．考菲（Linda Coffee）和莎拉．薇登敦（Sara Weddington）。兩位律師當時正在研究挑戰墮胎禁令的方法，並尋找合適的懷孕女性。兩人十分崇拜時任最高法院大法官的威廉．道格拉斯（William Orville Douglas），這名大法官是當時最支持公民權利的自由派，曾在一九六五年參與具有里程碑意義的「格里斯沃爾德訴康乃狄克州案」（Griswold v. Connecticut），此案明確已婚夫婦有權採取避孕措施，並強調了「隱私區間」

（zone of privacy）概念。「隱私區間」並不是私人對私人的保障，譬如自己的房間不被鄰居所偷窺，或者網路搜尋紀錄不被他人翻閱等等；這裡的「隱私」，強調的是防止公權力對私人生活的過度干涉。法院認為公民是否要有後代，以及後代的數量是多少，都屬於伴侶之間的私人領域，政府沒有權力介入。

該判決確立了隱私權及其做為根本權利的地位。道格拉斯在此案留下一句名言：「憲法中未列出的權利屬於個人，其中一項便是隱私權。」雖然憲法沒有明文提及該權利，但權利法案中的許多具體承諾都創立了「隱私區間」，婚姻關係就是一個「隱私區間」，政府不得隨意侵犯。崇拜道格拉斯的兩位律師據此進一步認為，這個包羅萬象的隱私權，應該也包含她們一直追求的墮胎權。

於是，薇登敦與考菲鼓勵諾瑪向德州反墮胎法發起攻擊。一九七〇年五月二十三日，三人當即決定向德州北區聯邦法院起訴，要求判定令德州禁止墮胎的法令無效。諾瑪為了避免遭到公眾批評，在本案中化名「簡．羅」，著名的羅訴韋德案就這麼開始了。[11]

訴狀中，被告並不是德州政府，而是德州達拉斯地區的一名檢察官亨利．韋德（Henry Wade）。為什麼不直接把州政府列為被告呢？因為依據美國憲法第十一修正案主權豁免[12]的規定，公民不得在聯邦法院起訴自己所屬州以外的州政府。但是後來實際運作發現了種種缺漏，於是最高

11 在當時美國司法實務中，若有需保護當事人隱私之情狀，男性大多化名為 John Doe，女性則為 Jane Roe。

12 所謂主權豁免，最初是為了保障國家和君王免受刑事或民事起訴，人們認為國家與君王不可能犯錯，因此不能受到責罰。由於美國是聯邦體制，因此地方州也受到主權豁免之保障。

法院選擇繞個彎，允許起訴州官員，來達到同樣效果。因此美國許多行政訴訟的被告不是政府，而是某位官員。由於本案被告人韋德時任檢察官，負責執行該州法律，是因此就做了這一回倒楣鬼，被告上了法庭。

考菲與薇登敦在起訴書中控告，德克薩斯州一八五九年通過的《反墮胎法》違反了憲法第十四和第九修正案。第十四修正案的「程序性正當程序」（Procedural due process）條款明定政府應確保以公正法律程序來保護公民的生命、自由及財產，政府在訂立某條法律時應具有明確性，讓人們得以預知其邊界，以及做了甚麼樣的行為才會觸犯該法。然而《反墮胎法》並不夠明確地規定何時孕婦的生命會受到威脅，從而有必要實施墮胎，故她們以此條款來主張墮胎權不可或缺。

考菲與薇登敦也根據自身的法學見解，拿出了第九修正案。該修正案僅有短短一行：

> 本憲法列舉各種權利，不得解釋為否認或取消人民所保有之其他權利。

這份條文保留了憲法所沒有規定的公民權利。憲法是十八世紀的產物，而人民對於自身權利的詮釋會隨著時代不同而更迭，故每個時代都有人請求聯邦法院認可新的「為人民所保留」的未被列舉的權利。通常聯邦司法機關皆拒絕視第九修正案為憲法權利的獨立源泉，不過聯邦法院一直持續引用該修正案做為基本權利的源泉。

莎拉・薇登敦（左）與琳達・考菲（右）

訴訟程序剛展開，麻煩就隨之而來。首先，兩人才剛從法學院畢業，考菲取得律師執照也不過短短四年而已，薇登敦甚至在畢業後未能找到律師事務所的工作。兩人之所以認為墮胎權包含在隱私權裡面，也是在法學院所學到的學術見解，並非實務上通用的解釋。

再者，諾瑪是否有權訴訟也是個問題。她雖然想墮胎，但在該案前後都未曾真正動過墮胎手術。而《反墮胎法》僅會懲罰「實施墮胎措施的人」，也就是倘若諾瑪順利產下孩子，便沒有辦法被德州政府所懲處；若諾瑪沒有被不合理的法律侵害，就沒有辦法打入高等法院進而廢除《反墮胎法》了。

事情也正如同兩位律師所擔憂的那樣，德州政府主張麥考維無訴訟地位，且案件缺乏爭議。關於這一點，這起案件之所以取得巨大成功，很大程度是在正確的時代遇上了正確的州法官——第五巡迴上訴法院的開明派法官約翰・羅伯特・布朗（John. R. Brown）首肯審理。他認為既然諾瑪當時懷有身孕，卻因為《反墮胎法》受挫而未能進行該權利，那

美國領土被劃分為 13 個審判區域，設有 13 個巡迴上訴法院。其中 11 個巡迴法院由數字命名，其餘兩個法院分別是哥倫比亞特區巡迴上訴法院；以及於 1982 年成立，為處理關稅、專利、退伍福利等專門領域成立的聯邦巡迴區上訴法院。

她就有上訴權。後來最高法院受理此案時也延續了相同觀點。

初審法院傾向原告

此時諾瑪即將臨產，即使能順利將《反墮胎法》廢除，也無法保證她能順利墮胎。但在考菲和薇登敦的說服下，諾瑪意識到爭取墮胎不是為了自己的權益，更是為了所有懷孕婦女的權益，因此毅然走向了法庭。

德州法院雖然保守，然而負責主持的布朗法官卻是個異類。他曾多次表態支持南方黑人的民權運動，是促進非裔美國人公民權和政治權至關重要的倡導者。同時也因為南方巡迴庭的開放派稀少，僅有四名巡迴法官支

諾瑪．麥考維

持民權運動，而布朗法官又位高權重，故被尊為「第五巡迴四人組」（Fifth Circuit Four）之首。

在整個庭審期間，兩名律師都是初入茅廬，辯護內容不甚詳盡，更沒有詳細的推導過程，只是泛泛地稱德克薩斯州的法律與對第九修正案的解釋相互衝突。這種辯護若放在一般的法院，必定招來一陣嘲諷漫罵，但在布朗法官看來，薇登敦對憲法的解釋符合邏輯且是時代所需。庭審結束後不久，第五巡迴法院宣布《反墮胎法》違憲：它們剝奪了單身婦女和已婚夫婦自己決定是否生孩子的權利，而這些權利受憲法第九修正案保護。然而為了顧及社會氛圍，布朗並未下令讓德克薩斯州停止執行這項法律。正因如此，考菲和薇登敦直接向美國最高法院提起上訴。

▼最高法院里程碑意義的裁決

一九七一年十二月十三日，薇登敦與諾瑪前往最高法院訴訟辯護。庭審初期，兩方的爭點主要在於胎兒是否具有生命權，韋德的辯護人——助理檢察長傑伊．弗洛伊德強調，胎兒是有生命權的，德克薩斯州之所以有墮胎禁令，是為了保護嬰兒的生命權。德州並不否認婦女的生育選擇權，因此他們可以做好事先的避孕措施，比如用避孕藥或者保險套，可是一旦婦女懷孕，婦女的生育選擇權就宣告消失，婦女的選擇權在法理上低於嬰兒生命的保護。薇登敦律師則反駁，聯邦憲法保護的是人出生後的生命權，胎兒尚未出世，聯邦憲法中也沒有明文規定，不能推斷出胎兒享有生命權。

這裡必須澄清，美國的法律與中華民國不同，中華民國主張胎兒之權利在誕生前視為已出生，且擁有繼承財產與損害賠償請求權的地位；然而在美國，一個尚未出生的胎兒並沒有資格受法律保護。薇登敦便依此法理，搭配女權主義的法學論點進行辯護。

與大家想像的精采辯論不一樣，整場案件前後，薇登敦並沒有發起精采的演說，或者提出驚人的法學見解，整個發言過程顯得十分呆板無聊，圍繞著的重點也一再重複，後世的大法官塞繆爾．阿利托（Samuel Alito）也曾批評「她的法律推理過程十分微弱[13]」。

不過，薇登敦提到了一個重點，那就是法律的理想與現實。墮胎是屢禁不絕的，強硬的墮胎政策只會使有錢人前往海外墮胎，但窮人卻沒有選擇權；故而禁止墮胎也違反了憲法的平等保護條款。另外，如果婦女因禁止墮胎而生下了自己不想要的孩子，這不但對她是一種折磨，對於孩子亦然；試想一個不情願被生下來的孩子，他的母親有可能愛他嗎？或者說，我們的配套法律真的周全到可以讓一位母親愛著她的孩子，給他一個幸福童年，從而順利讓他對社會產生正面貢獻嗎？

一九七三年一月二十二日，最高法院以七比二的表決比例，確認婦女墮胎權受到憲法上個人自主權和隱私權規定的保護。大法官哈利．布萊克蒙負責起草多數意見書，他相當喜好歷史研究，後來也曾在一九九七年毛遂自薦，於著名電影《勇者無懼》（*Amistad*）中飾演十九世紀初期最高法院大法官約瑟夫．斯多利。這使他成為美國歷史上首位扮演大法官的大法官。

布萊克蒙以一種相當獨特的法理角度來審視墮胎法律。他首先澄清，在美國歷史上，視墮胎為犯罪的概念成型得非常晚。從法理依據來看，歷史上第一部頒布的墮胎禁令源於十九世紀，因為這一時期的大多數墮胎，皆以不入流的醫生開出的墮胎草藥，導致孕婦們服下草藥後健康遭受極大危害，這項法令完全是為了保障婦女安全，免於在被迫的狀態下墮胎。不過以目前的醫療資源來看，在胎兒尚未發育完全的狀態墮胎，屬於相當安全的行為，墮胎禁令的原始目的也就不存在了。

接著，布萊克蒙肯定已經在先前案例中承認憲法保障的「個人隱私權」，這項「隱私權至為廣泛，其範圍足以包括女性是否終止懷孕之決定。倘若州政府否准孕婦此項選擇權，必將置其於損害[14]」。

布萊克蒙反駁了德州以保護生命權為由，限制婦女墮胎的主張。從法理上的角度來看，美國憲法中「公民」這個詞的用法並不包含胎兒，只有當胎兒從母體誕生下來後，他才能符合該要件。然而，即使胎兒沒有辦法做為公民，也就是做為一個合法意義上的「人」存在，但可以視為「人類生命潛力」，而這樣的潛力是需要給予一定程度的保護的，當然，為了保護婦女的健康，過遲墮胎

13 摘錄自大法官塞繆爾．阿利托對「多布斯訴傑克森婦女健康組織案」的多數意見書。

14 司法院編，《美國聯邦最高法院憲法判決選譯第一輯》（二〇〇四年），第一九一頁。

會對婦女造成健康上的危害，因此政府也有理由予以保護。

因此，憲法對婦女墮胎權的保護並非毫無限度，必須與「人類生命潛力」和與「婦女健康」的利益相權衡。對此，法官布萊克蒙在「羅訴韋德案」中的判決中提供了著名的「三階段標準」，它以最低底線保障了「孕期前三個月的墮胎選擇權」：

> 妊娠第一期為第一至十二週，胚胎尚小、母體外存活率低，「醫師可與孕婦討論，自行依醫學專業判斷，決定是否終結該次懷孕，不受州法之規範」。
>
> 妊娠第二期為第十二至二十四週，「只要州政府有意，即可為了增進母親健康利益，在與母親健康合理相關之範圍內，立法管制墮胎程序」。
>
> 妊娠第三期為第二十四週後，胎兒離開母體之外也能存活，且此階段孕婦墮胎的風險極高，「基於保護潛在人類生命之利益，立法管制，甚至禁止墮胎」。15

羅訴韋德案的成立背景相當複雜，該案正好處在美國人權運動如火如荼的時期。受到六〇年代的女權運動思想影響，以自由派為主流的最高法院自然認為女人有生育自由的權利。

羅訴韋德案結束後的七年間，墮胎合法化一度使國內婦女墮胎人數激增，墮胎率上升了近百分之八十；據一九八一年的國內調查，每一千名懷孕婦女就有二十九人選擇墮胎。墮胎合法化引發了道德主義者的不滿，部分保守州開始推動地方州法來限制墮胎標準，不過這些法律在訴訟過程中，大多因為與最高法院的釋憲見解相左而被法院推翻。

一九九二年，最高法院在同樣意義深遠的「計劃生育聯合會訴凱西案」（Planned Parenthood v. Casey）中再次確認了女性墮胎權。該案廢止了《賓夕法尼亞墮胎控制法》中要求婦女在墮胎前必須徵求丈夫同意，該規定對婦女的選擇自由造成了不應有的負擔。本案也取消了過去的「三階段標準」，轉而採用「胎兒存活能力」學說，將婦女可以自由意志墮胎的期限延長到二十四週（六個月），這期間各州不得訂定法律限制墮胎，直到胎兒有存活能力才能立法限制。這項判決使女性的自主決定權大為拓展。[16]

凱西案之後，一些保守主義者也開始有規模地組織各種運動，表達對墮胎法令的反對，他們與支持墮胎者的長期爭辯，建構出一道美國政治生活的重要風景線。在很長一段時間內，美國對於墮胎權都是保持難分難捨的拔河狀態，羅訴韋德案所確認的權利被保留了下來，反墮胎人士拼命挽留的婚後二十九週不得任意墮胎也成了原則。歷屆地方與中央選舉，甚至是大法官就職，都要對這一問題進行表態，成為政治辯論焦點。[17]

---

15 同上，第一九七至一九八頁。

16 不過在凱西案中，女性墮胎權從羅訴韋德案中的嚴格審查標準（涉及基本權），降為中級審查標準（涉及平等保護審查等次級保護權利），是芮恩奎斯特法院保守派站主流不得不妥協之處（關於審查標準的由來，請見第五章導言）。

17 凱西案的出現，某方面也是為了彌補孕期三階段標準的疏漏。科技在進步，能安全墮胎的界線（十二週）將逐漸後移，胎兒脫離母體也能存活那條線（二十八週）也會漸漸往前移。

可是好景不常，在二〇二二年的「多布斯訴傑克森女性健康組織案」（Dobbs v. Jackson Women's Health Organization）中，事情迎來了轉折。

▼「傑克森女性健康組織案」與墮胎權的終結

在二〇二〇年之前，首席大法官約翰．羅伯茲（John Roberts）強調尊重判決先例。儘管最高法院由五比四的保守派多數控制，幾次試圖推翻羅案的嘗試都無功而返，可是在二〇二〇年自由派大法官露絲．拜德．金斯伯格（Ruth Bader Ginsburg）去世後，保守派的艾米．康尼．巴雷特（Amy Coney Barrett）獲總統川普（Donald Trump）提名為大法官，這名虔誠的基督徒曾經明確表態反對墮胎；她的上任，使最高法院的保守進步比例來到了懸殊的六比三。

一些南方的保守州相當機靈，看準了這項得來不易的時機，試圖通過更嚴格的反墮胎法案，希望能藉此引發訴訟聲浪，這樣就能將墮胎議題重新丟回保守的最高法院，使他們能重新定調墮胎權，讓各州重新掌握墮胎的立法權。阿拉巴馬州開了第一槍，二〇一九年制訂的《心跳法案》規定胎兒滿六週後「有了心跳」，因此除非會對母體健康產生致命影響，否則即使是受性侵導致的懷孕，也不能墮胎。該法僅提供短短六週時間墮胎，也就代表月經晚來兩週就不能再行使其權。很多女性的經期未必每個月都準確，週期也未必一致，這顯示出立法者對女體的保守態度。密西西比州也順勢通過《胎齡法案》，表明除非有緊急情事（如強姦或亂倫）而懷孕外，州內禁止在懷孕十五週後進行任何墮胎手術。

在《胎齡法案》通過後一天，密西西比州的墮胎診所「傑克遜婦女健康組織」迅速起訴了密西西比州衛生部的州衛生官員（Thomas E. Dobbs），質疑該法案的合憲性。

傑克遜婦女健康組織是密西西比州最後一家墮胎診所。由於該州對墮胎程序的嚴格要求，此時這家診所正面臨連年虧損的窘境，加諸本地的傳統宗教勢力雄厚，教會經常在診所前發起遊行表達抗議，前來看診的病人都會受到反墮胎者的阻撓。在外抗議的牧師甚至會阻擋開車到診所的婦女，聲稱她們沒有權利墮胎，並催促她們離去。

密西西比嚴苛的《胎齡法案》，等同於宣告診所關門大吉。本案在美國密西西比州地方法院審理時，鑒於羅訴韋德案的先例，以及診所的可憐處境，很快就判決診所勝訴並明令禁止該州執行該法案，且該案到了第五巡迴法院後仍決定維持原判。可是到了最高法院，事情發生了變化。

二〇二一年，最高法院接受對該案的上訴。時任首席大法官的羅伯茲本人雖然是一名保守派，卻希望能保持最高法院超然公正的定位，在動與不動間找尋平衡，避免於如十九世紀的坦尼法院在道德問題上無法立足，而使國家陷入分裂。當前的問題，就是找到一個既可以維持羅訴韋德案和凱西案基本原則，又同時可以拓展各州限制墮胎權立法權限的方案。

原本羅伯茲打算按照這種中庸方式取得九位大法官共識，但其他保守派大法官在人數優勢下，選擇不聽從院長，直接推翻羅案和凱西案。二〇二二年六月二十四日，美國最高法院判決結果以六票贊成、三票反對，認定「傑克森婦女健康組織案」並未違憲，表明各州在規範墮胎方面應有自由裁量權；在保守派的聯合之下，最高法院又以五票贊成、四票反對推翻了「羅訴韋德案」及「凱西案」。

就這樣，從憲法第十四修正案的正當程序條款延伸出來的墮胎權就此消弭。負責起草多數意見書的塞繆爾・阿利托使用了極為嚴苛的方式解釋憲法，他聲稱「羅案對憲法文本的處理非常鬆散，憲法中沒有提到墮胎權是隱私權的一部分」。該案混淆了墮胎權和個人隱私權的概念；隱私權雖存在，但僅限於「保護個人資訊不受洩露」的範疇內。阿利托也表示，由於憲法並沒有保障墮胎權，因此對於之後墮胎所產生的問題，任何一州的議會都能對這項行為予以限制或保護。

依照阿利托大法官的觀點來說，如今美國的法律對待孕婦的權益已經相當完善，除了保障產假、提供醫療保險外，也有支付懷孕相關費用。更重要的是，國內有越來越多州實行《安全港法案》（*safe haven laws*），容許嬰兒的監護人安全地把孩子遺棄在醫院、警察局、消防局等地點。該法的目的就是要使嬰兒的無辜生命得到保護，盡可能避免墮胎；父母不必留下姓名，不必辦理送養手續，更不會遭到起訴。因此，阿利托大法官認為父母沒有理由擔心送養嬰兒的問題，胎兒出生後的後續問題將由政府提供保障。

不過，客觀上來說，做為墮胎權的替代方案，阿利托大法官所寄望的《安全港法案》顯然還不成熟。比如各州對孩子的年齡有不同規定，舉個極端例子，威斯康辛州規定嬰兒出生後七十二小時內才能行使其權，內布拉斯加州卻將上限設定為十九歲以後[18]，這兩州的法令勢必是需要改革的；而依照美國憲政的一貫基調，這項《安全港法案》最終又會丟回最高法院，由最高法院來判定究竟在多少時間範圍內才能合法遺棄孩童。

以傳統反墮胎者的觀點來看，他們反對羅訴韋德案，其中一項目的就是反對政府限制一套適用全國的限制胎兒法令：他們認為美國太大了，各州都有不同的文化背景，對於不同議題也有不同的價值觀，故最好的方式就是因地制宜，讓不同地方訂定不同的法律。不過這項觀點有個疏漏，那就是倘若將相同邏輯套用在《安全港法案》，該案勢必不能成為一個全國性法令，保護全體各州的婦女；因此相同的問題又將再度出現，美國的墮胎問題將永不止息。

自由派大法官預見了此項決議背後的種種漏洞。三位大法官布雷耶（Stephen Breyer）、索托馬約爾（Sonia Sotomayor）與卡根（Elena Kagan）在聯合異議中譴責此次裁決剝奪了女性的自由，並對其他權利造成威脅，連帶削弱了法院的公信力：

> 我們相信憲法將某些憲政議題排除在多數決之外。因為就算多數人反對，我們仍能堅守一些個人的權利——包含女性。她們有自行決定她們未來的權利。……在未來，部分州會對墮胎提供者採取刑事處罰，像是冗長的刑期，部分州會採取更進一步的手段，也許在今日的裁決之後，有些州的法律會將女性的墮胎定罪，對膽敢尋求墮胎的女性採取監禁或罰款。

18 在美國，許多不負責的父母為了嚇唬不聽話的孩子，甚至會開車假裝把孩子送到 布拉斯加。

▼結語

自二十一世紀一〇年代開始，美國社會迅速進入兩極化的時代。兩黨及其所代表的群眾越來越難找到共識，與此同時他們的主張也越來越極端。在美國，墮胎這項需求普遍客觀存在，倘若禁止它們只會是徒勞，失去墮胎權的女性只會花費更多錢前往國外墮胎，或者在履險蹈危的地下診所尋求解決。就像一九二〇年代的禁酒令一樣，過度的禁止「非道德」的行為，最終只會屢禁不止，並製造出更龐大的負面效應。

美國憲法至今已經運行長達兩百三十餘年，由於朝野在大部分情況下都很難達成普遍共識，因此讓美國政治體制適應時代變化的唯一途徑，就是靠最高法院對舊有的憲法條文賦予靈活的新定義，這也是馬歇爾時代最高法院所努力爭取的司法解釋權。若將解釋權力僅限縮在狹隘的字面意義，以不超越過去所詮釋的司法見解小心翼翼地來建構憲政，這對最高法院將是一種縮權，亦不利於大時代下國家政策的進步。

如果採取這樣的古老法理，從過去最高法院以解釋憲法延伸出來的「避孕用品使用權」、「同性婚姻權」等等，完全可以在接下來的數年內被逐一推翻。司法倒退的骨牌效應，將會繼續加速社會內部撕裂，並自毀國際上自由民主的招牌形象。

有趣的事實：

直至一九八〇年代，諾瑪才對外承認她是案件的原告，她向公眾坦承自己並沒有被強姦，僅是希望加快案件審理。公開身分後，她曾一度參與爭取墮胎權運動，成為爭取墮胎權的風雲人物。但自一九九五年受洗為基督徒後，她轉而成為一名反墮胎者，此後還成立了用來宣傳、擁護反墮胎政策的機構「不再是羅」（roe no more）。諾瑪曾要求上訴法院推翻過去的案子，並稱自己只是兩位律師用以實踐理想的工具；當她想要墮胎時，根本沒有任何人來幫助她。薇登敦律師則表示她非常後悔認識諾瑪。二〇一七年，諾瑪因心臟衰竭去世，享年六十九歲。

18

引人討厭，就是一種罪惡嗎？
——焚毀國旗的德克薩斯州訴詹森案

在美國文化的輸出中，國旗是必不可少的一環。美國人喜歡掛國旗，從繁華的華爾街乃至南方的鄉村別墅，幾乎都能看見國旗飄揚。國旗往往不是政府放置的，而是人們自發性的懸掛，每逢國慶或國殤，各地家庭都會不約而同地更換新國旗，人們因建立起這個國家而感到驕傲，又因國家能保護他們而感到自豪。可以說，這是一種公民自信的表現，心裡踏實的同時，也時刻不忘自己是一個美國人。

美國國旗並不是和憲法一起誕生的。當初在萊辛頓和康科德戰役時，起義軍使用的「加茲登旗」（Gadsden flag）只有一條盤著的響尾蛇，高高地抬頭吐著舌，底下是一行字「不要壓迫我」。該旗使用了整整兩年，直到一七七七年國旗圖案才為十三橫條與十三顆星所取代。不過，星條旗在美國獨立後近八十年間都乏人知曉，知名度不如「加茲登旗」。這是因美利堅合眾國的聯邦制格局所致。建國者們苦於防止政府演變成獨裁機器，實在不希望推廣具有大一統色彩的國旗與國歌。美利堅又是個鬆散的聯邦制國家，星條旗的最大用途只是為了船舶在公海航行的識別與安全，因此國內各州都掛自己的州旗，只有聯邦政府懸掛國旗而已。

直至南北戰爭，星條旗才正式成為國家的象徵。南方十一個意圖維護蓄奴權的州選擇獨立，出

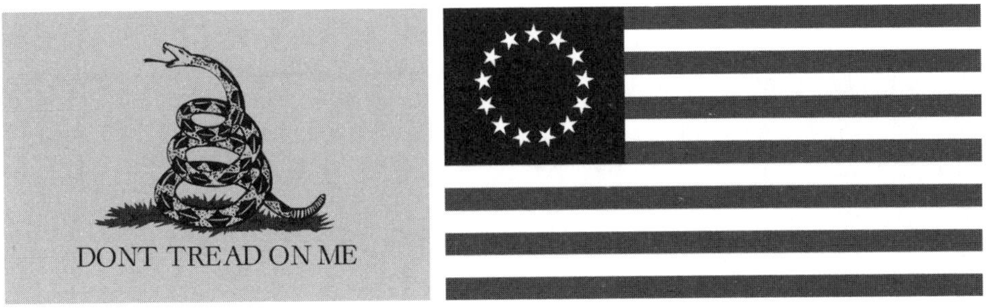

加茲登旗（左）與美國第一版國旗（右）

來組成美利堅邦聯，與林肯所代表的北方聯邦政府作戰。戰爭以南方潰敗告終，林肯政府為了「同化」各州，開始在各州政府懸掛並推廣國旗，從此星條旗做為自由的象徵，在美國人心中份量日漸變重，也逐漸成為普遍的日常。[1]

一八九七年，伊利諾州率先透過《褻瀆國旗法》（*Flag Desecration Law*），對星條旗不敬被視為罪行。其後大部分的州跟進立法。美國國會也曾有好幾次提案將《國旗玷汙法》聯邦法化，但礙於美國憲法第一修正案對言論自由的保障。始終沒能成功。

第二次世界大戰爆發後，分散在各州的美國人通過這場戰爭凝聚在一起，他們雖然有不同的習俗和文化，卻都是為了同一個目標而前進，他們對美國這個聯邦的認同大大增加，對國旗的態度也更加敬畏了。二戰結束後不久，美國境內到處是飄揚的國旗，這些都是百姓們自發地掛出來的，愛國熱情一度達到最高峰。

在一九六〇年代之前，美國國內幾乎無法想像有人想要燒國

1 但是，邦聯旗也一直存在南方各州人們的心中。為緬懷南方諸州在戰場上的犧牲，美國對外的每一場戰役，幾乎都可以看見南方出身的官兵帶著邦聯旗上前線。

旗。不過，雖說沒有「作為」的誣衊，卻有「不作為」的不尊重。基督教有一分支「耶和華見證人」篤信世界末日與耶穌重臨，內部有諸多戒律，其中兩項就是拒服兵役和拒向國旗致敬。一九四二年，就讀西維吉尼亞州一所高中的瑪麗和蓋特爾兩姐妹，全家都是耶和華見證人信徒。姐妹倆遵從告誡，拒絕參加早晨國旗敬禮儀式，遂被校方逐出校門。父親巴尼特一狀告上地區法院，被判敗訴，繼續上訴至聯邦巡迴法庭後勝訴。大法官傑克遜執筆的裁決書寫道：

在我們的自由思想體系裡，強制性的愛國主義是沒有感召力的……強制性的統一思想，必定會牴觸第一修正案。向國旗敬禮，有人感到自豪，有人卻可能不屑。

很有趣的是，主張愛國教育的道格拉斯、墨菲、布萊克等人也紛紛聯名，在附加贊同書寫道：「高壓下的忠誠只是一種保護自己的表演。愛國必須來自於心靈自由。」2

▼二戰結束與焚旗事件的興盛

大規模的焚旗事件出現在六〇年代。反越戰運動造成傳統價值觀念的崩潰，南方黑人民權運動引發的暴動亦使這個宣稱自由平等的國家承受言行不一的罵名。此時社會對於自由的定義正逐漸抬高，民權意識高漲，終於有人以燒國旗的異常舉動來表達憤怒。

一九六六年六月，著名的美國黑人民權運動活動家詹姆斯・梅雷迪思（James Meredith）在遊行時遭到一名白人開槍擊傷，紐約市一名黑人老兵聽到消息後十分憤怒。這位曾在二戰期間榮獲三次紫心勳章、為國家立下汗馬功勞的退伍士兵從抽屜裡拿出自己一直珍藏的國旗走到門外，將它開火點燃，然後扔在地上，並激動地向圍觀人群講述自己的憤怒，結果立刻被一名巡警逮捕。

一九六九年的「斯特利特訴紐約案」（Street v. New York）是美國第一件抵達聯邦最高法院的焚旗案。當時大法官們面對這個史無前例的案件也紛紛思考，焚燒國旗到底是否為不義之舉。首席大法官華倫一直以來被視為進步派的象徵，但他無法接受一個人去污衊他所喜愛的國家。在判決書中，華倫認為保護國旗不受玷汙是合憲的，這項見解得到了布萊克、懷特、福塔斯等大法官的支持。不過在布倫南等人的支持下，法院仍以五比四推翻原判，判定紐約州的《反褻瀆國旗法》定義過於模糊：該法禁止任何人「用言辭和動作」來損毀、誣衊和踐踏國旗，人們可能僅僅因為「言辭」冒犯國旗而獲罪。該法侵犯了言論自由，實屬違憲。

2 本判決名為「西維吉尼亞教育局訴巴尼特案」（West Virginia Board of Education v. Barnette）。

斯特利特訴紐約案投票結果（應注意，本案中部分進步派與保守派立場倒置）

	大法官名稱	英文原名	立場	任命總統
同意票	約翰・哈倫二世	John M. Harlan II	保守派	艾森豪
	波特・斯圖爾特	Potter Stewart	溫和保守派	艾森豪
	威廉・道格拉斯	William O. Douglas	進步派	羅斯福
	小威廉・布倫南	William Brennan, Jr.	進步派	艾森豪
	瑟古德・馬歇爾	Thurgood Marshall	進步派	詹森
反對票	拜倫・懷特	Byron White	溫和保守派	甘迺迪
	厄爾・華倫	Earl Warren	進步派	艾森豪
	雨果・布萊克	Hugo L. Black	進步派	羅斯福
	艾畢・福塔斯	Abe Fortas	進步派	詹森

或許是因為低空飛過的關係，在此案的判詞中，對燒國旗是否屬於受憲法保護的「象徵性言論」並沒作出明確說明。五位大法官似乎指望未來，在時代變遷與社會意識出現更大的變革後，讓社會取得更明確的共識。這是最高法院一貫採用的傳統。

隨著各地焚旗事件不斷，在人民的呼籲下，國會在一九六八年通過了第一個《聯邦反褻瀆國旗法》：「凡故意在公眾場合毀壞、汙損、焚燒或踐踏美利堅合眾國國旗者，罰款不超過一千元，或入獄不超過一年，嚴重者兩者並罰。」國會此舉只是傳達大多數民眾從感情上無法接受燒國旗的心意，雖然這條新法律為各州的國旗保護法提供了法理依據，但仍阻嚇不住示威者。在反戰運動高峰期間，焚旗事件幾乎每天都在發生。

達拉斯焚旗事件

在越戰終止的一九七五年，芝加哥誕生了一個美國革命共產黨（RCP，USA）。有別於美國共產黨（CPUSA），這個黨派是受毛澤東發動的文化大革命影響所成立，意識形態極左，曾組織恐怖活動試圖暗殺改革開放的鄧小平。有趣的是，此黨成立隔年，中國大陸的文革便以毛澤東死亡而結束，但是該黨卻堅持原本的路線在美國積極活動。一直到現在此黨仍舊存在。

一九八四年八月，共和黨在美國西部德州的達拉斯舉行全國大會，推選保守的現任總統雷根做為共和黨總統候選人，競選連任。在第一屆任期，雷根對內實行自由放任經濟，對外與蘇聯進行新的冷戰。他的內外政策遭到部分左派人士的猛烈批評。美國革命共產黨百餘名成員聞訊趕來達拉斯，抗議共和黨偏袒大企業的政策。他們一邊呼喊著反對共和黨、反對雷根的口號，一邊走過政府機構大樓。由於沒有適當的指揮，這群人開始出現脫序行為，挑釁路人、砸毀公共電話設施。其中一名不學無術的二十八歲青年格雷戈里·詹森（Gregory Lee Johnson）走在最前面，他留著一頭未整理的亂髮配上絡腮鬍，看起來格外引人注目。

詹森本人並沒有受過良好的教育，他在里奇蒙一個龍蛇雜處的低收入社區長大。童年時期父親被捕入獄，詹森在高中選擇輟學，前往遙遠的巴拿馬商船隊打工，工作環境惡劣且薪水低廉，養成了他憤世嫉俗的個性。遊行途中的詹森在情緒激動下，竟奪過另一位示威民眾在銀行門外扯下的星條旗，澆上煤油點燃，然後手舞足蹈地歡唱：「美國，紅、白、藍，我們對你吐痰！你的立場是搶奪，你的下場是地獄！」[3]、「雷根，蒙代爾，會是哪一個？無論哪一個，第三次世界大戰都會發生！」這一景象讓很多旁觀者震驚不已，一名韓戰老兵在遊行隊伍走後，泫然欲泣地捧著燒剩的灰燼，將它埋進了自己的庭院。

這次示威計有幾十名參加者被捕，都是處以罰款、短暫拘留便釋放，只有詹森被控違反德州州法「褻瀆受崇敬物體」（venerated object），被送上了德州地方法院審理。此罪設有前提，一是明知故犯，二是明知有人看到並感到受冒犯，仍執意為之。由於詹森實在太過放肆，檢察官很輕鬆就找到了多名目擊證人，被舉證符合這兩個前提。

身著共產黨T恤的格雷戈里・詹森

在法庭上，詹森本人表演慾極強，每次上庭都拒絕穿西裝，而是穿著穿象徵革命的T恤。T恤中間是紅色的共產黨星，搭配一名男子右手舉起步槍，看起來頗具共產革命的神聖架式。當檢察官詢問「您衣服前印著那支長槍是何用意？」詹森便回答「代表革命」、「革命必須以暴力來完成」等語。

詹森在法庭上並沒有為自己辯護，而是自顧自地沉醉在自己的「烈士」表演中。基於他的頑劣形象，陪審團很快就裁定罪名成立，法庭判處一年徒刑外加罰款兩千元的最重刑罰。然而詹森在美國革命共產黨的幫助下，又將案子上訴到德州刑事上訴法院。這次詹森聽從律師的建議，在法庭上收斂許多，並將裁判焦點轉移到象徵性言論上：

> 美國國旗在羅納德·雷根被重新提名為總統候選人時被焚毀，就是強大的象徵性言論！無論你是否同意，當時都不可能做出更好的選擇！……我們有新的愛國主義，不是沒有愛國主義！

詹森說到了一個關鍵的點上頭。在美國法律體系中，「象徵性言論」（symbolic speech）有別於涉及通過行為傳達思想或資訊。我們可以把它想像成手語，失語者用手勢動作來表達他們心中的想法，雖然不是脫口而出，但這當然也是一種言論。由於美國權利法案僅保障言論自由、信仰自由、集會及請願自由等權利，而未有「行為自由」的說法，因此必須將具有思想色彩的行為劃歸為「類言論自由」始能獲得保護，而這種動作必須達成兩項構成要件：

3 司法院編：《美國聯邦最高法院憲法判決選擇第七輯》第五章，第六十一頁，二〇一六年，初版

1. 有傳達特定訊息的意圖。

2. 在周圍的環境中，消息被觀看者理解的可能性很大。[4]

出乎意料的是，上訴法院接受被告辯護律師的看法，認定詹森的所作所為乃是一種象徵性言論。這些法官不僅推翻了定罪，且搬出了二戰期間最高法院在「西維吉尼亞州教育局訴巴尼特案」中的裁定，認為向國旗致敬是一種表達形式；政府強迫公立學校的學生向國旗致敬，就是違反了受憲法第一修正案所保護的言論自由。違反美國憲法的不是詹森焚燒國旗，恰恰是禁止並懲罰損壞國旗的這項德州州法。

德州上訴法院將判決書一公布後，馬上就遭來劈頭蓋臉的謾罵，民眾認為這一判決簡直就是為虎作倀。德州政府眼見有強大民意撐腰，遂向美國最高法院提起上訴。

▼焚燒國旗無罪

為了爭取自由，美國公民自由聯盟特別派出他們的招牌律師威廉・康斯特勒（William Kunstler）為詹森辯護。他是當時全美國最富爭議的知名律師，經常為國內極端組織辯護。主張馬克思主義的黑人至上組織「黑豹黨[5]」，以及試圖推翻美國政府的極左派組織「地下氣象組織[6]」都和他有密切關係。他深諳言論自由的道理，由他擔任詹森的律師再適合不過了。

案件於一九八九年三月開庭，代表德州司法部的德魯律師首先發起攻勢。他表示，燒國旗是一種違法的「破壞和平」及「挑釁性言論（fighting words doctrine）」，據以往最高法院的判例，這兩種言論是不受憲法保護的。[7]星條旗代表美國人的團結，人們對它有著無比深厚的情感，詹森這樣做等同在挑釁人民，進而挑起不必要的對立，因此德州政府當然有義務訂定法律，來防止人民的情感受到損害。

輪到詹森的律師康斯特勒辯論時，他首先反駁德州《褻瀆國旗法》的合理性。該法對於是否達成「褻瀆」的構成要件過於模糊，這樣將會嚴重侵犯公民權利；如果今天同意詹森因焚毀國旗而定罪的話，明天是否又會因為「故意不定期更換國旗而使國旗汙穢不堪」，又或者「在升旗典禮期間故意不在場」而被定罪呢？康斯特勒再度提出著名的二戰大案「西維吉尼亞教育局訴巴尼特案」：即使在最需要愛國情懷的時刻，我們仍能有不尊重國旗的自由。

緊接著康斯特勒律師揭示了本案的重點，那就是「造成他人厭惡，是否就是一項罪惡」的大哉問：「我們用不樂見的事物去檢驗《權利法案》，遠比用喜聞樂見的事物去檢驗來得更難。不過，

4 該要件源於「斯賓塞訴華盛頓案」（Spence v. Washington）的判例，這項判例確立了著名的「斯賓賽測試（Spence test）」。

5 黑豹黨（Black Panther Party）是存在於一九六〇年代末期至七〇年代初期的黑人民族主義政黨，但創立不久便因毒品暴力等問題而日漸式微。

6 地下氣象組織（Weather Underground Organization），為由反越戰的激進派學生組織組成，以密謀暴力推翻美國政府，以炸彈攻擊美國國會、五角大廈聞名於一九七〇年代。

7 「所謂挑釁性言論，是指可能引發一般人的報復行為，因而導致和平秩序遭到破壞的結果之言論型態。」摘錄自司法院編，《美國聯邦最高法院憲法判決選擇第八輯》，第六十七頁。

我們要知道的是，它本來就不是為我們喜歡的事物而設計的，否則就根本不需要《權利法案》存在。」康斯特勒認為，美利堅在很多人的心中是不可撼動的信仰，既然從法理上來說，政府懲罰焚旗者的依據，是因為焚旗傷害了美國人的「感情」，但是這項「傷害」究竟是真的「傷害」了他們，抑或是因為他們其實並未受傷，只是長久以來受的教育使得他們無法接受呢？這句話也最終成了本案逆轉的關鍵。

庭辯三日後，最高法院投票以五比四作出裁決：德州政府敗訴，詹森勝訴。美國憲法所保障的言論自由包含象徵性言論，各州關於褻瀆國旗為刑事犯罪的法律全部違憲，即刻廢止。

▼布倫南大法官的多數意見書

在這一案件的法庭內部討論中，最高法院的進步和保守兩派涇渭分明，意見針鋒相對。以布倫南為首的三位進步派大法官堅持言論自由的絕對性，安東寧．斯卡利亞（Antonin Scalia）雖然是保守派，也高舉著言論自由這面大旗。首席大法官芮恩奎斯特等四位保守派則強調，焚旗除了傷害美國人外，還有害社會善良風俗。兩派意見尖銳對立，互不相讓，由雷根提名的新任大法官安東尼．甘迺迪（Anthony Kenndey）最終成為關鍵一票；他猶豫再三，選擇站在了進步派一邊。最高法院以五比四的票數通過了維持德州刑事上訴法院原判的決定。

在布倫南大法官起草的多數派意見中，宣告州政府提出的兩條定罪理由——即「維護國旗做為

小威廉・布倫南，1972 年

國家統一的象徵」，以及「防止破壞社會安定」並不成立。

相對地，焚旗的詹森是以一種象徵性言論，來傳播他反對雷根政府執政的資訊，因此受憲法第一修正案保護。布倫南認為，國旗雖然在民眾心中有特殊的地位，它象徵人民的團結，焚旗確實會損害大量人民的感情，但他並非刻意站在某個愛國者的家門口焚燒國旗，他不是故意傷害那些愛護國旗者的感情，這只是焚旗行為的副作用。言論自由應該保護這種對特定政治主張的表達。

何況，焚燒國旗行為是否「直接傷害」人民的感情，是有疑問的。一個行為可以直接損害一個人，比如用刀刺入某個人的胸腔，或是用汙辱言語謾罵他人對他人的人格造成傷害，同樣屬於直接傷害。但焚燒國旗是不會直接傷害旁觀者的。他們是從這種符號化的行為中解讀出「意義」，並認為這種「意義」傷害了他們。他們也許認為，詹森是故意焚燒國旗來傷害他們，但這不符合事實；就像是進入一家餐館，我們也不能因為某個人不喜歡某樣大多數人都喜歡的美食，而認為這個人做錯了什麼。旁觀者並沒有被詹森傷害，他們是認為自己心中根深柢固的愛國觀念受到了挑戰：

政府不得以社會大眾認為某特定觀念具有冒犯性質，或者他人不同意該等觀念為理由，便針對該觀念的語言層次或非語言層次表達，予以限制，縱使表達所涉及者為國旗，也不例外。[8]

我們之所以討厭焚旗，是源於後天的教育影響。我們認為國旗崇高且不可侵犯，但也正是因為國旗具有如此崇高的地位，所以焚旗並不會對社會產生任何影響，更遑論引起暴動或騷亂，威脅公民的身體或生命了。詹森的所作所為「沒有清晰而立即的危險」[9]，不至於造成立即的不法結果。傷害他人情感，絕不能成為壓制自由言論的理由。[10]

保守派的見解：國旗至高無上

在保守派的反對意見中，最著名的當屬首席大法官芮恩奎斯特，他對國旗有著神聖的情感。芮恩奎斯特以巨額篇幅，從獨立戰爭開始細數美國愛國主義的萌芽至根深蒂固，藉此論證國旗在美國傳統不可撼動的重要性。這份文件也堪稱二十世紀最具浪漫主義的不同意見書：

兩百多年以來，美國國旗做為我們國家的象徵而擁有獨特地位，這種獨特性為政府提供依據，禁止詹森這樣焚燒國旗的行為……不論在和平還是戰爭年代，國旗都象徵著我們的國家。從參議院到眾議院，乃至無數的地方法院和地方政府，以及戰艦啟航、戰機起降的軍事基地，國旗都象徵著我們國家的存在，聯邦最高法院的法庭更是將國旗安置在最明顯的位置。

每年的紀念日，飛揚的國旗被安放在逝世親人的墳墓，覆蓋在陣亡官兵的棺木上……美國國旗是體現我們國家的象徵。它既不代表任何特定政黨的觀點，在觀念上也沒有受到任何質疑。來自四方的美國人不論抱持著何種政治思想，皆對它表示神聖的崇敬。我不能同意第一修正案推翻公開焚燒國旗之行為，以及貿然推翻四十八州的法律。

芮恩奎斯特，1986 年

芮恩奎斯特表達出了傳統愛國者的浪漫與憤怒。二戰期間他曾是美國陸軍航空兵，在北非的漫天黃沙中，是星條旗帶領美軍的戰機突襲「沙漠之狐」隆美爾的本營，並指引他們安全返航。芮恩奎斯特無法接受自己一生所保護的國旗受到這樣的屈辱。在他看來，詹森大可使用其他方式來表達自

8 司法院編，《美國聯邦最高法院憲法判決選擇第七輯》第五章，第五十九頁。

9 此項見解源於一九一九年的「艾布拉姆斯訴美國案」（Abrams v. United States），在這場審判五位美國公民因印刷傳單反對參加一戰被控違反《間諜法》的案件中，荷姆斯大法官提供了言論的判斷基準：「語言與後果之間，必須有因果相連關係。一個人表達語言，是因為他有主觀的意圖。主觀的意圖經過語言，有時會產生必然的後果，但有時不一定產生必然的結果。……法律不能處罰語言的表達，除非語言的後果必將引起『清晰而立即的危險』。」他因此主張無罪判決。在焚旗案中，法院亦重申該項判斷基準。

10 依照中華民國的司法見解，目前侮辱國旗國徽罪仍規定於刑法一〇五條，尚未有相關釋字產出。惟學者多引用國內所承認的雙階理論，即將言論分為高價值言論與低價值言論，進而推導出言論的保護程度。焚旗是政治性言論，有促進公共思辨、影響公益、監督政府之效能，因此應以嚴格審查標準檢驗其合憲性。換言之，焚旗理論上要受到憲法的保護。

己的看法，即使不委婉，也能以其他象徵性言論的方式來表達，但他卻選擇了最嚴重且最觸犯他人的方法。因此，他的所作所為不僅不是一種值得保護的言論，更應該予以責罰。

判決結果與民眾反應

最高法院的一紙判決，意味著全美四十八個州和哥倫比亞特區有關保護國旗的法律失效。此項判決在美國國內引起極大爭議，來自各州的人們紛紛寄信給最高法院表達他們的憤怒，新當選的老布希總統也表態想藉由訂定憲法修正案來推翻最高法院的決定。國會更是挾洶洶民意，在一九八九年迅速通過《褻瀆國旗懲罰法》，該法規定任何人「毀損、塗汙、實體汙損、焚燒、將之留置於地板或地面，或踩踏任何美國國旗」均屬犯罪行為。

值得一提的是，在大家群情激憤之際，仍有少數參議員保持冷靜。來自俄亥俄州的梅岑鮑姆（Howard Metzenbaum）在參議院上力排眾議，指出：如果用嚴刑峻法來保護國旗，那麼我們憑什麼去愛國？這給美國價值留下什麼模板？不過在強大的輿論浪潮下，他的想法並沒有被理會。一九八九年十月三十日，《褻瀆國旗懲罰法》生效，而在這天就連爆兩宗焚旗事件。

第一宗是美國越戰退伍軍人組成的反戰社團，他們在西雅圖集會抗議，總共有四名示威者在新聞媒體面前焚燒星條旗。第二宗依然是格雷戈里・詹森，他藉著最高法院訴訟的名氣，連同兩名民權運動家與一名越戰老兵，在國會山前點燃國旗。

兩宗事件分散於美國的東部與西部，受詹森案影響，法院都不約而同地拒絕受理，美國司法部只得直接上訴至最高法院。一九九〇年五月，最高法院將兩個案件合併為「美國訴艾希曼案」（United States v. Eichman），最高法院再度以五比四裁決《褻瀆國旗懲罰法》無效作廢，並在判決書留下一句至理名言：「對褻瀆國旗的行為加以懲處，就削弱了使這個象徵備受尊崇、也值得尊崇的那種自由。」

至此，最高法院已經將話說得非常明確了，但國旗紛爭並未徹底平息。在強大的民意支持下，曾有各州議會通過決議，希望能繞過最高法院，通過保護國旗的憲法修正案。他們的努力在眾議院獲得了積極迴響，但仍然無法通過參議院這一關。國會曾發起四次制定國旗保護的憲法修正案，但每次皆以未通過三分之二的門檻而告終。

	眾議院投票	參議院複審
一九九五年	312比120	63比36
一九九七年	310比114	未列入議程
一九九九年	304比124	63比37
二〇〇六年	286比130	66比34

結語

對於國會意圖將保護國旗抬升到憲法層級明文保護的行為，聯邦最高法院的反制手段其實非常有限。按照二〇〇六年國會提案的原文，國會指望能在憲法中明定「國會有權禁止對美國國旗進行物理上之褻瀆」。此話說得非常清楚，一旦通過，最高法院也只能以國會接下來所通過的法案，進行有無逾越「必要適當條款」進行審查；除非地方有推出刑罰異常重的法令，否則最高法院得默許它們的存在。對此，著有《焚燒國旗》（*Burning The Flag*）的法學教授戈爾茲坦（Robert J. Goldstein）提出了相當獨到的看法，那就是「我們不是生活在多數民主（Majoritarian democracy）社會，而是生活在憲政民主（Constitutional Democracy）社會」。言論自由與出版、宗教、集會這些基本原則不可撼動，不得交由投票決定，如僅因保障它們的象徵意義就透過修憲將其合理化，那麼未來將有無數特殊事物會跟進，因此即使訂定這項修正案，這也是不合理且無效的。[11]

歷史教訓告訴人們，愛國主義常常走火入魔，開明派大法官不惜被全美上下所批評，也要向廣大民眾的愛國主義「潑冷水」，如此也是擔憂美國重蹈民族主義的覆轍。一九三〇年代，德國納粹主義和日本軍國主義都肇因於強烈的愛國主義和民族情緒，無數的罪惡和暴行也都是在國家至上的狂熱情緒中被合理化；當愛國變成了一種盲目的信仰，甚至成了一種道德綁架，這將無助於國家本身的發展。在焚燒國旗問題上，開明派大法官的冷靜和理智顯然應當高於激情和狂熱。當然，他們並不是「支持焚旗」，而是「反對禁止焚旗」，就連最自由的布倫南大法官也指出德州政府意圖維護國旗崇高地位的目標是正當的，但所採用的手段是不恰當的：「我們懲罰褻瀆，並不能使國旗變得神聖，因為如果這麼做，我們就淡化了這個珍貴的象徵所表達的自由。」

早在半個世紀前，老羅斯福時代的大法官霍姆斯（Oliver Holmes）就曾表示對言論自由的擔憂：

特殊意義之說一旦採納，言論自由將蕩然無存。因為憲法保護的並非普通言論，這根本不需要保護；憲法要保護的是那些我們痛恨和討厭的言論。

我們必須承認，有時候對特定言論自由的保護，會傷害某些人的感情。在先前提到的「紐約時報訴蘇利文案」中，最高法院判決即便媒體在報導中有部分失實，並達成誹謗公務員的結果，公務員依然不能提出誹謗起訴。這是為了維護新聞自由，媒體行業做為美國的第四權，對限制政府濫權起到了重要作用。相比於公務員的個人感受，對新聞自由的保護更加重要。

當然，言論自由是有其邊界的，它的自由與邊界是經過比較出來的，這取決於我們所脫口而出

11 戈爾茲坦教授之見解，類似中華民國釋憲實務所採之德國成文法體系「制度性保障理論」（Einrichtungsgarantie）之說。該說認為對於憲法原先所保障之制度，應由憲法提供特別保護，使權利自始自終處於健全無損，立法者不能事後侵害該制度之核心領域。如採此項見解，立法者不得將焚旗入憲。

焚燒國旗成為美國公民表達不滿的一種方式。圖為 2014 年佛格森事件（布朗案），人民焚燒國旗，抗議白人警察執法過當。

的話與是否有價值。美國憲法並沒有保障隨意汙辱、誹謗他人的自由，沒有保障隨意散播色情材料的自由，更沒有保障散播謠言以危害公共安全的自由。做為表達政治主張的焚燒國旗行為，它可能傷害一些愛護國旗者的感情，但它的背後仍然可能存有價值；相比於照顧旁觀者的感情，維護它的存在更加重要。試想，如果人們不能自由地表達政治主張，那麼美國又何德何能，自稱是個「自由國家」呢？

保護國旗是一種義務嗎？如果對國旗的喜愛和尊敬是可以自由選擇的，我們便沒有理由責怪其他人做出了與我們不同的選擇。聯邦最高法院深明，要以海納四川的方式，使得

「愛」美國不再成為一種義務，而是一種選擇，如此才能使這個國家成為一個值得所有自由主義者所敬仰的地方。正如同安東尼．甘迺迪在補充意見書中寫的那句「一星條旗將保護那些蔑視它的人」，一個民主意識健全的國家，即使遇到討厭它，甚至想毀滅它的人們，它依然會捍衛你的權利。

19

總統的行政特權與司法正義的較量

——美國訴尼克森案

在美國建國兩百餘年的歷史中，司法權與行政權的衝突對抗不是罕見的事情。公權力天生具有強烈的自我擴張性，其行使的空間必須有邊界，或者說應對邊界進行約束，因此美國在制憲之初便仿效古希臘的陶片放逐法制定出彈劾程序。若國會發現總統有非法情事，將會發動調查，並以簡單多數（過半數）表決是否彈劾總統。

彈劾制被稱為「趕走暴政者」的利器，即使位高權重也無法避免。[1]不過，美國的彈劾程序要真的發揮作用，得等到一九七四年的尼克森任內，他雖然並非因彈劾而下台，卻是因彈劾程序而不得不下台的總統。此一彈劾案成為美國司法程序大於一切的典範判例，銘刻於憲政演進的軌跡當中。案件完整體現了美利堅的司法體系特色，使其成為後世體現美式憲政優勢的一大證據。在這場被後世稱為「水門案」（Watergate scandal）的事件中，聯邦法院、國會、特別檢察官、聯邦大陪審團和新聞媒體協調行動，依法辦事。這群人沒有訂立統一的計畫來讓尼克森辭職，但藉著自由流通的社會資訊，以及每個人在各自崗位的負責之心，最終透過憲法程序解決危機，將「帝王總統」和平地趕下寶座。

▼尼克森的前半生

尼克森案之所以發生，以及這件大案的相關問題，都要從尼克森出生背景與人格特質開始說起。

理查·尼克森的政治生涯始於二戰。當時美蘇冷戰和保守思潮高漲，尼克森決定辭退海軍軍官一職，代表共和黨競選國會議員，他主張的反共主義受到了選民青睞。在眾議院，他大力支持杜魯門政府的遏制戰略，積極參與調查共產黨人滲透和顛覆美國政府的活動。一九五二年，他以年僅三十九歲之姿出任艾森豪將軍的競選搭檔，成為美國歷史上第二年輕的副總統。

尼克森智商高達一五五，有著過目不忘的記憶力，但他出生貧苦，不擅談吐，屬於典型的公務員性格。一九六〇年，尼克森出馬競選總統，沒想到大選前夕他與民主黨候選人甘迺迪進行了電視直播辯論，尼克森雖然政治經驗略勝一籌，但他臉部僵直、坐姿拘謹，就像一台讀稿機，倒是甘迺迪沉穩自在、風度迷人，迷倒了電視機前的女性觀眾，為其贏得了翻盤的機會。一個月後，尼克森以微小劣勢敗北。在普選選票中，甘迺迪得票率為百分之四十九點七，尼克森得票率為百分之四十九點五，只相差千分之二。

1 中華民國憲政體系之彈劾權迥異於西方，此為閱讀本篇文章須注意之處：我國原則以監察院做為彈劾權之行使主體，彈劾總統則例外由立法院行之。再者，不遵遵守「政務官不受懲戒，事務官不受彈劾」之原則，而及於正副總統、民意代表之一切公務員；彈劾權僅限於彈劾案之提起，最後仍須交由公務人員懲戒委員會處理（對於彈劾總統則以國會三分之二表決通過，與美國制度同）。

競選議員時期的理查・尼克森

1960 年，報紙漫畫上描繪總統大選進入白熱化階段的甘迺迪與尼克森最終回電視辯論，並呼籲民眾出來投票。埃德蒙・瓦特曼繪，《哈特福德時報》，9 月 12 日

八年後，尼克森終於險勝民主黨對手，登上了總統寶座。不過他的內心深處卻總有一種不安全感。他的一生有大半時間都受自身人格魅力不足的掣肘，他不是那種有煽動力的政治家，缺乏一呼百諾的個人魅力，與他共事過的人們多半以「嚴肅呆板、缺乏幽默感、既自大亦自卑」來描述他。

經過四年的任期後，一九七二年總統選舉大戰前夕，各大民調都認為尼克森遙遙領先，但他仍焦躁不安。為了確保連任，尼克森決心不惜任何代價，尋找能夠擊中民主黨候選人要害的重磅砲彈，以求增加競選勝利的籌碼。為此，尼克森與他的「白宮幕僚」（White House Staff，正式名稱為總統行政辦公室〔The Executive Office of President〕）籌建了一個祕密班底，團隊成員都是執政時最信任的幕僚，試圖刺探民主黨的競選情報。

▼尼克森從頭到尾都沒有參與水門案？

美國總統的幕僚一般稱為「白宮幕僚」，自美國建國之初就有了。一開始這群人就是總統身邊的辦事員和勤務人員，只在白宮內部充任總統祕書、書記員、勤務工等，其功能就是無就業保障的臨時工，不具現代總統幕僚的特徵。

羅斯福執政後，白宮幕僚迎來了擴權的機會。羅斯福上台後不斷採取各種措施擴張權力，對於司法程序基本上也充耳不聞。他希望能找到一個迅速的方式，讓自己的政策一被討論出來、手下的人便可以直接去做；除此之外，他更是厭惡內閣會議，認為內閣機構特別龐雜，官僚主義盛行，決策效率低下，而且他們凡事都公事公辦，沒有協同作用。因此做為親信，白宮幕僚理所當然取得了參與議政、與閣員爭奪權力的法律基礎。

從羅斯福之後，歷屆總統都開始建立和擴大自己的幕僚團隊。到尼克森時代，白宮幕僚的地位和權勢可以說已經登峰造極了，尼克森的第一任期就已經達到驚人的三千餘人，整整比羅斯福多了十倍。這些幕僚皆由總統直接任命，不用走任何程序，所以這些人對總統可謂忠貞不二。

但是，有好處就有壞處，這幫人雖然辦事效率高，但致命的地方也在於辦事效率太高，許多事情直接由總統授權辦理，不必過問總統，因此連總統自己都不知道他們做了什麼。隨著幕僚勢力越來越大，後來乾脆直接把內閣架空了。更可怕的是，當時美國憲政體制當中分權制衡的基本原則並沒有辦法約束到白宮幕僚，國會對他們無法實行監督。這就產生了很多弊端。

尼克森的幕僚中，絕大多數都是他當年律師事務所的合夥人和幫他競選的成員。這幫人雖然忠心，但能力令人不敢恭維。比如水門事件的兩大主角，白宮特別助理亨特（E. Howard Hunt）和尼克森競選團隊的法律顧問利迪（G.Gordon Liddy）。利迪是律師出身，當過檢察官，當過聯邦調查局特工；亨特則是中央情報局特工出身，曾負責祕密召募和訓練古巴籍僱傭軍。

利迪和亨特名義上擔任競選班底的法律顧問和白宮特別助理，實際上負責蒐集民主黨對手情報。兩人見識短淺，卻急於立功，給上層提交的情報或建議往往「語不驚人死不休」，比如他們曾謀劃暗殺經常在《華盛頓郵報》批評時政的專欄作家安德森（Jack Anderson），也曾僱傭妓女勾引民主黨競選幕僚成員和總統候選人，用隱藏錄影機偷拍淫穢場面來訛詐對手。這些荒謬絕倫的計畫，往往遭到競選主管的駁斥。

利迪和亨特後來又提出了「監聽民主黨競選總部」的計畫。或許是害怕再次被拒絕，他們並沒有詢問直接上級，而是將這個計畫送到了白宮律師迪安這裡，他是尼克森競選班底的高層主管，本不是負責該項計畫的人，因此很隨便就同意了該項提案。利迪和亨特興高采烈，認為拿到同意就行了，便開始執行計畫內容，並犯下一堆令人難以置信的低級錯誤，最終葬送了尼克森的連任之路。

水門案的來龍去脈

利迪和亨特選擇在水門大廈進行監聽行動，這座飯店位於美國首都華盛頓特區西北區，是民主黨全國委員會總部的所在地。一九七二年六月十七日凌晨，利迪帶領人員前往該地，準備在民主黨的辦公室安裝竊聽器。

利迪和亨特並不知道的是，這座總部實際上只是個負責對外公關的事務性部門，根本不會在此召開競選戰略的機密會議，民主黨的機密文件更不可能會存放在這裡。由於策畫過於倉促，沒有時間找到合適的執行人選，利迪竟隨便雇了幾名不認識的古巴流亡分子就上路了；這群人沒受過什麼專業的間諜訓練，在任務前後鬧出了許多笑話。

水門大廈的門是單向的，沒有專門的房卡不能進入，但可以不

水門大廈外觀

靠房卡出來。利迪等人白天喬裝成裡面的工作人員過去，趁人不注意在門上偷偷貼膠布，想等到夜深人靜再執行任務，可是這個膠布在警衛巡視的時候被發現了，警衛馬上把膠布給撕除。

等到竊聽團晚上過來執行計畫時，發現膠布不見了，就趕快匯報給在對面樓裡指揮的利迪，利迪做了一個膽大的決定：那就撬開門吧。幾個人慌慌張張地撬開門，在裡頭翻找資料。他們因為太害怕自己出不來，又在門上貼了一塊膠布，而他們明知門是能出不能進，此舉簡直是畫蛇添足。

很不巧，警衛再度巡邏到門口，發現門上又出現了膠布。他的直覺告訴他不妙，便果斷選擇報警。警察很快就來到了水門大廈，這些人被困在辦公室中，只能投降。在場外指揮的利迪一見情況不妙，拔腿就跑，在現場留下了一大堆罪證，甚至還有白宮幕僚的電話號碼簿。大家意識到這起事件很可能和白宮的人有關係。不過，雖然大家懷疑，但沒有任何的直接證據。被抓的幾個人也都說是自己幹的，沒有別人指揮。

倘若這件事就這麼了結，最差的結果只是被判入侵居處罪、妨害祕密罪等，整起水門事件也不至掀起這麼大的波瀾。

▼《華盛頓郵報》的揭密

水門事件迄今已經過了五十年，以事後諸葛的角度來看，我們確實可以肯定，尼克森絕非水門竊聽案的幕後主謀者和策劃人，整場事件只是白宮班底一廂情願鬧笑話而已。尼克森本人在《邁阿密論壇報》上首次得知水門竊聽案時還以為這是個假新聞。水門案爆發後，一開始並不是很受媒體關注，當時的《紐約時報》只是在一個極不起眼的小角落刊登了這麼一條消息。

就在大家都以為人贓俱獲，案情便該告一段落了，不過當時《華盛頓郵報》有兩位新人記者，他們直覺地相信這場事件可能和白宮有關係，便開始頻繁向白宮打電話確認此事。在這期間，他們得到了白宮裡面一位神祕人士的暗中幫助；他不願意表露身分，而是自稱「深喉嚨」，頻繁向兩位記者提供一些未經白宮證實、卻貨真價實的資訊。這位叫做「深喉嚨」的人是當時的ＦＢＩ副局長馬克・菲爾特（Mark Felt），因為ＦＢＩ的調查行動被總統阻止了，他只能匿名提供調查的內情給媒體。

不怒自威的約翰・西瑞卡法官，後來憑藉調查水門案榮登《時代雜誌》年度風雲人物

在兩位記者的報導下，水門案成為眾人關注的大案。當時負責這起事件的是哥倫比亞特區地方法院的約翰・西瑞卡法官（John Sirica），他也是個保守派，按理說和尼克森的政治觀點基本一致，但基於對於司法的榮譽之心，他並沒有因為對方可能是美國總統而手下留情。西瑞卡前半生曾做過一段時間的職業拳擊手，養成了他強硬不服輸的精神，他開始用刑期恐嚇這些被捉捕的人們，若誠實交代就

從輕發落，若是密謀串供就以最高刑罰判處。[2]

利迪和亨特都懂法律，了解美國的司法制度和審判程序，西瑞卡法官的威脅對他們沒產生什麼作用。然而其他幕僚大多是外頭聘請的雜工，擔心受怕的他們選擇向西瑞卡透露更多消息：一是他們確實是受到他人所指使的，二是白宮幕僚在審案過程中作了大量偽證。這讓西瑞卡法官意識到，他們很可能是被更高階的領導者指使。在此背景下，美國國會決定配合司法院調查，舉行國會聽證會，傳喚涉嫌白宮幕僚作證，深入調查水門案的真相。

西瑞卡與國會聽證會

在這裡必須澄清，之所以由國會負責調查而非法院，除了要降低驚動尼克森政府的可能性外，也是因為美國國會的調查程序相當完善。國會不僅僅具有立法功能，為了對政府的職能起到監督作用，國會內部設有「國會聽證會」，負責在初步研擬立法政策時收集與分析各界意見資料或調查事件。該組織之下又設有「調查聽證會」（Investigative hearings），幫助立法機關去找尋政府問題的所在，進而推動國會訂定新的法案去約束政府的行為。

調查聽證會的性質非常類似法院的證據調查程序。這些調查得來的物證或言論，多半會在日後成為訴訟時的證據，國會也可以像法院一樣發出傳票，如果不到場即可予以拘捕並強制出庭。[3]

面對即將開始的國會調查，尼克森心裡自然清楚自己和這則醜聞毫無瓜葛，但他也明白即使自己是無辜的，但又有誰會相信由白宮班底策畫的竊聽事件會與自己無關呢？於是尼克森踏出了錯誤的第一步：選擇隱藏事實。他督促水門案被捕的白宮班底繼續保持沉默，不要為了減刑而胡亂說話來出賣自己，更保障日後兩年間提供他們至少一百萬美元的封口費。

可是，尼克森算錯了如意算盤。他的這項作法反而給了許多人找碴的機會，此時白宮律師迪安也見機行事，選擇用這項證據來出賣尼克森。

水門案的行動基本上都和迪安直接相關。如果不是他隨便同意利迪和亨特的瘋狂計畫，這場弊案不可能發生。然而這個卑鄙小人面對特別檢察官[4]小阿奇博爾德·考克斯（Archibald Cox Jr.）的調查和起訴時，因為害怕自己身敗名裂，便將自己知道的都提供給了水門委員會，爆出尼克森怎麼在私下密謀、怎麼找錢去當封口費等等，行政干預司法的大罪開始大白於天下。西瑞卡眼見問題越滾越大，便開始上報，美國參議院也設立一個獨立檢查部門，全力調查這件事。

---

2 這裡涉及到一個有趣的議題，此類「法定寬典」是否是一種利用強暴脅迫的方式取得證言呢？美國與中華民國實務見解皆認為若只是刑度裁量之諭知，即符合正當法律程序。

3 國會的存在目的是為執行立法權，可是為達成國會訂立正確法律之目的，勢必需要調查權等輔助權力以達到充分討論、審慎決定。因此調查聽證會的存在是合乎憲法約束的。此項權力亦規定於我國釋字五八五號。

4 所謂特別檢察官（Special counsel），是為因應檢察官內部與政治時有瓜葛，為了防止檢察官受到影響，進而對被指控的國家內部高級官員網開一面，美國國會或司法部長得任命由檢察官體系外之人處理案件，暫時賦予該人檢察官之資格與權力偵辦特定案件。本案中的考克斯就是一名哈佛法學院的客座教授，與政府無瓜葛。

▼尼克森的錄音帶與「行政特權」

一九七三年六月中旬，在全國電視直播的國會聽證會上，迪安律師開始將所知的一切供出。他交代了白宮幕僚刻意掩蓋證據，向聯邦調查局施壓，還說出了白宮班底曾經提案過但尚未執行的計畫，比如密謀綁架政敵、企圖利用妓女勾引對手等行為。迪安供出尼克森為了包庇下屬息事寧人，親自指導白宮幕僚如何作偽證。雖然這些證詞未經證實，但無疑的是，迪安律師的倒戈成功博得了美國人的關注，尼克森此時已是騎虎難下。

在所有證詞中，最致命的莫過於迪安揭露了尼克森的錄音帶祕密。據迪安的說法，他有一次在白宮會見總統時，尼克森的說話語氣不符合往常風格，他懷疑那段談話被錄音了。於是檢察官傳喚白宮的高級助理，詢問助理有沒有錄音這檔事，助理以為檢察機關已經知道錄音的事了，就大方坦承，表示尼克森不但錄下他和迪安的談話，還把所有白宮發生的對話全都錄下來了。他當政期間，總共錄了將近五千個小時的音檔。

有了錄音設備，就是最直接的證據，檢察機關請求提供錄音帶也是遲早的事情。尼克森此時已是欲哭無淚。

尼克森案的偵辦主題經過不斷的演進，有了三次

隨著水門事件越發受到關注，檢察官考克斯在調查期間經常上媒體訪問

轉折：最初是找出白宮是否曾參與竊聽，再來則是尼克森是否曾指示捏造偽證，最後則是司法是否有權命令尼克森交出錄音帶。雖然乍看起來一次比一次還更輕，但實則一次比一次還更傷害尼克森的政治生涯。

尼克森當然不願意繳交錄音帶。一個人平時說話和在公眾場合說話，本來就會不一樣，就算是尼克森總統，心情不好的時候也有粗俗無禮的一面；若是剝開政治家的完美糖衣，尼克森的政治生涯將會提前結束。為了大局著想，尼克森就是不肯繳交。但在檢察院看來，尼克森的行為明顯是干預司法。

說來諷刺，尼克森之所以會在白宮錄音，正是為了自己的政治地位。尼克森是很有理想的政治家，他希望能做後世政治家的榜樣，做一些能深深影響美國歷史的大事，為自己留個好名聲。此外他的文筆甚佳，期望在退休後能寫一本回憶錄，素材就從自己的白宮錄音檔中取材。

關於錄音其實還有一個問題。在得知尼克森有錄音之後，雖然檢察官喜出望外，但是他們沒有立刻發傳票讓尼克森交出錄音。在這期間，尼克森為何不銷毀這些錄音呢？

銷毀證據雖然骯髒，但至少能避免最壞的事情發生，因為從嚴格的法律角度而言，由於檢察機關尚未送出傳票，但如果尼克森在傳票送達前銷毀證據，那麼他大可以逃脫罪刑。不過，尼克森卻不選擇這樣做，他選擇保護他的錄音資料，並打出了美國總統「行政特權」的招牌來抵禦檢察機關。

深諳法律的尼克森明白，總統「行政特權」（Executive privilege）對總統的保護有多麼周全。該權力源於憲法第二條第一款規定「行政權屬於美國總統」，雖然沒有直接承認該「特權」的存在，然而歷史上美國最高法院的裁判，都認為行政特權符合美國憲法中的權力分立精神。

「行政特權」是美國總統和行政機關的其他成員在某些情況下於行政部門內保持保密通信的權利。身為政府行政首腦，總統與親信幕僚在決策過程中天馬行空，構思多種方案策略，甚至提出一些荒謬絕倫的方案，都是職務所需。在美國憲政史上，林肯、羅斯福、杜魯門等總統都曾以總統行政特權為由，堅拒國會調查白宮決策內幕。司法權也往往默認了這項權力的存在，因為這些涉及國家機密的資料大多只停留在計畫階段，沒有變成事實上的施政行為。如果司法能隨意揭開這些機密，將嚴重損害總統的行政權力。

除此之外，尼克森也覺得檢察院保守派居多，許多檢察官都是共和黨人，他們在未來的偵查工作上可能會手下留情。總之，尼克森最終做出了不銷毀錄音的決定。

「星期六之夜大屠殺」

特別檢察官和國會水門委員會同時發出傳票，要求總統交出錄音帶，尼克森則以「總統行政特權」為由，聲稱談話錄音中有外交和軍事機密，拒絕交出。然而同年八月二十九日，西瑞卡法官判定尼克森的「行政特權」辯解無效，特別檢察官索取錄音帶的要求合法，下令總統交出。然而尼克森當作沒聽到。檢察院只好將此案上訴到聯邦上訴法院。

後來聯邦上訴法院也做出裁定，要求尼克森交出錄音帶，此時尼克森態度稍微放軟，答應交出一部分，但必須經過白宮事先剪輯掉「有關國家機密」的片段，這個妥協條件遭到特別檢察官考克斯的嚴詞拒絕。

尼克森此時已被考克斯檢察官弄得焦頭爛額，此時他又做出了一個錯誤判斷：干預司法部長行事。總統具有任命司法部長的權力，而司法部長又有任免特別檢察官的權力，尼克森打算利用對司法部長的影響力，讓他對考克斯施壓，進而終止檢察官的調查。但這位司法部長理查森（Elliot Richardson）身為尼克森的政治好友，此時卻拒絕尼克森的請求，並提出請辭。

理查森辭職之後，由司法部副部長洛克肖斯（William Ruckelshaus）繼任司法部長，尼克森轉而命令他解僱考克斯，可是洛克肖斯不願讓政治干預司法，再度自行解職。尼克森三度下令司法部的副檢察長——博克（Robert Bork）繼任司法部長。博克猶豫再三，最後勉強同意。在尼克森的指導下，博克簽署命令解僱了檢察官考克斯。白宮辦公廳主任亞歷山大·黑格將軍以保密為由，命令聯邦調查局迅速扣押檢察官的全部調查文件。

在這場事件中，兩位司法院長接連請辭，博克還是在大家的勸說下才勉強就任。由於消息公布日正是星期六晚上，新聞媒體使用了「星期六之夜大屠殺」（Saturday Night Massacre）的聳動標題，批評尼克森專斷獨裁。

尼克森執政期間一向以雄才大略、不按規則出牌而著稱。其實尼克森膽敢如此膽大妄為，做出這等明顯不符司法程序的事情，也與國際時局密切相關。當年正值國際時局混亂的一年，贖罪日戰爭於一九七三年十月開打，埃及與敘利亞分別攻擊六年前被以色列占領的西奈半島和戈蘭高地，埃敘聯盟占了上風，以色列岌岌可危；同月，以沙烏地阿拉伯為首的「阿拉伯石油輸出國組織」成員國宣布對支持以色列的國家實施石油禁運，全球石油價格上漲近百分之三百，從每桶三美元升至近十二美元。[5]

更要緊的是，蘇聯似乎沒有打算袖手旁觀中東問題，他們為了施壓以色列，在地中海的戰艦數量增至八十艘，更派駐若干增援艦。此外，蘇軍的空降師和兩棲作戰部隊也進入戰備狀態。為了回應蘇聯，美國下令「甘迺迪」和「羅斯福」兩個航母作戰群進入地中海與「獨立」號航母會合。尼克森企圖在這種混亂時局下以迅雷不及掩耳之速，一勞永逸地解決水門危機，並期待美國人能以大局為重，忘掉這些汙點與不足之處。

但歷史證明，尼克森這回大大失算了。人們強烈反對尼克森干預檢察官調查案件，各地議員紛紛譴責尼克森專斷，要求國會立即啟動憲法程序彈劾總統。整起事件發生於十月二十日星期六晚上，十月二十三日眾議院就因此事提出了總統彈劾案。[6] 尼克森政府這時在大眾心中已經徹底變成了獨裁者。這樣，水門事件從最初看起來的一樁不起眼的八卦，終於演變為尼克森的政治危機。

▼從「美國訴米切爾案」到「美國訴尼克森案」

一九七四年三月，聯邦地區法院作出立案，尼克森競選團隊主席米切爾在內的七名白宮高級幕僚被起訴，史稱「美國訴米切爾案」（United States v. Mitchell et.al.）案。本案並沒有起訴尼克森本人，甚至連將他納入教唆犯都沒有。原因除了法院尚未找到足夠證據外，還藏著一個問題，那就是美國總統是否具有刑事豁免權。這其實是一道無解的問題，憲法對這項權利的規定太模糊，加諸歷史上鮮少有檢察官起訴總統的事件發生，所以大法官從來沒有為此釋憲過。美國司法部曾在水門案前後發布公文，主張總統享有刑事豁免權[7]，認為對現任總統進行任何種類之追訴，都將損害總統履行憲法賦予其職責之能力。不過這是行政部門的見解，自然較偏向支持總統的立場。[8]

依照司法部門法院的立場，他們選擇默認尼克森有刑事豁免權，因此只有當尼克森被彈劾之後，法院才能以立案起訴總統。不過做為必要的證人，他們仍能對尼克森發出傳票。一九七四年四月十八日，西瑞卡法官要求尼克森再交出六十四卷錄音帶，以便對白宮幕僚審判之用。但尼克森再次啟用總統行政特權，拒絕交出錄音帶。

5 CBC News Indepth: Oil. web.archive.org. 2007-06-09.

6 美國的總統彈劾程序，是由眾議院發動調查，經全院表決以簡單多數（過半數）通過，全案移送參議院審理，最後由參議員裁決是否將總統免職。參議院的程序近似司法審判，由聯邦最高法院首席大法官主持，眾議院指派數名眾議員「處理員」（managers）扮演「檢察官」指控，總統則得指派律師進行辯護，並由一百位參議員扮演「陪審員」，以票決三分之二（六十七席）參議院之門檻認定罪名。若成立，總統立刻解職，由副總統繼任。

7 金伯利・韋爾勒，《法律與司法部法律顧問室的第二條豁免權備忘錄》，史丹福大學出版社，二〇二〇年。

8 相較起來，中華民國於釋字六二七號解釋就有明文規定，總統之刑事豁免權憲法第五十二條規定，總統除犯內亂或外患罪外，非經罷免或解職，不受刑事上之訴究。

在此情況下，法院無力應對頑固的尼克森。為了掀起更大的輿論優勢，亦是為了解決行政特權的憲法爭端，他們決心越過聯邦上訴法院，直接向聯邦最高法院上訴。最高法院也同意直接審理，案件史稱「美國訴尼克森案」（United States v. Nixon）。

▼最高法院的判決與尼克森的反應

在做成判決前，許多人害怕伯格大法官身為共和黨員，會因為狹隘的政黨之私，拋下對公正的追求[9]，但這顯然低估了最高法院的一貫基調。一九七四年七月二十四日，最高法院以全票通過支持地方法院判決，法院有權命令總統交出錄音帶。負責起草判決書的正是厄爾・柏格大法官。

判決書中，伯格首先肯定了總統行政特權的存在。「憲法雖未明確提及任何有關保密的行政特權，但在保密利益與總統有效履行職權相關的範圍內，這種特權具有憲法基礎。」而究竟如何界定什麼是行政特權所涵蓋的範圍？伯格提供了一個寬鬆的解釋：如果由總統本人親自主張這屬於行政特權的範疇，那麼便被推定為行政特權的範疇。像是在尼克森的案件中，錄音帶便可依此為由，拒絕提供予國會。

說到此處，伯格話鋒一轉，表示這種行政特權並非毫無限制。如果總統能夠主張一切事務都是不可揭露的，豈不是會造就一個封閉的政府？因此，法院可以藉由證明錄音帶的「需要性」予以推翻，而這項「需要性」得經過法益衡量。如果是為了滿足公眾知的權利，而揭露一些政府內部的八卦訊息，則不屬於需要性的範疇；但若在尼克森的事件中，錄音帶確實是判斷白宮幕僚有罪與否的關鍵證據，那麼「僅僅基於保密的籠統利益而宣稱的行政特權，不能超越刑事司法中正當法律程序的基本要求」。尼克森總統必須服從法院的傳票指示，交出錄音證據。[10]

最高法院作成判決後，尼克森失去了法理依據，最終交出所有錄音帶。[11] 民眾萬萬沒想到，尼克森確實曾與幕僚商量怎麼用錢賄賂被法院羈押的白宮幕僚，甚至曾親自指示白宮幕僚不許對法院講述不利證言，只要說全部忘了即可。美國的偽證罪最高可以判處五年[12]，而且尼克森做過律師，深諳法律，卻親自犯法，罪刑可想而知。

此時，國會的彈劾浪潮已此起彼伏。根據美國憲法，如果有足夠的國會投票認定總統犯了「受叛逆罪、賄賂罪或其他重罪輕罪之彈劾而定讞時，應免除其職位」。[13] 也就是說，對於是否彈劾尼

9 外界之所以擔憂伯格的判決公正性，主要還是因為伯格本人不乏有個人恩怨左右判決的事例。如在一九七五年「歐康諾訴唐納森案」中，對於國家是否得以使用強制力將不具有危險性的精神病患者送入精神病院，原先應由伯格本人撰寫判決書，不過他的判詞內容實有偏頗之虞，因此其餘八位大法官另擁護斯圖爾特主筆判決。案後不久，在另一起涉及反壟斷法案件中，伯格一改往日與斯圖爾特的相同見解，站在了斯圖爾特的對立面，這被看作是伯格對損害院長威信的報復。

10 二〇〇八年陳水扁總統貪汙案中，釋字六二七號解釋認為總統雖具有國家機密特權，然而仍應釋明該特權是否妨礙國家之利益，如未說服法官，法院仍能扣押特定物件或請總統證言。此被譽為釋臺灣版的尼克森案。

11 不過，尼克森所交付的錄音帶仍有長達十八分鐘被刪減，內容為何至今仍未知曉。

12 相比之下，《中華民國刑法》規定偽證罪最高為七年。

13 該條規定於美國憲法第二條第四項。

克森，有兩個前提要件，第一是經過法院認定尼克森確實有罪，第二是經過國會投票認定尼克森確實該為這件事情辭職負責，才能順利讓尼克森下台。錄音帶既然已經證據確鑿，目前完成第一步，走向第二步也就不遠了。

據高級幕僚黑格將軍回憶錄的記載，尼克森面對國會的彈劾威脅曾一度歇斯底里，他憤怒地說：「讓他們彈劾我吧，我將戰鬥到底」。黑格甚至認為尼克森會「不肯辭職，或許會調遣第八二空降師保護總統。」美國總統是軍隊最高統帥，當然有權調遣軍隊。但問題是，軍隊是不能在國內執法的，除非國家陷入到緊急狀態。為此，一旁的哈佛教授季辛格（Henry Kissinger）意味深長地告訴尼克森：

1974 年 4 月 29 日，尼克森宣布交出白宮錄音帶經過剪輯的文字副本，同年 8 月 8 日宣布辭去總統職務

坐在用刺刀團團圍住的白宮裡，是做不成美利堅合眾國的總統的。14

尼克森聽聞這句話後，若有所思，最終在法治面前選擇認輸。一九七四年八月九日，尼克森正式請辭，成為美國歷史上首位辭職的總統。轟轟烈烈的水門案就此告一段落。

一個由人組成的法治社會

其實尼克森一開始時完全占據優勢，他有很多方法來擺平這件事，比如將實情告訴大眾，承認白宮班底的行政組織確實有問題，並進行規模刪減，請求大眾原諒他的過錯。在冷戰背景及尼克森任內取得的重大外交、經濟勝利下，美國人民對這些醜聞雖然無法忽略，但至少也會暫時沉默接納，很多時候坦白就是最好的對策。只可惜，尼克森選擇與司法體系對抗到底，啟用總統特權讓自己脫身，終至不可收拾。

其實，美國訴尼克森案之所以成為如此著名的大案，原因不只在於證明美利堅的司法程序大於政治勢力，另外也證明除了僵化的司法程序外，要讓一個國家如期運作、順暢且無阻力地發揮監督

14（美）亨利·基辛格，《動亂年代：基辛格回憶錄》，世界知識出版社，一九八三年，第一一九九頁。

作用，需要靠每一位市民與公務員對各自崗位的榮譽、盡責之心，以及他們對於正義本身獨行的價值觀。

尼克森案最初是由《華盛頓郵報》的兩位青年記者揭露。他們並非沒有遇到困難，在整個新聞界都認為案情應告一段落時，他們卻憑著驚人的直覺踽踽獨行，最終發現了白宮內部的祕密聯繫。

再來是FBI副局長馬克．菲爾特。他原本是FBI特工，卻因工作表現突出被尼克森總統賞識，成為新一任的FBI副局長，但菲爾特並沒有被知遇之恩沖昏頭，內心仍秉持著一把尺。他以匿名形式提供調查內情給媒體，讓水門案的影響順利擴大。

還有重磅出擊的共和黨人約翰．西瑞卡法官。他沒有因為政治傾向，而讓公正的司法遭受汙染；相反地，雖然只是地方法官，西瑞卡卻對歷史評價異常堅持。他愛戴共和黨，因此更不願讓共和黨沾染「官官相護」的形象，對待該案嚴肅認真，最終成了尼克森案的最大影響者。

司法部長理查森、司法部副部長洛克肖斯的辭職也至關重要。他們讓人們知道，在憲政的大原則之下，即使是多麼大的個人恩情、多麼重要的國際社會局勢，也無法破壞司法。

一路上有著太多人相助，幫助尼克森案最終得見天日；這並非巧合，而是美國經過三百年的法治社會後，所培養出來的公民精神。尤其是二戰結束後總統不斷擴權下，美國重新想起了北美十三殖民地時期的制憲初衷，便是為了防止一個帝王總統的獨裁政治。這也是美國的憲政精神。執政者的存在僅是為了服務群眾，保衛人們和後代得享自由的幸福，僅此而已；任何在暗中傷害人民權利以及不誠實的陰謀，終將有覆沒的一天。

有趣的事實：

尼克森辭職後，副總統福特就任總統，並宣布赦免尼克森的一切刑事責任。當福特總統赦免尼克森後，人們也不再追究尼克森，從此風平浪靜。尼克森享受漫長的退休生涯，後來也當上了作家，出了很多書，更擔任總統的高級顧問，一直積極為美國政府服務。

08

CHAPTER

羅伯茲法院，傳統的反噬與岌岌可危的司法精神

2005～

2022 年 6 月 24 日，聯邦最高法院推翻了四十九年來保障女性合法墮胎權的羅訴韋德案，允許十多個保守派執政的州政府即刻重啟「全面墮胎禁令」。大批人潮高舉抗議標語，聚集在法院外頭。

該期間重大事件

2005 芮恩奎斯特於任內病逝，羅伯茲繼任首席大法官

2008 受金融海嘯影響，美國和歐洲大部分經濟衰退，持續兩年

2009 巴拉克・歐巴馬就任第四十四任美國總統

2010 「麥克唐納訴芝加哥案」，裁定擁槍權適用於州、地方政府及聯邦政府

2012 「全國獨立企業聯盟訴西貝利厄斯案」，判決《患者保護與平價醫療法案》中強制全民投保健康保險屬個人義務，因此合憲

2015 「奧貝格費爾訴霍奇斯案」，承認同性婚姻的權利受到憲法保障，各州不得立法禁止

2017 唐納・川普就任第四十五任美國總統，傳統右派再次興起

2019 嚴重特殊傳染性肺炎（COVID-19）爆發

2020 喬・拜登當選第四十六任美國總統

2022 「多布斯訴傑克森女性健康組織案」，推翻「羅訴韋德案」，女性墮胎權急速倒退

最高法院裁定拜登政府得撤銷川普的「移民保護協議」。該協議強迫尋求庇護的墨西哥人在等待美國移民聽證會前，必須待在墨西哥

2023 最高法院宣布推翻《紐約州控槍法》有關有「正當理由」始得申請持槍等規定，令購買槍械及合法持槍的地域大幅拓展

導言

羅伯茲法院是自二〇〇五年以來，美國最高法院由首席大法官約翰．羅伯茲領導的時期，它被認為是二戰結束以來思想最保守的法院。但之所以保守，並不源於首席大法官一人的專斷獨行，而是九名大法官中保守派占比過多而導致的不可逆結果。

約翰．羅伯茲上任首席大法官的過程充滿了戲劇性。二〇〇五年六月，聯邦最高法院首位女性大法官——珊德拉．戴．歐康諾（Sandra Day O'Connor）突然宣布退休，共和黨總統小布希（George W. Bush）本來想提名年輕的羅伯茲接替歐康諾，不過此時除了歐康諾準備退休外，首席大法官芮恩奎斯特也萌生退意；此時他已高齡八十一歲，深受甲狀腺癌折磨。沒想到人算不如天算，在申請退休前，芮恩奎斯特於二〇〇五年九月三日晚間突然離世。

小布希總統原本打算讓最高法院保守派旗手安東寧．斯卡利亞接任首席大法官，無奈斯卡利亞過於保守，在過去幾十年間得罪了不少自由派人士，小布希便決定提名形象、聲譽俱佳的羅伯茲出任首席大法官。

羅伯茲的命運就在這短短一個月內迅速飛升，搖身一變成了美國司法的最高領導人。他曾是芮恩奎斯特法院的助理，又在雷根時代的司法部任職，也是小布希總統的白宮法律顧問。在參議院表決中，除了五十五位共和黨參議員支持外，另有半數民主黨參議員都投下了贊成票，可見各方對他未來主持最高法院均抱持高度信心。

二〇〇五年九月二十九日，羅伯茲在白宮東廳宣誓就任聯邦最高法院第十七任首席大法官。年僅五十歲的羅伯茲成為美國建國以來第二年輕的首席大法官，僅次於四十五歲的約翰．馬歇爾。

步入羅伯茲法院時代後，羅伯茲曾嘗試延續最高法院的一貫理想，盡力讓判決意見都由九位大法官們一致達成，很少有異議意見，以此維持最高法院不可撼動的地位。然而在政治勢力的衝突下，這種平衡狀態僅僅維持了幾年而已。

羅伯茲之後選擇變換策略，在左派與右派中擔任調和角色，讓最高法院在時代的轉變下仍能站穩腳跟。雖說羅伯茲是保守派，卻並不拘泥於保守政策，譬如二〇一〇年三月《患者保護和平價醫療法案》經歐巴馬總統簽署後生效，該法要求大多數美國人購買醫療保險，否則將支付罰款。部分學者認為該法侵犯了個人選擇自由，等同對其他人民變相加稅；而且法案由聯邦政府通過，費用卻要各州政府分攤，這也等於侵犯了聯邦憲法中對各州政府權力的保障。來自各地的上訴案件合併，名為「全國獨立企業聯盟訴西貝利厄斯案」（National Federation of Independent Business v. Sebelius），最終聯邦最高法院以五比四作出判決，支持歐巴馬的平價醫療法案。抱持支持意見的首席大法官羅伯茲與四位自由派大法官同時認為，該法規定沒有獲得醫療保險的人應支付罰金，可視為是一種稅收。

二〇一五年「奧貝格費爾訴霍奇斯案」（Obergefell v. Hodges）中，一對同性伴侶在同性婚姻合法的馬里蘭州已經結婚，但在俄亥俄州登記戶籍時卻被以違反本州法律被拒絕登記。此時其中一人為漸凍症末期患者，這對伴侶希望俄亥俄州政府能在死亡證明上將另一半列為配偶，故向該州州長約翰．卡西奇提起告訴。最高法院最終以五比四作出判決，根據憲法第十四修正案，同性婚姻的權利受到憲法保障，各州不得立法禁止。

在移民政策問題上，羅伯茲法院試圖維持美利堅移民國家的本質，在釋憲上採用較為進步的見解。歐巴馬時代的國會在民主黨主導下，訂立了俗稱「夢想者」的「童年入境暫緩遣返（DACA）」，容許若干在入境美國時尚未滿十六歲的非法移民申請可延期的兩年暫緩遣返，並允許他們申請工作證。此項政策使美國移民不斷湧入，引起保守者反彈，川普上任總統後曾試圖廢除該法案，卻被最高法院裁定不合法，給了川普的移民限制政策一記重拳。

不過，在觸及到傳統議題，如持槍問題與種族和宗教問題時，羅伯茲法院仍舊保守。二〇一〇年的「麥克唐納訴芝加哥市案」（McDonald v. Chicago）中，一名七十六歲的退休維修工程師麥克唐納住在犯罪率極高的社區，他的住處和車庫曾被非法入侵五次，麥克唐納合法擁有霰彈槍，但認為它們過於笨重，因此他想購買一把手槍用於個人防禦。芝加哥政府拒絕手槍登記，使他無法合法擁有手槍。最後，最高法院以五比四推翻了巡迴法院的決定，宣布美國憲法第二修正案保障「人民擁有和攜帶武器的權利」，適用於州、地方政府及聯邦政府。

而在二〇二二年的「紐約州步槍和手槍協會訴布魯恩案」（NYSRPA v. Bruen）中，更是一舉推翻了一九一一年紐約州的禁槍法案《沙利文法案》（*Sullivan Act*）；該法禁止普通民眾隨意持有手槍，只能由當地執法部門發放許可證，而審核要求為「證明對自我保護的特殊需要，有別於一般社區或從事同一職業的人」，方能確立授予許可。最高法院宣布，紐約的「正當理由」要求違反了憲法第十四修正案，因為它阻止了具有普通自衛需要的守法公民行使他們的第二修正案權利；紐約州法規並未定義何謂「正當理由」，以及法院裁定的那些表現出「特別需要自我保護」的人符合的標準為何。「紐約州僅在上訴者表現出特別需要自衛時才頒發公共攜帶（槍枝）許可證，故本院得出結論認為，紐約州的許可證制度違反憲法。」

在環保法規問題上，羅伯茲法院為了保護國內企業保持競爭力，試圖將環保問題充新丟回聯邦與州的權力劃分問題來解決。二〇二一年拜登政府上台後曾推出一系列減碳政策，由聯邦政府所指揮的環保署希望監管目前各州的發電廠，計畫以新式的風力發電和太陽能發電取代傳統汙染量大的的火力發電和天然氣。可是在二〇二二年的「西維吉尼亞州訴聯邦環保署案」（West Virginia v. EPA）中，法院認為這樣不但觸及了聯邦與各州的權力劃分問題，更會迫使各地電力生產的方式和地點發生巨大變化。最終，法院以以六比三的懸殊比例，判決拜登政府賦予環保署過多的監管發電廠溫室氣體排放權力，環保署無權管制各州排放上限。

至於平等權與教育權，羅伯茲法院於二〇二三年急轉彎，在「學生公平錄取組織訴哈佛案」（SFFA v. Harvard）中判決美國大學於招生時考慮種族背景的作法違反了憲法的平等保護條款；招生不得以種族因素做為區辨方式，唯有經歷與成果才是區辨標準。該項判決迫使美國高等教育得重新制定招生標準，有論者認為這將對非裔及拉丁裔族群造成不利影響，並對亞裔、白人族群更為有利。[1,2]

羅伯茲任職期間的司法作風為穩定體制，經常聯合少數中立派大法官，倚靠他們達成多數，並藉此達成司法目的。但這讓他兩面不討好，保守派陣營的朋友不信任羅伯茲，自由派陣營也未必認可他。隨著美國國內價值觀越發兩極化，最高法院也越來越難達成共識，經常在重大議案中出現五比四的判決結果，案件都是僅以一票之差通過。但凡牽扯到民主黨與共和黨施政議題的案件，基本上均是以該判決比數告終。若

1 本案由原告稱哈佛大學在本科生錄取過程中歧視亞裔美國申請人。相較其他族群，亞裔族群在校成績較為優異，大學的種族比例制卻限縮了成績優秀的亞裔學生機會，反而優先保障成績不如亞裔的其他族群。

2 在先前的一九七八年的「加州大學董事會訴巴基案」中，法院認可了大學課堂族群的多樣性是必要的，判決加州大學可以在招生時考慮種族因素而施以差別待遇，以達實質平等之目的，惟不得硬性規定保留少數族裔之入學席次。可如今 SFFA 案則完全推翻了這項判決。

以馬歇爾時代以降最高法院的標準來說，這等同於是在損害最高法院的團結，從而破壞最高法院的權威性。

如此看來，美國司法越來越無法維持最初的妥協傳統，以及共同塑造司法權威的終極目的。雖然法律牽扯政治無可避免，正如同歷史上那些著名的大法官們往往有自己獨特的司法哲學，但令人擔憂的是，現代的大法官無法超脫於兩黨爭鬥，無法超脫於自由與保守意識形態的局限。在羅伯茲法院中，僅有安東尼．甘迺迪大法官不侷限於特定政治框架；儘管他由共和黨任命，但他的判例往往不可預測。他在二〇一八年退休，承接他的人是保守派的布雷特．卡瓦諾（Brett Kavanaugh），這使得法院更加失去彈性。首席大法官羅伯茲為了平衡法院，也在二〇一八年後逐漸從溫和保守轉向更為中立。

長期以來，九名大法官維持了微妙的平衡：四個偏左，四個偏右，還有一個比較中立。基本上，偏左偏右的都是由民主黨或共和黨總統提名的。為了維持這種平衡，年紀較大的大法官若感覺自己時日不多，就應該趕在自己所支持的政黨執政期間辭職，這樣才能空出名額，讓總統提名一個同樣陣營的候選人。

然而，二〇二〇年進步派的金斯伯格大法官在川普任期因胰臟癌病逝，卻由保守派的艾米．巴雷特接任大法官。這也讓羅伯茲法院出現大轉彎，保守派以五人取得了絕對優勢。事實上，金斯伯格在川普當選前已經八十四歲了，本應出於保險提出辭職，但金斯伯格希望繼續發揮影響力，也對民主黨的希拉蕊（Hillary Rodham Clinton）當選美國首位女總統一事深信不疑。沒想到共和黨極右派的川普竟殺出重陣，贏得了總統大選。

在最高法院逐漸保守右傾的情勢下，首席大法官羅伯茲格外重視最高法院不涉政治的形象，畢竟首席大法官的職責就是維護最高法院的聲譽。除了盡量避免爭議性較大的判決之外，他也不得不在大型案件中一再左轉。

相較於歷史上的著名司法時代，羅伯茲法院面臨的難處更多更廣。俯瞰美國三百年來的憲政歷程，每個時代的司法幾乎都有各自的重大議題，如馬歇爾時代的州權問題、洛克納時代的經濟問題，以及華倫時代的人權問題。但二十一世紀之後，司法往往與政治議題掛勾，這讓最高法院很難再用簡單的「是」或「否」來審判案件；原本夾在保守派與進步派當中的最高法院更難取捨平衡，內部衝突也越發嚴重。保守派在最高法院占穩定優勢，這將持續刺激極左派，同時鼓舞民粹宗教保守派，最後加劇社會撕裂。

一九五五年出生的羅伯茲大法官，如今還不到七十歲，按照聯邦最高法院法官平均大多於八十歲退休或病逝，他至少還會在首席大法官的位子上待個十年之久。羅伯茲有足夠時間塑造未來的聯邦最高法院，但是否能夠扭轉最高法院嚴重保守化的政治趨勢呢？這是我們目前亟需關注的議題。

美利堅合眾國憲法中文版

一七八七年九月十七日憲法會議通過
一七八九年四月三十日批准生效

序文

我們合眾國人民，為了建立一個更完善的聯邦，樹立公平的司法制度，保障國內的治安，籌設共同防衛，增進全民福利，使我們自己和後代子孫永享自由的幸福，乃制定並確立了這一部美國憲法。

第一條〈立法〉

第一項（國會）

憲法所授予之立法權，均屬於參議院與眾議院所組成之美國國會。

第二項（眾議院）

眾議院以各州人民每二年選舉一次之議員組織之，各州選舉人應具該州眾議院議員選舉人所需之資格。

凡年齡未滿二十五歲，為美國國民未滿七年，及當選時非其選出州之居民者，不得為眾議院議員。

眾議院議員人數及直接稅稅額應按美國所屬各州人口分配之。各州人口，包括所有自由民及服役滿相當期間之人，以及其他人民數額五分之三，但未被課稅之印第安人不計算之。人口之統計，應於美國國會第一次會議後三年內及此後每十年，依法律之規定舉行之。議員人數以每三萬人中選出一人為限，但每州最少應有議員一人。在舉行前項人口統計前，新罕布夏州得選出三人，麻薩諸塞州八人，羅德島州及普洛威騰士墾殖地一人，康乃狄克州五人，紐約州六人，紐澤西州四人，賓夕法尼亞州八人，德拉瓦州一人，馬里蘭州六人，維吉尼亞州十人，北卡羅萊納州五人，南卡羅萊納州五人，喬治亞州三人。

任何一州所選議員中遇有缺額時，該州之行政機關應頒布選舉令以補足該項缺額。

眾議院應選定該院議長及其他職員；並唯眾議院有提出彈劾之權。

第三項（參議院）

美國參議院由每州州議會選舉參議員二人組織之，參議員任期六年，每一參議員有一表決權。

參議員於第一次選舉後集會時，應儘可能平均分為三組。第一組參議員應於第二年年終出缺，第二組參議員於第四年年終出缺，第三組參議員於第六年年終出缺，俾每二年得有三分之一參議員改選。在任何一州議會休會期間，參議員如因辭職或其他情由而有缺額時，該州行政長官得於州議會下次集會選人補充該項缺額前，任命臨時參議員。

凡年齡未滿三十歲，為美國國民未滿九年，及當選時非其選出州之居民者，不得為參議員。

美國之副總統為參議院之議長，但除該院參議員可否同票時，無表決權。

參議院應選舉該院之其他職員，遇副總統缺席或行使美國總統職權時，並應選舉臨時議長。

唯參議院有審判一切彈劾案之權，審判彈劾案時，全體參議員應宣誓或作代誓之宣言。美國總統受審時，最高法院院長應為主席。非經出席參議員三分之二之同意，不能判定任何人之罪責。

彈劾案之判決，以免職及剝奪享受美國政府榮譽或有責任，或有酬金之職位之資格為限。但被定罪者仍可受法律上之控訴、審訊、判決及處罰。

第四項（國會議員之選舉與國會之集會）

舉行參議員及眾議員選舉之時間、地點與方法，應由各州州議會規定之；但國會得隨時以法律制定或修改此類規定，關於選舉參議員之地點，不在此限。

國會每年至少應開會一次。除法律另定日期外，應於十二月第一個星期一集會。

第五項（國會會議之進行）

各議院應自行審查各該院議員之選舉，選舉結果之報告，及議員之資格。每院議員出席過半數即構成決議之法定人數。但不滿法定人數時得延期開會，並得依照各該議院所規定之手續與罰則強迫缺席之議員出席。

各議院得規定各該院之議事規則，處罰各該院擾亂秩序之議員，並得經議員三分之二之同意，開除議員。

各議院應設置其議會之議事錄，並應隨時將其紀錄刊布之，但各議院認為應守祕密之部分，不在此限。各議員對於任何問題之贊成與反對投票，經出席議員五分之一之請求，應載入紀錄。

在國會開會期內，每議院如未經他議院之同意不得延會三日以上，亦不得將兩議院之開會地點移於他所。

第六項（議員之權利）

參議員與眾議員應得服務報酬，由法律規定其數額，並從美國國庫支付之。兩院議員，除犯有叛逆罪、重罪及妨害治安之罪者外，在各該院開會期間及往返於各該院之途中，不受逮捕，各該院議員不因其在議院內所發表之言論而於議院外受詢。

無論參議員或眾議員，於當選之任期內，均不得受任為美國政府所新設或當時增加薪俸之任何文官。凡在美國政府下供職之人，於其任職時不得為國會議員。

第七項（法案與決議案）

徵稅法案應由眾議院提出，但參議院對之有提議權及修正權，與其對其他法案同。

凡眾議院及參議院所通過之法案，於成為法律前，應咨送美國總統，總統如批准該法案，應即簽署之，否則應附異議書，交還提出法案之議院。該院應將該項異議書詳載於議事錄，然後進行覆議。如經覆議後，該院議員有三分之二人數同意通過該項法案，應即將該法案及異議書送交其他一院，該院亦應加以覆議，如經該院議員三分之二人數亦認可時，該項法案即成為法律。但遇前項情形時，兩院應以贊成與反對之人數表決，贊成或反對該項法案之議員姓名並應登記於各該院之議事錄。如法案於送達總統後十日內（星期日除外）未經總統退還，即視為總統簽署，該項法案成為法律；惟國會因休會致該項法案不獲交還時，該項法案不得成為法律。

凡必須經參議院及眾議院同意之命令或決議或表決（休會之問題除外），應咨送美國總統。該項命令或決議或表決於發生效力前，應經總統批准，如總統不批准，應依照與法案有關之規則與限制，由參議院及眾議院議員三分之二人數再通過之。

第八項（國會之權限）

國會有左列各項權限：

一、規定並徵收所得稅、間接稅、關稅與國產稅，用以償付國債，並籌劃合眾國之國防與公益。但所徵各種稅收，輸入稅與國產稅應全國劃一。

二、以美國之信用借貸款項。
三、規定美國與外國、各州間及與印第安種族間之通商。
四、規定全國一律之歸化法規及破產法。
五、鑄造貨幣，釐定國幣及外幣之價值，並規定度量衡之標準。
六、制定關於偽造美國證券及通用貨幣之罰則。
七、設立郵政局並建築郵政道路。
八、對於著作家及發明家保證某著作品及發明物於限定期間內享有專利權，以獎進科學文藝。
九、設立最高法院以下之法院。
十、明定及懲罰在公海上所犯之海盜罪與重罪，及違反國際法之犯罪。
十一、宣戰、頒發捕獲敵船許可證，並制定關於陸海捕獲之規則。
十二、徵召並供應陸軍，但充作該項用途之預算，不得超過二年。
十三、設立並供應海軍。
十四、制定陸軍、海軍之組織及管理法則。
十五、規定召集國民兵以執行美國之法律，鎮壓內亂，並抵禦外侮。
十六、規定國民兵之組織、武裝與訓練，並指揮管理受召而服務於美國之國民兵團，惟任命長官及依照國會所定法律以訓練國民兵之權，由各州保留之。
十七、對於經州讓與且經國會承受，用充美國政府所在地之區域（其面積不得超過十平方英里）行使完全之立法權。對於經州議會許可而購得之地方，用以建築要塞、軍火庫、兵工廠、船廠及其他必要之建築物者，亦行使同樣權利。

十八、為執行以上各項權力，或為執行本憲法授予美國政府或政府中任何機關或官員之權力，國會得制訂一切必要而適當之法律。

第九項（禁止國會行使之權力）

現有任何一州所允准予移入或准予販入之人，在一八〇八年之前，國會不得禁止之。但對於其入境，得課以每人不超過十元之稅金。

人身保護令狀之特權不得停止之。惟遇內亂外患而公共治安有需要時，不在此限。

公權剝奪令或溯及既往之法律不得通過之。

人口稅或其他直接稅，除本憲法前所規定與人口調查統計相比例者外，不得賦課之。

對於自各州輸出之貨物，不得課稅。

任何商務條例或稅則之規定不得優惠某州商港而薄於他州商港。開往或來自某一州之船舶，不得強其進入或航出他州港口，或繳付關稅。

除法律所規定之經費外，不得從國庫中撥款項。一切公款之收支帳目及定期報告書應時常公布之。

美國不得授予貴族爵位。凡在美國政府下受俸或任職之人，未經國會之許可，不得接受外國國王或君主所贈與之任何禮物、俸祿、官職或爵位。

第十項（禁止各州行使之權力）

任何州不得：加入任何條約、盟約或邦聯；頒發捕獲敵船許可狀；鑄造貨幣；發行信用票據；使用金銀幣以外之物，以作償還債務之法定貨幣；通過公權剝奪令、溯及既往之法律，或損害契約義務之法律，或授予貴族爵位。

無論何州，未經國會核准，不得對於進口貨或出口貨，賦課進口稅或出口稅，惟執行檢查法律上有絕對必要者，不在此限。任何一州，對於進口貨或出口貨所課之一切進口稅或出口稅之純所得應充作美國國庫之用；所有前項法律，國會得予修正與管理。

無論何州，未經國會核准，不得徵收船舶噸稅，不得於平時設立軍隊或戰艦，不得與他州或外國締結任何協定或契約，或交戰。但遭受實際侵犯或急迫之危險時，不在此限。

第二條〈行政〉

第一項（總統）

行政權屬於美國總統。總統之任期為四年，副總統之任期亦同。總統與副總統，應依照左列程序選舉之。

各州應依照各州州議會所定程序選派選舉人若干名，其人數應與各該州所當選派於國會之參議員與眾議員之總數相等。但參議員或眾議員，或在合眾國政府不受俸或任職之人，不得被派為選舉人。

選舉人應集合於本州，票選二人，其中至少應有一人非選舉人同一州之居民。選舉人等應造具被選人姓名及每人所得票數之名冊，署名並證明之，封印後即以之送達美國政府所在地，逕交參議院議長。參議院議長應當參議院與眾議院全體議員之前，開拆所有證明書，然後計算票數。凡獲得選舉票最多，且該票數超過選舉人總數之半數者，當選為總統。如有一人以上獲得此項過半數並獲相等之票數時，眾議院應即投票選舉其中一人為總統；如無人獲得過半數，該院應以同樣方法從名單上票數最多之五名中選舉一人為總統。但選舉總統時，應由各州投票，每州之代表有一表決權。為此目的而舉行之眾院會議，其法定人數須達三分二之州所選出之眾議員出席，且須以諸州過半數為當選。凡於選出總統後，獲得選舉人所投票數最多數者即當選為副總統，但遇有兩人或兩人以上獲得相等之票數，參議院應投票選舉其中一人為副總統。

國會得決定選舉選舉人之時間及選舉人投票之日期。該日期須全國一律。

無論何人，除出生而為美國公民或在採行本憲法時即為合眾國之公民者外，不得當選為總統。凡年齡未滿三十五歲及居住於合眾國境內未滿十四年者，亦不得當選為總統。

如遇總統因免職、亡故、辭職，或不能執行總統之職權而去位時，由副總統執行總統職務。國會得以法律規定關於總統與副總統皆免職、亡故、辭職或無能力任職時，宣布應代行總統職權之官員，該官員代行總統職權，至總統之能力恢復或新總統選出時為止。

總統於任期內應受俸金，該項俸金於任期內不得增加或減少之。總統於任期內不得收受美國或任何州之其他俸金。

總統於執行職務前，應為左列之宣誓或代誓之宣言：「余謹誓（或宣言）以忠誠執行美國總統之職務，並盡余所能以維持愛護並保障美國之憲法。」

第二項（總統之權力）

總統為海陸軍大元帥，並為被徵至合眾國服務諸州國民兵之統帥；總統得令行政各部長官，以書面發表其與職務有關事項之意見。總統並有權對於違犯美國法律者頒賜減刑與赦免，惟彈劾案不在此限。

總統經參議院之咨議及同意，並得該院出席議員三分之二贊成時，有締結條約之權。總統提名大使、公使、領事、最高法院法官及其他未另作規定之美國官吏，經參議院之咨議及同意任命之。但國會如認為適當，得以法律將下級官員之任命權授予總統、法院或各部長官。

總統有權任命人員以補參議院休會期間所發生之缺額，惟該項任命應於參議院下次會議終結時滿期。

第三項（總統之立法權力）

總統應時時向國會報告美國國務情形，並以本人所認為必要而便宜之政策咨送於國會，以備審議。總統得於非常之時召集兩院或任何一院。遇兩議院對於休會期間意見不一致時，總統得命休會至其本人所認為適當之時間。總統接見大使及其他公使，注意一切法律之忠實執行，並任命美國政府一切官吏。

第四項（文官之彈劾）

總統、副總統及美國政府之文官，受叛逆罪、賄賂罪或其他重罪輕罪之彈劾而定讞時，應免除其職位。

第三條〈司法〉

第一項（聯邦法院與法官）

美國之司法權，屬於一最高法院及國會隨時制定與設立之下級法院。最高法院與下級法院之法官忠於職守者皆受保障，按期領受俸金，繼續服務期中並不得減少之。

第二項（聯邦法院之管轄權）

司法權所及之範圍：基於本憲法與美國各種法律，及根據美國各種權力所締結與將締結之條約而發生之通行法及衡平法案件；涉及大使、公使及領事之案件；關於海軍法及海事法管轄之案件；美國為當事人之訴訟；二州或諸州間之訴訟；一州與他州公民間之訴訟；不同州公民間之訴訟；同州公民間爭執不同州所讓與土地之訴訟；一州或其公民與外國或其公民或臣民間之訴訟。

關於大使、公使、領事及一州為當事人時之案件，最高法院有初審管轄權，對於前述其他一切案件，最高法院有關於法律及事實之上訴審管轄，但須依國會所定之例外與規則之規定。

一切罪案，除彈劾案外，應以陪審團審判之。該項審判應於發生該項罪案之州舉行之，但罪案非發生於任何州時，該項審判應在國會以法律所定之地點舉行之。

第三項〈對美國之叛逆罪〉

背叛美國，僅包括與合眾國或其州進行戰爭，或依附、幫助及慰藉合眾國之敵人。無論何人，非經該案證人二人證明或經其本人在公開法庭自首，不受叛國罪判決。

國會有宣告處罰叛國罪之權，但公權之剝奪，不牽累犯罪者之後人，其財產之沒收，亦僅能於其生前為之。

第四條〈州與州之關係〉

第一項（「完全之信賴與尊重」條款）

各州對於他州之法律、紀錄與司法程序，應有完全之尊重與信任。國會得以一般法律規定該項法律，紀錄與司法程序之證明方法及其效力。

第二項（州際公民權）

每州人民得享受其他各州人民之一切特權與豁免。

凡在任何一州被控犯有叛逆罪、重罪或其他罪案之人，逃出法外而在他州被尋獲時，應因其人所由逃出之州行政當局之請求，即被交出並移解至對該項犯罪有管轄權之州。

凡根據一州之法律應在該州服務或服工役者，逃往他州時，不得因逃往州之任何法律或條例而解除其服務或勞役，應因有權要求服役之州之請求，將其人交出。

第三項（准許新州加入）

國會得准許新州加入本合眾國；但新州不得建立於他州轄境之內；未經關係州州議會及國會之許可，亦不得併含兩州或兩州以上或數州之一部分以建立新州。

國會有權處分並制定關於美國所有之土地或其他財產之必要規則與條例。本憲法之規定，不得為損害合眾國或某一州之權利之解釋。

第四項（保證共和政體）

美國應保證全國各州實行共和政體、保護各州不受外來之侵犯，並應因州議會或州行政機關（當州議會不能召集時）之請求而平定州內暴亂。

第五條〈修憲程序〉

國會遇兩院議員三分之二人數認為必要時，或諸州三分之二之州議會之請求而召集修憲會議，得提出本憲法之修正案。以上兩種情形中之任何一種修正案，經各州四分之三之州議會或經修憲會議四分之三絕對多數批准時，即認為本憲法之一部而發生效力。至採用何種批准之方法，由國會提議之。惟在一八〇八年前所制定之修正案，無論如何，不得影響本憲法第一條第九項第一、第四兩款之規定，無論何州，如未經其同意，不得剝奪其在參議院中之相等之表決權。

第六條〈聯邦法律之最高性〉

本憲法通過前所訂之債務與所立之契約，本憲法承認其對美國之效力，與在邦聯時代相同。

本憲法與依據本憲法所制定之美國法律，及以美國之權力所締結或將締結之條約，均為全國之最高法律，縱與任何州之憲法或法律有所牴觸，各州法院之法官，均應遵守而受其約束。

前述之參議員與眾議員、各州州議會議員及合眾國與各州所有行政官與司法官應宣誓或宣言擁護本憲法；但宗教條件則永不能為美國政府下任何官職或公共職務之資格限制。

第七條〈憲法之批准〉

經九州州會議批准後，本憲法應即成立。在批准本憲法之各州內亦即發生效力。

主要參考資料

美國聯邦最高法院案例文件（U.S.Supreme Court Website）：http://www.supremecourtus.gov

美國最高法院數據庫（U.S. Supreme Court Database）：https://www.oyez.org/

美國找法網（Find Law）：http://www.findlaw.com/casecode/supreme.html

康乃爾大學法律學院法典檢索系統：http://www.findlaw.com/casecode/supreme.html

全國法規資料庫，中華民國法務部全國法規資料庫工作小組，網址：https://law.moj.gov.tw

鄒文海譯，《美利堅合眾國憲法》，中華民國司法院，網址：http://www.judicial.gov.tw/db/db04.asp

王希，《原則與妥協：美國憲法的精神與實踐》，北京大學出版社，2005年修訂版

王希，〈民權運動如何改變了美國？〉，中美印象，https://reurl.cc/VRGqGb

王瑞恩，〈麥卡洛抗繳銀行稅，馬歇爾妙語釋憲法〉，知乎，https://zhuanlan.zhihu.com/p/30357233

王曉光，〈美國憲法禁酒令的立與廢〉，《法制與社會發展》2011年第6期

丹尼爾·法伯（Daniel A. Farber）著，鄒奕譯，〈致命的失衡：回顧德雷德·斯科特案〉，《法律方

法》2013年第14卷
左亦魯，〈從自由到平等：美國言論自由的現代轉型〉，《比較法研究》2021年第1期
任東來、胡曉進、江振春，《民眾為何支持：美國最高法院的歷史軌跡》，中國法制出版社，2019
田雷，〈一九三七：美國最高法院到了最危險的時刻〉，《讀書》2017年第7期
史慶璞，《美國憲法與政府權力》，三民書局，2001
西德尼·米爾奇斯著，朱全紅譯，《美國總統制：起源與發展》，華東師範大學出版社，2008
多米尼克·弗斯比著，王曉伯譯，《稅賦如何形塑過去與改變未來？》，時報出版，2021
安東尼·路易斯著，何帆譯，《批評官員的尺度》，北京大學出版社，2011
安東尼•路易斯著，林凱雄譯，《異見的自由：美國憲法增修條文第一條與言論自由的保障》，八旗文化，2020
安東尼•路易斯著，陳虎譯，《吉迪恩的號角》，中國法制出版社，2010
亞歷山大·漢彌爾頓、約翰·傑伊、詹姆斯·麥迪遜著，程逢如、在漢、舒遜譯，《聯邦黨人文集》，商務印書館，2015
林國榮，〈林肯與美國憲法〉，《政治憲法學》第193期，2014
杰佛里·圖賓著，何帆譯，《九人：美國最高法院風雲》，譯林出版社，2020
彼得·艾恩斯，《遲到的正義：日裔美國人拘留案的記錄》，衛斯理大學出版社，1989
邱詩茜，〈公平交易法第四十五條之專利權正當行使行為——以美國法制為借鏡〉，政治大學碩士

論文，2006
易中天，《費城風雲：美國憲法的誕生和我們的反思》，廣西師範大學出版社，2008
范進學，〈論美國司法審查的實質性標準〉，上海交通大學凱原法學院教授論文，2011
姚思遠、范秀羽、李劍非編，《美國憲法：基本原則與案例》，新學林，2021
徐開基，〈美國的出生公民權：緣起與適用範圍〉，《人文與社會學報》第三卷第八期，2019.5
高勝寒，〈楊斯敦鐵工廠訴索耶案〉，2018年12月24日，https://reurl.cc/4XkYK3
威廉·曼徹斯特著，四川外國語大學翻譯學院譯，《光榮與夢想：一九三二至一九七二年美國敘事史》，中信出版社，2015
黃居正，《判例國際公法》，新學林，2013
郭九林，〈美國禁酒運動的歷史研究〉，廈門大學人文學院博士論文，2008
許博然，《美國法上總統行政特權》，元貞聯合法律事務所，2022
凱瑟琳·德林克·包恩著，鄭明萱譯，《費城奇蹟：美國憲法誕生的關鍵127天》，貓頭鷹出版社，2004
勞倫斯·傅利曼著，劉宏恩、王敏銓譯，《美國法律史》，聯經出版，2016
勞倫斯·傅利曼著，吳懿婷譯，《二十世紀美國法律史》，商周出版社，2005
詹姆斯·麥迪遜著，伊宣譯，《美國制憲會議記錄》，譯林出版社，2014
鄒奕，〈排華立法何以逾越憲法之門——美國排華系列案中「國會全權」原則之檢視〉，《環球法律

評論》2013年5期

曹雨，〈美國一八八二年排華法案的立法過程分析〉，《華人華僑歷史研究》2015年第2期

鍾瑞楷，〈從美、德法制論我國緊急體制的現代化—以權力制衡觀點為核心〉，國立政治大學碩士論文，2004

David A. Kaplan. *The Most Dangerous Branch: Inside the Supreme Court's Assault on the Constitution*. Crown Publishing Group, 2018

Nelson, William E. *Marbury v. Madison: The Origins and Legacy of Judicial Review*. University Press of Kansas, 2000.

Shlaes, Amity. *The Forgotten Man*. New York: HarperCollins, 2007.

結語與致謝名單

本書是作者的第八本著作，總結了我在國立清華大學所學習到的知識。在清華園學習的這段期間，我奔走於圖書館與科技法律研究所之間，日子過得十分愜意充實。看完這本書後，希望讀者們已經對於美國的憲政思想與歷史進程有初步的了解。

撰寫這本書的時間總共費時兩年。相較於先前所撰寫的七本歷史書籍，這是耗時最長、也是學習到最多東西的一本。法律史實在是非常有趣的東西。法學雖是臨新的時代要求與時俱增的學科，過去的時代遠已無法複製，但是在那個年代，他們所思考的角度，所應負的難處，面對如今，總有幾分相似之處。也正是因為史事反映人們的感性認識，理論反映人們的理性認識，我們才能將前人的教訓堆積成經驗，將原本錯誤的判例進行縫補，使判例永遠走在雖不筆直、卻永遠穩固的康莊大道上。

謹在此感謝於學習道路中培育作者成長的父母與諸位師長，以及在寫作期間施以幫助的各部門，以無私的大愛和奉獻，使後輩得以了解法學的博大精深與史學的歷史責任：

國立清華大學清華學院、國立清華大學科技法律研究所、國立政治大學基礎法學中心、中華民國最高檢察署、司法院憲法法庭書記廳、臺灣新竹地方法院、國立教育廣播電台、中國廣播股份有限公司、史多禮股份有限公司、天下雜誌股份有限公司、國風傳媒有限公司、關鍵評論網股份有限公司、國立陽明交通大學科技法律研究所、「歷史說書人 History Storyteller」團隊、「提督大人與他的餅」粉絲專頁、臺灣商務印書館

周碩喆 律師、葉紘承 先生、柯睿信 先生、涂豐恩 先生、吳志明 主任、范建得 教授、王銘勇 教授、陳仲嶙 教授、連孟琦 教授、廖宜寧 教授、林浩立 教授、黃忠正 教授、蔡昌憲 教授、陳乃瑜 教授、林昀嫺 教授、朱曉海 教授、李貞慧 教授、羅仕龍 教授、汪友于 教授、方天賜 教授、陳麗華 教授、高銘志 教授、黃居正 教授、李怡俐 教授、林勤富 教授、胡中瑋 教授、許宏達 教授、李紀寬 教授、高銘志 教授、陳宛妤 教授、黃瑞宜 教授、林玉書 教授、陳禹成 教授、黃仁俊 教授

余　杰 先生、陳全正 老師、金哲毅 老師、蔡淇華 老師、劉世明 老師、楊澤民 老師、池曼嘉 老師、江瑞裕 老師、張乃云 老師、杜國維 老師、洪仕翰 老師、武智雯 老師、陳芊妤 老師、楊步榆 老師。

國家圖書館出版品預行編目 (CIP) 資料

縫補的正義：一部美國憲法的誕生，聯邦最高法院的歷史關鍵判決／江仲淵著——初版——新北市：臺灣商務印書館股份有限公司，2023.09　面；公分（歷史・世界史）

ISBN　978-957-05-3524-2（平裝）

1. 法制史　2. 美國

580.592　　112012043

歷史・世界史

縫補的正義

一部美國憲法的誕生，聯邦最高法院的歷史關鍵判決

作　　者　江仲淵
發 行 人　王春申
選書顧問　陳建守
總 編 輯　張曉蕊
責任編輯　洪偉傑
封面設計　萬勝安
內文排版　菩薩蠻電腦科技有限公司
版　　權　翁靜如
業　　務　王建棠
資訊行銷　劉艾琳、謝宜華
出版發行　臺灣商務印書館股份有限公司
　　　　　23141 新北市新店區民權路 108-3 號 5 樓（同門市地址）
電話：（02）8667-3712　傳真：（02）8667-3709
讀者服務專線：0800-056193　郵撥：0000165-1
E-mail：ecptw@cptw.com.tw　網路書店網址：www.cptw.com.tw
Facebook：facebook.com.tw/ecptw

局版北市業字第 993 號
2023 年 9 月初版 1 刷
印刷　鴻霖印刷傳媒股份有限公司
定價　新台幣 630 元

法律顧問　何一芃律師事務所